编委会

主 任　宋林飞　浦玉忠

副主任　芮国强

委 员　郑焱　赵芝明　龚怀进　张鑑
　　　　朱庆葆　田晓明　顾正彪　梅强

苏南现代化研究丛书
丛书主编：宋林飞

U rban and Rural
Integration Development
Suzhou Practice and Its Characteristics

城乡一体化发展
——苏州实践与特色

夏永祥　陈俊梁　/著

社会科学文献出版社
SOCIAL SCIENCES ACADEMIC PRESS (CHINA)

总　序

宋林飞

未来四年，我国将全面建成小康社会，实现振兴中华的第一个百年目标。2020年以后，我国将全面进入基本实现现代化的新阶段，即再经过30年的奋斗，实现振兴中华的第二个百年目标。

当前，我们的中心任务是扬长补短，扶贫攻坚，突破资源环境的约束，推进可持续发展，全面建成小康社会。这是不是意味着，我们只需关注小康社会，四年后再关注现代化？不是的，我们现在必须关注现代化，因为小康社会本身就是现代化的一个阶段。

一　中国特色社会主义现代化包括三个阶段

第一阶段，初步现代化，即全面建成小康社会，迈入发达国家门槛；第二阶段，中度现代化，即基本实现现代化，进入中等发达国家行列；第三阶段，高度现代化，即进入最发达国家行列。小康社会是中国特色社会主义现代化的第一个阶段，全面建成小康社会是实现初步现代化。

实现中国现代化是中国共产党与全国人民的共同理想与目标。1964年12月21日，根据毛泽东的提议，周恩来在全国三届人大一次会议上宣布，我国今后的战略目标是："要在不太长的历史时期内，把我国建设成为一个具有现代农业、现代工业、现代国防和现代科学技术的社会主义强国，赶上和超过世界先进水平。"[①] 这是我们党第一次完整科学地提出"四个现

[①] 《周恩来选集》（下卷），人民出版社，1984，第439页。

代化",并将之确立为党的战略目标。

确立这个战略目标是完全正确的,但缺乏阶段性划分,时序也不可行。由于国内自然灾害、"文化大革命"干扰与国外封锁,要在20世纪末实现四个现代化,赶上发达国家水平,并不可能。改革开放初期,邓小平实事求是看待现代化,对于中国现代化进程做了阶段性的科学划分。

二 全面建成小康社会是实现初步现代化

邓小平使用"小康""小康之家""小康水平""小康社会"的概念,都是为了探讨符合中国国情的"四个现代化"。1979年3月21日,邓小平第一次提出了"中国式的四个现代化"的全新概念。他说:"我们定的目标是在20世纪末实现四个现代化。我们的概念与西方不同,我姑且用个新说法,叫做中国式的四个现代化。"[①] 不久他又将刚刚提出的"中国式的四个现代化"表述为"中国式的现代化""小康之家"。达到"小康"那样的水平,同西方来比,也还是落后的。显然,现在我们应将"小康"理解为"四个现代化的最低目标",中国人还不富裕,但日子好过,社会上存在的问题能比较顺利地解决。

小康社会是动态的、开放的发展目标。1980年12月25日,邓小平第一次对实现小康目标后的发展战略作了设想,他提出,经过20年的时间,我国现代化经济建设的发展达到小康水平后,还要"继续前进,逐步达到更高程度的现代化"。[②]

三 基本实现现代化目标是达到中等发达国家的水平

1984年4月18日,邓小平明确提出:我们的第一个目标就是到20世纪末达到小康水平,第二个目标就是要在30~50年达到或接近发达国家的水平。这样,我国经济发展目标的时限就由20世纪末延伸到21世纪中叶,目标定在"接近发达国家的水平"[③]。1987年2月18日,邓小平对21世纪中叶的发展目标作了一个调整,把以前提出的"接近发达国家的水平"改

---

① 《邓小平年谱(1975—1997)》(上),中央文献出版社,1998,第496页。
② 《邓小平文选》第2卷,人民出版社,1994,第356页。
③ 《邓小平选集》第3卷,人民出版社,1993,第79页。

为"达到中等发达国家的水平"①。

党的十五大报告首次提出，21世纪初开始"进入和建设小康社会"；以后，"第一个十年实现国民生产总值比二〇〇〇年翻一番，使人民的小康生活更加宽裕，形成比较完善的社会主义市场经济体制；再经过十年的努力，到建党一百年时，使国民经济更加发展，各项制度更加完善；到二十一世纪中叶建国一百年时，基本实现现代化，建成富强民主文明的社会主义国家"。党的十六大、十七大、十八大都将基本实现现代化列为战略目标，并且明确为"第二个百年目标"，令人鼓舞。

四 实现高度现代化是中国特色社会主义现代化的最高目标

现代化国家与地区，是由联合国宣布的，使用"人类发展指数"（人均GDP、平均受教育年限、平均预期寿命）来测定。目前，从联合国公布的发达国家或地区来看，人均GDP达到1万多美元是发达国家的门槛；中等发达国家水平为3万美元左右；还有达到5万美元左右的最发达国家。为此，应设置"全面建设高度发达国家"的长远目标。

2015年，我在《全面建成小康社会》一书中提出"中国现代化三阶段说"。第一阶段，到2020年，人均GDP达到1万美元，人民生活比较富裕，实现初步现代化，即全面建成小康社会。第二阶段，到2050年，人均国民生产总值30年翻一番以上，为3万美元左右，达到中等发达国家水平，人民生活比较富有，基本实现现代化，即实现中度现代化。第三阶段，到2080年，人均国民生产总值30年翻一番，为5万美元以上，达到高度发达国家水平，人民生活普遍富有，实现高度现代化。②

中国特色社会主义现代化战略，是要在21世纪先后实现全面建成小康社会、基本实现现代化、实现高度现代化三大目标。中国崛起，已经成为世界经济的引擎，以后将继续拉动世界经济发展，以及全球政治社会秩序的构建，给中国与世界各国人民带来发展与繁荣。

当今世界，是不是所有的国家都欢迎中国作为一个新兴大国崛起？不，总有一些国家看到中国发展就不舒服，总要折腾与遏制，并且花样不

---

① 《十三大以来重要文献选编》（上），人民出版社，1991，第16页。
② 宋林飞：《全面建成小康社会》，江苏人民出版社，2015，第405页。

断翻新。树欲静而风不止。对此，我们必须保持清醒的头脑。

2014年1月22日，习近平总书记在美国《世界邮报》的专访中，谈到当今处理大国关系时说，我们都应该努力避免陷入"修昔底德陷阱"①。这表明，我们面临巨大的风险，应坚持积极避免的正确态度，努力防止中国现代化进程被打断。

我们相信，只要我们不动摇、不懈怠、不折腾，坚定不移地推进改革开放，坚定不移地走中国特色社会主义道路，就一定能够胜利实现振兴中华的宏伟蓝图和奋斗目标，早日把祖国建设成为"富强、民主、文明、和谐"的社会主义现代化国家。

五　区域率先符合现代化规律

基本实现现代化是否要等到我国全面建成小康社会以后才启动？不是的，我国基本实现现代化已经在路上。区域率先是世界现代化的一般规律。

由于区域发展的不平衡，我国东部沿海有条件的地区，应建设更高水平的小康社会，同时推进基本现代化进程。创新是世界现代化不断丰富和深化的原动力，创新者也成为现代化的率先者。经济、政治、文化、社会的现代化发展，总是首先在一定的区域取得进展和突破，继而影响或带动周边地区的现代化。

党的十六大明确提出，为完成党在新世纪新阶段的奋斗目标，有条件的地方可以发展得更快一些，在全面建设小康社会的基础上率先基本实现现代化。党的十八大也鼓励"有条件的地方在现代化建设中继续走在前列，为全国改革发展做出更大贡献"。有条件的地方率先迈开基本实现现代化的步伐，是我们党在准确把握社会主义现代化建设的一般规律与基本特征基础上做出的科学判断，是对全面小康理论的科学发展。率先基本实现现代化也是历史赋予先行地区的光荣使命。

过去与现在，我国先发地区在全面建成小康社会的进程中，率先迈上了基本现代化的新征程。2014年12月，习近平总书记在视察江苏时指出，

---

① 《习近平：中国崛起应避免陷入"修昔底德陷阱"》，2014年1月24日，来源：环球网、中国青年网，http://news.youth.cn/sz/201401/t20140124_4581940.htm。

要紧紧围绕率先全面建成小康社会、率先基本实现现代化的光荣使命，努力建设经济强、百姓富、环境美、社会文明程度高的新江苏。①

六　苏南现代化建设示范区主要进展与评估

2013年4月，经国务院同意，国家发改委印发了《苏南现代化建设示范区规划》。该规划明确，到2020年，苏南人均地区生产总值达到18万元，这一预期目标达到中等发达国家的水平。目前，苏南现代化示范区已进入现代化国家与经济体的门槛。2014年，苏州市人均GDP为13.15万元，无锡市人均GDP为12.69万元，南京市人均GDP为10.77万元，常州市人均GDP为10.67万元，镇江市人均GDP为10.46万元，均超过了联合国公布的现代化国家与地区的人均GDP 1万多美元的最低水平。

近几年来，苏南现代化建设示范区各级党政部门学习与践行习近平总书记的系列重要讲话精神，根据《苏南现代化建设示范区规划》提出的要求，先行先试、高端引领、扬长补短，努力推进全面建成小康社会与基本现代化的进程，努力建设自主创新先导区、现代产业集聚区、城乡发展一体化先行区、开放合作引领区与富裕文明宜居区，朝着这些目标推进现代化建设，同时积极探索政府治理体系、治理能力现代化的路径，取得了重要进展。

2015年，江苏省发改委、江苏省经信委、江苏省住建厅、江苏省政府研究室、江苏省政府参事室与南京大学、苏州大学、江南大学、常州大学、江苏大学，联合组建了苏南现代化研究协同创新中心。这个中心由常州大学负责推进日常工作，第一项工作是开展苏南现代化示范区进展研究，出版"苏南现代化研究丛书"。现在与读者见面的，是第一辑六本书，包括两大内容。

第一，总结苏南现代化建设示范区初步形成的主要特色。一是南京市推进科技体制综合改革，先后出台了关于科技人才创业特别社区、众创空间、知识产权、战略性新兴产业创新中心等方面的法规与政策文件。建设科技创新创业平台，促进科技成果转化。二是无锡市推进"两型社会"建

---

① 《习近平：主动把握和积极适应经济发展新常态》，《新华每日电讯》2014年12月15日，第1版。

设。构建能源资源节约利用新机制，无锡市相继列入国家首批工业能耗在线监控试点城市、国家可再生能源建筑应用示范城市、国家光伏分布式能源示范区、全国绿色低碳交通运输体系区域性试点城市、全国国土资源节约集约模范市。三是常州市推进产城融合综合改革。开展市级产城融合示范区试点工作，培育产城融合发展的典型。推进以智能装备制造为重点的十大产业链建设，推进传统优势产业转型升级。四是苏州市推进城乡发展一体化。统筹城乡基本公共服务，初步形成广覆盖的公共服务体系，全市城乡低保、养老、医疗保障制度实现"三大并轨"，城乡居民养老保险和医疗保险覆盖率均保持在99%以上。五是镇江市推进生态文明建设，在全国率先推行固定资产投资项目碳排放影响评估制度，以县域为单位实施碳排放总量和强度的双控考核。2014年获得中国人居环境奖，成为全国第5家国家生态市、全国首批生态文明先行示范区。其中，每个特色都形成了一本书，分别由蒋伏心、刘焕明、芮国强、夏永祥、马志强教授主编。

第二，评估苏南现代化示范区建设的主要进展。2016年4~5月，经江苏省委主要领导同意，我组织部分省政府参事与学者，对苏南现代化示范区各市建设情况进行了一次调查。依据调查得来的苏南地区党政部门提供的有关资料，以及江苏省统计局、江苏省教育厅提供的有关数据，我们对苏南现代化示范区建设进展做了定性与定量评估。

测评1：苏南地区现代化指标达标率。我们对"苏南地区现代化建设指标体系（试行）"进行测评。2015年，在"经济现代化、城乡现代化、社会现代化、生态文明、政治文明"一级指标的44个三级指标中，苏南地区已经有29个三级指标达标，达标率为65.91%；7个指标实现程度在90%以上，接近达标；2个指标实现程度在80%~90%；6个指标实现程度在80%以下，差距较大。分市来看，苏州市、无锡市有26个指标已达标，达标率为59.09%；南京市和常州市有25个指标已达标，达标率为56.82%；镇江市有19个指标达标，达标率为43.18%。

测评2：苏南地区现代化建设综合得分。经对"苏南地区现代化建设指标体系（试行）"进行百分制测评，2015年苏南地区现代化综合得分为90.15。分类来看，2015年苏南地区经济现代化综合得分为86.54，城乡现代化综合得分为83.54，社会现代化综合得分为97.69，生态文明综合得分为85.23；政治文明的综合群众满意度达到90.15%。分市来看，现代化综合得分南京市为89.27，无锡市为89.25，常州市为88.37，苏州市为91.00，镇江市为87.38。

测评3：联合国人类发展指数（HDI）得分。经对人均GDP、平均受教育年限与预期寿命三大指数的综合测算，2015年苏南地区人类发展指数为0.935。其中，南京市为0.927，无锡市为0.943，常州市为0.928，苏州市为0.945，镇江市为0.923。联合国曾根据人类发展指数将世界各国分为四类：极高人类发展水平（0.900及以上）、高人类发展水平（0.800~0.899）、中等人类发展水平（0.500~0.799）、低人类发展水平（低于0.500）。2015年苏南地区总体人类发展指数为0.935，属于极高人类发展水平（0.900及以上），相当于2005年德国的发展水平（第22位）。2015年苏南五市人类发展指数分布在0.923~0.945，即相当于2005年卢森堡（0.944，第18位）、希腊、以色列、德国、香港地区、意大利、新西兰及新加坡（0.922，第25位）的发展水平。

我们测算使用的"预期寿命"数据是2010年人口普查数据，因此2015年苏南地区人类发展水平与2005年世界极高人类发展水平的国家与地区相比，实际差距没有10年。到2030年，苏南地区人类发展指数进行当年国际比较时，将有较大幅度进位，有望达到或者接近主要发达国家的水平。

苏南现代化建设示范区正在继续推进，生机勃勃，这一伟大而精彩的实践深深地吸引着我们。我们将组织专家进行继续追踪观察与调研，每年出版一辑多本著作，记录与分析苏南现代化建设示范区的进展与面临的挑战，探索现代化的重大理论与实践问题，为中国特色社会主义理论研究与创新做出一份贡献。

是为序。

2016年12月

前　言

改革开放以来，经过历届中央领导集体的不断发展和完善，我国的中长期发展目标被确定为：到2020年全面建成小康社会，到2050年基本实现现代化。特别是中共十八大以来，以习近平同志为总书记的新一届中央领导集体，更把这一发展目标概括为实现中华民族伟大复兴的中国梦。国家"十三五"发展规划对未来5年的小康社会建设做出了更加清晰的规划。为了全面建成小康社会和实现现代化，必须大力推进城乡一体化发展。城乡差距几乎是每一个国家在其经济和社会发展过程中必须经历的一个"阵痛"阶段，而城乡一体化发展则是每一个国家经济和社会发展的必然归宿，也是实现小康社会和现代化社会的重要内容和目标。

我国作为最大的发展中国家，且处于社会主义初级阶段，城乡二元结构特征更加明显。新中国成立后，由于我国对工业化和城市化战略的认识相对滞后，我国的城乡差距不断扩大。在改革开放初期，由于农村经济体制改革，加之国家大幅度提高农副产品收购价格，城乡差距一度迅速缩小。但是，从20世纪80年代中期起，城乡差距又在徘徊、波动中走向扩大。这不仅引发了一系列社会矛盾，影响社会和谐发展，使我国有可能掉入"中等收入陷阱"而不能自拔，而且有可能使全面建成小康社会和基本实现现代化的发展战略目标化为泡影。正因如此，中共十六大以来，党和国家审时度势，提出了科学发展观，在城乡关系上，坚持统筹城乡发展，以工支农，以城带乡，推出了一系列大力度的支农和惠农政策。2008年9月，中共十七届三中全会提出，要尽快形成城乡一体化发展新格局。2013年4月，经国务院批准，国家发改委印发了《苏南现代化建设示范区规划》。在此背景下，近年来，全国各地的城乡一体化发展如火如荼，成效卓著，各地从实际出发，因地制宜，走出了富有自己特色的道路。在全国各地众多的城乡一体化发展道路中，地处东部发达地区的"苏州道路"独具特色，成为苏南地区整个现代化建设中不可或缺的重要内容。

改革开放以来，在党中央的正确领导下，苏州市坚持从实际出发，走出了一条具有自身特色、卓有成效的城乡一体化发展道路，引起了中央和全国的广泛关注。1983年2月6日到9日，邓小平同志到苏州考察，验证"十二大"所提出的到20世纪末经济发展"翻两番"和建设小康社会、基本实现现代化的发展目标的可行性，正是根据在苏州等地的考察情况，他提出了到2000年建成小康社会的构想。江泽民、胡锦涛、习近平等同志也曾多次到苏州考察，对苏州的发展提出殷切希望。2004年，胡锦涛同志根据在昆山市等地的考察，提出了统筹城乡发展、工业反哺农业、城市支持乡村的战略。2012年7月，习近平同志在苏州考察时指出，苏州是中国最发达的地区之一，解剖麻雀、调查研究、总结经验、把握规律都离不开对苏州的了解。他希望苏州市永立发展潮头，当好"排头兵"，谱写新的创业史，为中国特色社会主义道路创造经验。

2008年以来，苏州市先后被江苏省省委、江苏省省政府、国家发改委、国务院发展研究中心、农业部等确定为城乡一体化发展的示范区、配套区和联系点。由此，苏州市成为全国城乡一体化发展的排头兵、先行者和试验区。经过多年的实践，苏州市的城乡一体化发展已经取得显著成绩，道路越来越清晰。2013年4月11日，全国农村改革试验区工作交流会议在苏州召开，来自全国各地的24个试验区的代表齐聚苏州，交流经验。作为东道主的苏州，向全国展示了自己的城乡一体化发展成就与经验，引发了各地代表的广泛关注和强烈兴趣，大家现场考察了苏州市的吴江现代农业产业园区、东山镇杨湾村西巷自然村村庄环境建设等地，评价甚高。有鉴于此，对苏州市城乡一体化发展的实践创新经验进行总结，凝练其特色，供全国其他地区借鉴，实现从试验区向示范区的转变，极有必要。

本书即是这一方面的探索成果，具体的逻辑架构和内容为：第一章是苏州市城乡一体化发展道路的宏观背景，主要把它置于新中国成立以来城乡关系演变和中共十六大以来统筹城乡发展的大背景下进行研究；第二章主要梳理和介绍苏州市改革开放以来城乡一体化发展的历程和取得的成就，并依据近年来的数据，对其进程和水平进行定量测度和评估；第三章到第七章主要从实践层面系统总结苏州市城乡一体化发展道路的实践创新之处、经验与启示，包括"三大统筹"、"三集中"、"三大合作"、"三置换"和社会管理等方面；第八章则主要从总体上总结苏州市城乡一体化发展道路的特色、经验、启示与借鉴；第九章主要揭示目前苏州市城乡一体化发展中存在的困难和问题，分析其原因，并提出解决对策；第十章是案例分析，以湖桥村为代表，介绍和研究其在城乡一体化发展中大力发展新型农村集体经济的做法和经验；第十一章，我们选择了苏州市委、市政府为了推进城乡一体化发展所制定和颁布的若干份有代表性的政策文件，以及一些镇村在发展各种合作社过程中所制定的规章条例。总之，本书的研究覆盖实践与理论、政策制定与实施、经验与借鉴等不同维度，可以说是全景式的立体综合研究。

目 录

第一章	苏州城乡一体化发展的背景与基础	1
一	我国城乡关系的演进轨迹	1
二	城乡关系的多重失衡	4
三	走向城乡一体化发展之路	14
第二章	苏州城乡一体化发展进程与测度	19
一	苏州概况	19
二	苏州城乡一体化发展历程	21
三	苏州城乡一体化发展目标	32
四	苏州城乡一体化发展的主要成果	35
五	苏州城乡一体化进程与水平测度	40
第三章	苏州城乡一体化发展中的"三大统筹"	52
一	以优化资源配置为目标统筹城乡发展规划	52
二	以确保社会和谐稳定为目标统筹城乡社会保障	70
三	以社会充分就业为目标统筹城乡就业服务体系	81
第四章	苏州城乡一体化发展中的"三集中"	89
一	"三集中"的缘起历程	89
二	"三集中"的理论解读与创新	96

三　"三集中"过程中容易出现的问题及解决对策 …………… 102

第五章　苏州城乡一体化发展中的"三大合作" ………… 113
　　一　社区股份合作社发展的历史脉络与实践创新 ………… 113
　　二　苏州土地股份合作社发展的历史脉络 ………………… 121
　　三　苏州农民专业合作社发展的历史脉络 ………………… 125
　　四　"三大合作"对促进城乡一体化发展的作用 ………… 129
　　五　"三大合作"的理论解读与创新 ……………………… 132
　　六　苏州农村"三大合作"的发展趋势 …………………… 138

第六章　苏州城乡一体化发展中的"三置换" …………… 142
　　一　对"三置换"的总体描述 ……………………………… 142
　　二　以宅基地置换城镇商品房的成效与具体做法 ………… 143
　　三　土地承包经营权与城镇社会保障的置换 ……………… 149
　　四　集体资产所有权、分配权置换成社区股份合作社股权 … 160
　　五　集体产权置换的理论解读与创新 ……………………… 166
　　六　土地换社保的理论解读与创新 ………………………… 169

第七章　苏州城乡一体化中的社会管理与公共服务 ……… 173
　　一　城乡教育服务一体化创新 ……………………………… 173
　　二　苏州城乡医疗卫生一体化创新 ………………………… 184
　　三　苏州城乡户籍管理一体化创新 ………………………… 190
　　四　其他公共服务的一体化 ………………………………… 196

第八章　苏州城乡一体化示范区的特色与借鉴 …………… 197
　　一　重视发挥集体经济的重要作用 ………………………… 197
　　二　重视发挥政府的强力推动作用 ………………………… 202
　　三　注重以体制机制创新推动城乡融合 …………………… 206
　　四　注重社会管理体制创新 ………………………………… 210
　　五　重视现代农业的供给侧改革 …………………………… 213

  六　保护改造古镇古村落 …………………………………………… 217

第九章　苏州城乡一体化发展的问题与对策 ………………………… 220
  一　苏州城乡一体化发展的问题与制约因素 …………………… 220
  二　苏州城乡一体化发展中问题产生的原因 …………………… 230
  三　深入推进苏州市城乡一体化发展的对策 …………………… 234

第十章　湖桥村发展新型农村集体经济的创新与启示 ……………… 241
  一　湖桥村集体经济发展概况 …………………………………… 241
  二　农村合作经济组织的演变路径——"湖桥道路" …………… 243
  三　经验与启示 …………………………………………………… 251
  四　结论 …………………………………………………………… 254

第十一章　苏州推进城乡一体化发展文件选录 ……………………… 255

参考文献 ………………………………………………………………… 279

后　记 …………………………………………………………………… 283

第一章
苏州城乡一体化发展的背景与基础

苏州市的城乡一体化发展是在全国城乡关系演变的大背景下进行的。苏州市既是全国城乡关系演变的佼佼者和先行者，又是一个缩影。因此，为了准确理解和把握全国和苏州市城乡一体化发展的动因和必然性，就必须对新中国成立以来我国城乡关系的演变这个宏观背景有所了解，以便明确其发展基础。

一 我国城乡关系的演进轨迹

新中国成立以来，我国城乡关系经历了一个复杂的演变过程。回顾这个过程，可以发现，其演进轨迹包括以下几个阶段。

（一）1949~1978年：城乡差距扩大

1949年，新中国成立时，我国的城市化水平仅为10.64%，是一个名副其实的农业与农村社会。这时，我国也存在着旧社会遗留下来的城乡差距。从20世纪50年代开始，我国开展了大规模的工业化与城市化运动，由于战略的失误，步履蹒跚，一波三折，到1978年时，城市化水平仅仅达到17.92%。30年间，年均提高了0.25个百分点。其间，城乡差距依然延续，农民人均纯收入从1949年的44元增长到1957年的73元，全国农民储蓄存款余额从1953年的0.1亿元增长到1956年的4.3亿元。在农民收入缓慢增长的同时，城镇居民收入则较快增长，人均收入从1949年不足100元增长至1957年的254元，增长了1.5倍。到1978年，城镇居民人均可支配收入为343.4元，农民人均纯收入为133.6元，二者之比为2.57。[1]

---

[1] 数据来源：国家统计局编《中国统计年鉴（1999）》，中国统计出版社，1999，第318页。

(二) 1979~1985年：城乡差距趋向缩小

中共十一届三中全会后，我国开始了双重转型：一是通过改革开放，实现从计划经济体制向市场经济体制的转型；二是通过工业化和城镇化，实现从农业国向工业国、从农村社会向城市社会的转型。作为渐进式改革道路的一个重要特征，我国的改革并不是在城乡之间一下子全面铺开，而是农村改革先行。在经历了一场激烈的争论和博弈之后，始于安徽农村的家庭联产承包经营制在全国农村得到推广，它的作用在于打破了人民公社体制下生产队内部的平均主义分配格局，理顺了农民之间的分配关系，极大地调动了农民的生产积极性。同时，从1979年夏粮上市开始，国家较大幅度地提高了农副产品收购价格，这实际上理顺了农民与国家及城镇居民之间的分配关系，减少了农业价值向工业与城市流出的数量，同样有利于调动农民的生产积极性。正是在这种双重激励机制下，农业生产得到了超常规增长，农民收入随之迅速提高。而在这一时期，我国工业与城市的经济改革还没有全面推开，城镇居民收入增长较慢。这样，城乡收入差距迅速缩小，到1985年，我国农民人均纯收入提高到397.6元，而城镇居民人均可支配收入为739.1元，二者收入之比缩小到1.86。

值得指出的是，一方面，在总结这一时期我国农业超常规增长及收入迅速提高的原因时，有人过分夸大了家庭联产承包经营制的作用，而忽视了农产品价格提高的作用；另一方面，由于受过去几十年计划经济体制下城乡收入差距事实的惯性思维影响，有些非农民利益集团对这一时期农民收入的迅速提高及城乡差距的缩小产生了嫉妒、攀比、恢复与扩大心理。由此这就为1985年后"三农"政策的反复及城乡差距的重新扩大埋下了思想认识上的伏笔。

（三）1986~2002年：城乡差距急剧扩大

1984年9月召开的中共十二届三中全会，拉开了我国工业与城市大规模改革的序幕，此后，包括工资分配体制在内的经济改革全面推开。到2002年，城镇化水平达到39.1%，平均每年提高近1个百分点。但是，在这个过程中，工农差距和城乡差距不仅没有缩小，反而不断扩大，而且速度更快，差距的绝对水平大大超过了改革开放以前。其间，城镇居民收入迅速增加，到2002年，人均可支配收入达到7703元，比1984年增长11.7倍。与此同时，农民收入却在波动中缓慢增长，除去20世纪90年代中期几年内农民收入增长较快外，其余大多数年份都增长缓慢，甚至在1998年后的某些年份，扣除物价上涨指数，农民收入实际上处于负增长状态。到2002年，农民人均纯收入为2476元，比1984年增长6倍。城乡居民收入之比扩大为3.11。据估计，如果考虑到城乡居民在其他社会保障与社会福利等方面的差距，二者的收入之比可能达到7。

还须指出的是，在农民收入增长缓慢的同时，农民负担在这一时期内却迅速加重，以"三提五统两工"为主要内容的农民负担直线上升，在个别严重的地方，农民收入甚至不够缴纳上述负担，农民处于整体上的负收入状态，由此也就产生了一些地方因农民负担过重而逼死人的现象。而这些负担，城镇居民却不用缴纳。所以，综合考虑收入与负担两方面的差距，我国这一时期的城乡收入差距更大。李昌平在给朱镕基总理信中所讲的"农民真苦，农村真穷，农业真危险"，就是这一时期我国"三农"状况的真实写照。

（四）2003年以来：城乡统筹与协调发展

中共十六大以后，新一届中央领导集体在借鉴国外发展经验教训的基础上，针对我国经济社会发展中存在的问题，提出了科学发展观，强调必须坚持"五个统筹"，其中统筹城乡发展居于首位。自此以后，以提高农民收入为中心，从2004年到2008年，中央连续发布五个"一号文件"，着力解决"三农"问题。这一期间，农民收入增长速度加快，但是由于政策效应的滞后性以及原有城乡差距的惯性，城镇居民的收入增长更快。到2009年，农民人均纯收入为5153元，比2002年增长108%；城镇居民人均可支配收入17175元，比2002年增长123%，城乡居民收入之比仍呈进一步扩大态势，达到历史上的最高值3.33。直到2010年，我国城乡居民收入差距出现"拐点"，城镇居民人均可支配收入达到19109元，农民人均纯收入达到5919元，城乡居民收入之比缩小为3.23。2011年，城镇居民人均可支配收入为21810元，农民人均纯收入为6977元，城乡居民收入之比缩小为3.13。2012年，城乡居民收入之比进一步缩小到3.10。即使如此，目前我国的城乡收入差距仍然处于历史高位，大大高于1978年改革开放时的差距水平。而且，城乡居民所享受的社会公共服务差距更大。以养老保险为例，据调查，目前我国政府机关和事业单位的养老金中位数，竟是农民新农合体系下养老金水平的33倍。

对于今后城乡居民收入差距的演变趋势，从理论上讲，无非有三种可能：进一步扩大、稳定或趋向缩小。到底走向哪种可能，则取决于国家的政策选择，对此既不应过分乐观，也不应过分悲观。

二 城乡关系的多重失衡

那么，到底是什么因素黏住了我国工农城乡关系融合的翅膀？为什么在国外，工业化和城市化是缩小工农城乡差距的必然途径，而在我国却结出了扩大工农城乡差距的苦果？这其中有许多经验教训，值得我们认真汲取。我国城乡关系的失衡，表现在许多方面，这些方面互相联系，互相影响，交织为多重失衡。

（一）产业失衡与空间失衡

农业是国民经济的基础，这是一个尽人皆知的经济学常识，它是由农业的诸多功能决定的。特别是现代农业，除了具有向城市和工业提供生活资料、市场、劳动力和外汇功能以外，还有为农民提供就业和收入、调节生态、旅游等功能。

但是，由于多种原因，在我国的工业化和城镇化进程中，上述理论并没有完全转化为国家政策。50多年来，"三农"实际上仅仅承担了为工业化和城镇化提供资金积累的任务，我国走了一条牺牲农业以发展工业、牺牲农村以发展城市的道路。国家对"三农"的剥夺渠道和手段，一是工农业产品价格剪刀差，农产品价格长期低于价值，在与工业品的不等价交换中，农民创造的大量财富转移到工业与城市中。据匡算，这些财富平均每年超过300亿元，如果动态计算，累计可达数万亿元。二是土地征用，在把农村土地由集体所有转变为国家所有的过程中，国家对农民的补偿标准大大低于其出让收入，由此形成了颇具中国特色的土地财政现象。据统计，仅1999~2011年，全国的土地财政收入累计达13万亿元，占地方财政收入的70%以上，形成地方财政对土地出让收入的高度依赖。三是农民工，农民工在城市不能享受平等的工资待遇及其他社会福利，所创造的一大部分财富进入城市。据国家统计局的数据，2012年，全国农民工总量为26261万人，其中，本地农民工9925万人，外出农民工16336万人，而外出农民工人均月收入为2290元。另据一些典型调查，农民工的月工资从20世纪80年代的1000元以下，到2012年4月达到2049元，每个农民工平均每年对城市的贡献为2万元左右。按此匡算，目前我国农民工每年的损失超过5万亿元。而据《工人日报》2011年的调查，农民工月工资为1747.87元，城镇职工月工资为3046.61元，相差1298.74元，以全国农民工24223万人计算，年相差37751.25亿元。

当然，从一般意义上讲，任何一个国家的工业化和城市化过程中都面临一个资本原始积累问题。由于此前是一个农业经济和乡村社会，因此，在广义上，资本原始积累只能来自农业与农村。即使在英国，圈地运动也是资本原始积累的重要内容。除此之外，还有贩卖黑奴、殖民贸易、侵略战争等。这些，被马克思斥责为"资本来到世间，从头到脚，每个毛孔都滴着血和肮脏的东西"（《马克思恩格斯全集》第23卷，1972：829）。但是，在英国，失地农民却被吸纳进工业化和城市化进程中，找到了工作，转变为雇佣劳动者。而且，英国以及其他发达国家的城市化一旦完成，城市就变成了"增长极"，其极化效应就逐步转化为扩散和辐射效应，反哺农业与农村，最终实现城乡一体化发展。而在我国，在工业化和城市化进程中，其对"三农"的剥夺却持久不断。

正是对"三农"的长期剥夺，造成我国长期的产业失衡和空间失衡，具体表现为以下方面。在改革开放前，农业长期落后，不能满足全国人民的基本生活需要，也不能支持工业化与城镇化的顺利推进，反而严重制约了它们的进展。在"一五"计划期间，工业化开始启动，大批农民随之进城，产生了粮食供应不足问题，于是国家开始推行粮食统购统销政策。1958年，国家进一步颁布《户口登记条例》，限制农民进城。在60年代初期的国民经济调整期间，国家不得不遣散2000万进城、进厂农民返乡种田，即使如此，还是造成了大量的人口非正常死亡。此后，直到十一届三中全会后的农村改革，农产品供应不足始终是全国人民的心头之痛，温饱问题无法得到很好解决。20世纪80年代初期中央连续5个"一号文件"，集中代表了党和国家对农业和农村政策的调整与改善，极大地促进了农业发展。直到1985年，第一次出现了农产品供过于求、销售难问题。可惜的是，这一政策并没有延续下去，而是出现了逆转。在不断的反复和波折中徘徊，农业形势也因之时好时坏，基础并不牢固。延至21世纪初期，全国粮食产量大幅度下降，不能做到年度平衡和自给，大量动用库存，增加进口。农产品价格随之明显上涨，成为这一时期通货膨胀的重要推动因素，工业和城市不得不品尝自己酿下的苦酒。

农村作为农业的空间载体和农民的栖息之地，在农业的落后背景下，无可避免地落后于城市的发展。如果我们到农村去考察，特别是到中西部地区和边远地区的农村去，视觉和心灵都会受到极大的震撼。只有到了农村，才能真正了解中国，知道中国发展的困难与问题所在。于是，也才有了自古以来就是鱼米之乡、富庶之地的江汉平原的乡党委书记李昌平在1998年给朱镕基总理的信中对我国"三农"状况的描述：农民真苦，农村真穷，农业真危险。也才有了一位外国驻华大使对我国的描述：中国＝欧洲＋非洲。我国城乡发展速度和水平的失衡，是一幅极不协调的画面：一方面是城市中的高楼林立，肥胖成为相当一部分城镇居民的烦心之事；另一方面，则是相当一部分农村的茅屋为秋风所破，有数千万农民依然处于贫困状态。如此严重的产业失衡与空间失衡，无论如何，也是有悖于共同富裕设想和构建和谐社会、全面建成小康社会以及实现现代化等发展目标的。

（二）户口划分与逆城镇化[①]

城市化的主要内容是以人口为龙头的各种生产要素由农村向城市的流动和集中过程，衡量城市化的首要指标，便是城市人口占全社会人口的比重。为了推进城市化，必须允许和鼓励农村人口向城市流动。但是，根据前面所分析的农业发展水平所决定的农业剩余产品的多寡决定着工业化和城市化水平高低的原理，农村人口向城镇的流动速度和数量，必须要与农业的发展水平和承载力相适应。这也就是马克思和恩格斯所分析和揭示

---

① 关于"城镇化"这一概念，在国外及国内的一些学者研究文献中，一般又被称为"城市化"，但是，在我国党和政府的文件中，一般使用"城镇化"概念。据我们理解，二者的本质和含义是一致的，"城镇化"更多地体现出我国在城市体系构建中，控制大城市发展、鼓励中小城镇发展的取向。为了与党和政府文件称谓的对接和一致，本书绝大部分地方使用"城镇化"概念，只有在个别地方，由于语境的不同，才使用"城市化"概念。

的：超过劳动者个人需要的农业劳动生产率是一切社会分工和发展的基础，农业劳动生产率制约着农业和工业之间社会分工的发展程度，农业劳动生产率决定着农业人口向城市和非农产业转移的速度和规模。同样，费景汉和拉尼斯对刘易斯人口流动模型的补充和发展中也特别强调了农业发展水平对农村人口流入城市的制约作用。据此，在面临农产品供应不足的制约时，政府正确的政策选择应该是调整工业化和城镇化战略，采取切实有效的政策，扶持农业发展，一方面提高农业剩余产品数量，为今后的农村人口流入城市提供充足的生活资料，另一方面，农业的发展，会使农民收入增加，城乡居民收入和生活水平差距缩小，从而农民进城的动力和欲望下降，流动人口减少。通过这种供给和需求两方面的调节，经过一段时间，例如 3~5 年的发展之后，产业结构和空间结构就必然趋于合理，工业化和城市化也就会步入良性发展轨道。

新中国成立之初继承了旧社会遗留下来的工农与城乡差距，政府的政策应该是缩小差距，而不是进一步扩大差距。当时，有些有识之士，例如梁漱溟等，吁请国家重视和控制城乡收入差距。在当时的背景下，这一建议并没有得到采纳，反倒招致严厉批评。这样，我国的工农城乡差距就继续沿着扩大的轨迹在向前运行。但是从社会成员个人来说，作为一个理性的"经济人"，他在进行职业选择和居住地选择时，依据的是收入和福利最大化原则。只要工业收益高于农业，城镇居民收入和生活水平高于农民，农民就必然选择进城，而城市人口则不愿流入农村。此时，人口在城乡之间可以自由流动，尚无政策限制，加上大规模工业化所创造的就业岗位对劳动力的需求，于是，大批农民流入城市。1950~1957 年，我国的城镇化率从 10.6% 迅速提高到 15.4%。

但是，城镇化很快就遇到了农产品供应不足问题，农业从反面以消极方式表现出它的基础地位。由于在工业化和城镇化中对农业这个基础产业的伤害，农业剩余产品很少，能够供养的工业与城市人口也就十分有限，人口大量流入工业与城市，势必面临衣食之虞，在城市中形成贫民区，大量流动人口既无就业岗位，也无收入，反倒成为城镇化的消极因素。为了消除这种制约，国家不是采用市场手段，而是采用行政手段，从 1954 年夏粮上市开始，实行粮食统购统销政策，国家垄断农产品经营，购销价格都由国家决定，价格剪刀差出现。国家为了给粮食统购统销政策提供体制保证，加上其他考虑，在农业社会主义改造运动中，以公有制代替私有制，快速建立了人民公社体制。在这种政策下，农民的生产积极性受到挫伤，农产品供应不足问题依然没有得到解决。于是，国家开始运用行政和法律手段限制农民进城，在1958年1月颁布了《户口登记条例》，以当时的人口居住地点为依据，把全社会成员划分为城市户口和农村户口两大类。这两种户口的区分并非如字面含义那么简单，它不仅仅是居住和工作地点的不同，而且是社会地位和身份的重大区别。城镇居民在就业、购物、教育、医疗、住房、养老等方面享有农民根本无法比拟的优惠待遇。根据有关统计和研究，我国城市和农村两种户口的不平等待遇曾达到67种之多。1975年，在第四届全国人大会议上，《宪法》中关于公民有迁徙自由的条款被删除。由此，我国居民在整体上被划分为城乡两大利益群体。两种户口的划分还有继承性，社会成员之间的流动性几乎断绝。陆学艺先生把这种社会治理模式概括为"城乡分治、一国两策"。

在城乡户口划分下，出现了逆城市化现象，国家不仅严格限制甚至禁止农村人口向城市流动，而且动员和强制城市人口向农村流动。在20世纪60年代初期的国民经济调整时期，就有2000万进城职工被迫返乡。在"文化大革命"之前，邢燕子、侯隽等一批城市知识青年就发出了"我们也有一双手，不在城市吃闲饭"的豪言壮语，自愿到农村安家落户，接受贫下中农再教育。她们是城市知识青年学习的楷模。"文化大革命"爆发后，大学停止招生，大批城市高中、初中毕业生无法继续升学，也无法就业。于是，国家用行政手段开始了大规模的、持续10年之久的城市知识青年上山下乡运动。在"文化大革命"期间，我国的城镇化率以-0.5%的速度出现了负增长，1978年，工业占GDP比重为48%，而城镇化率仅为17.9%，出现了城镇化严重滞后于工业化的不协调现象。其间，前后累计有近亿名城市知识青年被迁徙到农村，国家为此也耗费了数百亿元，用于为他们安家。后来的事实证明，在工农城乡差距如此严重的情况下，行政手段也无法消除知识青年的经济理性，他们不可能心甘情愿地在农村种田和生活。而且，大批城市知识青年到农村，进一步加剧了农村的人多地少矛盾，资源配置更不合理，农业劳动生产率下降。1977年恢复高考政策后，国家停止了知识青年上山下乡政策，已经下乡的知识青年，除了此前已经通过招工、参军、推荐上大学等方式返城的以外，也都一次性集体返城。① 这一历史事件在广大知识青年心中留下了永远难以磨灭的烙印，对他们而言，是一种物质财富的损失，却也是一种精神财富的积累，以致20世纪80年代以后，"知青文学"一度成为我国文学领域的一大亮点，一批小说、电影、电视剧纷纷问世，在广大知识青年中引起强烈共鸣。

改革开放以后，一方面，农村家庭联产承包经营制的实行，极大地解放了生产力，劳动生产率大幅提高，农村剩余劳动力问题越来越严重，需要寻找就业出路。另一方面，农业的丰收和农产品供应的改善，使得农业对工业化和城镇化的支持作用凸显，有可能让一批农业人口脱离农业，进入非农产业。于是，国家放松了对农民进城的限制，大批农民纷纷进城，成为我国经济社会发展的一大热点问题。然而，这一过程并不是一帆风顺的，而是极其艰难曲折的。在乡镇企业发展初期，国家出于对"城市病"的担心，要求乡镇企业办在当地，农民只能"离土不离乡，进厂不进城"，由此导致乡镇企业"满天星"式的分散布局。这不仅造成城镇化滞后于工业化，降低了工业化的效益，而且带来了土地浪费、环境污染等问题。直到中共十四大以后，国家才提出要把乡镇企业的发展和小城镇建设结合起来，号召乡镇企业走出村落，向开发区和城镇集中。由此，农民也才可能走出农村，进入城镇。

在农村人口向城市流动的过程中，由于城乡户口划分依然存在和发挥作用，由此出现了具有鲜明中国特色的"农民工"现象。"农民工"的称呼其实是一个形容语的矛盾，类似于恩格斯所批评的"圆的方，铁的木"。它所反映的，其实是在两种户口制度下，进城农民职业转换和身份转换不一致的矛盾。目前，农民工群体达2.5亿人，他们是介于传统城市人口和农村人口之间的一种人口群体，处于边缘人的尴尬境地。

20世纪90年代以来，许多专家学者大声疾呼，要取消城乡户口划分，给农民以国民待遇，特别是要首先改善广大农民工的待遇，国家也曾经为此出台了一系列专门政策。但是，这一工作困难重重，因为它遭到了城市既得利益集团的强烈抵制。一些地区和部门，表面上取消了对农民进城的

---

① 1979年1月7日，云南孟定知青为了返城，举行了罢工和绝食运动，并向（时任）国务院调查组组长、农业部副部长赵凡下跪，由此促成了中央关于知识青年上山下乡政策的终止，已经下乡的知识青年除个别情况外，其余全部返城。

限制,但是却变相剥夺农民,例如要求农民缴纳进城费,出钱购买城市户口,或者要求农民花费数十万元甚至上百万元在城市购买一套住房,才能取得城市户口。绝大多数农民工倾其一生打工所得,也无法满足这一条件。这一政策对他们来说,可望而不可即。2012年底,围绕以农民工子女为主体的异地升学考试问题,在全国掀起一场广泛的争论,城镇居民出于维护自己既得利益的立场,强烈反对异地考试,上海的有些市民甚至发出了让农民工子女"滚回去"的驱逐令。在教育部的督促下,北京、上海等大部分省市所公布的异地考试方案,仍然壁垒森严,遥不可及。由此说明,由于户口划分而在一些城市居民心目中所形成的优越感和既得利益是如何的根深蒂固,而城市政府也缺乏打破这种利益格局的足够勇气和魄力,对此采取了退让、迁就和默认的态度。

回顾上述历程,我们痛感,几十年来,我国基于户口划分的城乡二元社会结构,以及由此衍生出来的其他政策,造成了城镇化进程的滞后,阻碍了城乡之间的和谐发展。而且当这种政策被赋予利益含义后,其刚性又在不断强化。这样,取消户口划分的本质,就是对城乡利益关系的一种重大调整。

(三) 政府推动与市场失灵

为了建立合理的工农与城乡关系,必须要有一个合理的实现机制,这种机制取决于每一个国家的经济体制,核心是要处理好政府与市场的关系,在二者之间有一个合理分工。从西方发达国家的实践来看,在完善的市场经济体制下,由于农业的弱质性和农民的弱势地位,政府对他们给予特别的扶持和关照,具体表现为名目繁多的补贴和资助。而农村人口向城市的流动基本是依靠市场机制调节的。也就是说,农民要不要进城、何时进城、进入何城、进城后干什么等决策,都是农民在理性分析的基础上自主做出的。在刘易斯、费景汉、拉尼斯,特别是托达罗的人口流动模型中,都清楚地揭示了这一点。当然,这并不是说政府对城市化放任自流,撒手不管。政府的作用,主要体现在对城市发展的规划和宏观控制上。

我国的城镇化进程伴随着国家经济体制的形成、改革与演变过程。在改革开放之前的30年中,我国实行高度集中的计划经济体制,排斥市场对经济和社会发展的调节作用。在农业发展问题上,由于农业的基础性地位，特别是由于农产品供应不足，国家对农业严格控制。虽然如前所述，国家高度强调农业的重要性，实际上却是工业优先、城市优先，农业只是承担了一个为工业和城市提供积累的功能。在这种体制与战略下，国家的控制越严，农业的发展越没有出路。而在城市化机制上，也完全是政府包办，从城市规划、城市人口规模到建设资金的筹措、使用，以及土地的征用、出让等，整个流程都是政府在唱独角戏。企业和个人既没有权利，也没有能力介入城镇化进程，完全处于被动地位。政府包办的最大弊病，一是不能充分有效地动员和利用各种社会资源，造成建设资金严重短缺；二是资源浪费，这同其他领域中的资源浪费如出一辙，道理是相同的。集中起来，就是城镇化动力不足，步伐缓慢，在公用设施、居民住房等方面，欠账太多。到改革开放时，包括北京、上海在内的全国所有大中小城市，都存在着住房紧张，道路拥挤，商店、学校、娱乐设施匮乏等问题。而这也成为政府限制农村人口流入城市最充分的理由。

改革开放以后，在从计划经济体制向市场经济体制转变的大背景下，农业的发展和城镇化的推进，也开始向政府与市场双重实现机制转变。就农业发展而言，1985年以后，在农产品供应状况改善的情况下，国家明显加大了市场的调节作用。而在这种市场格局下，加大市场调节的结果必然是农产品价格的下降，农业的双重风险叠加，因此，是市场在剥夺农民。就城镇化而言，市场的调节作用表现在城市建设资金出现多元化格局，按照"谁投资，谁受益"的原则，许多企业和个人开始介入城市建设中，例如，投资老城区改造，可以在改造后的街道得到一间铺面房。在浙江等市场化程度高的地区，甚至在投资数十亿元的机场、铁路、跨海大桥建设中，也有大量民间资本进入。城市土地由无偿使用向有偿使用转变，政府通过低价从农民那里征用土地，再高价出让，获得巨额收入，用于城市建设。在这种双重调节机制中，必然会产生大量的摩擦与矛盾，出现政策上的漏洞，由此演绎出许多问题。例如，土地一级市场由政府垄断，农民不能以土地主人和市场主体的身份与土地需求者谈判、讨价还价，而只能被动地接受政府单方面所确定的补偿价格，这种价格大大低于出让价格，而且不能保证被征地农民今后的生计需要。地方政府既可以从中谋取巨大收入，又可以以低价甚至负地价出让土地，以此作为一项优惠政策用于招商引资，不同地区、不同城市之间恶性竞争，最终外商受益，受损失的还是农民。农民失地后，也失去了其他生存条件，出现由失地引起的失业、失居、失保、失教和失身（份）等问题，并最终造成与城市化相伴而行的"农村病"，造成严重的社会问题。更有甚者，许多城市的土地出让并不是在阳光下公开进行，而是暗箱操作，官商勾结、行贿受贿，农民所损失的利益并没有转化为国家利益和社会利益，而是进入少数腐败官员和不法商人的腰包。近年来，在全国各地查处的重大腐败案件中，因土地出让而造成的案件占了相当一部分，动辄数千万元，甚至上亿元。政府主导的土地征用，还造成了土地的极大浪费，许多城市在规划和建设中讲排场、比阔气，大搞政绩工程，道路越来越宽，广场越来越大，绿化带越来越多，而土地利用效率越来越低。还有的城市规划频繁变更，朝令夕改，大量在正常使用期限内的建筑物被提前报废，由此既浪费了巨额资金，又造成建材、人力等资源的巨大浪费，令人痛心疾首。最终受损失的还是人民群众。

由此可见，几十年来，我国的农业发展和城镇化，并不是完全由市场调节、按照自身规律在进行，出现了许多问题，制约了城乡关系向合理化方向的演进。

（四）资源分割与收入失调

资源是经济和社会发展的必备条件，也是社会成员取得收入的基本依据。它有许多种，但从整体上讲，可以划分为人力资源与非人力资源，这两类资源只有保持合适的比例，才能提高配置效率。合理的资源配置比例与高效率，只能在资源的合理流动中实现。这两类资源在城乡之间的配置比例，则决定着城乡之间的发展关系以及城乡居民的利益关系。城乡居民收入关系，取决于双方在资源配置中的地位及其所得到的资源份额，如果资源配置不合理，必然导致收入分配关系不合理。这就是马克思所说的："消费资料的任何一种分配，都不过是生产条件本身分配的结果。"（《马克思恩格斯选集》第3卷，2012：365）

在城乡二元社会结构下，整个社会的资源实际上是分为两块的：农业资源归农民所有，与农民结合，由此也就成为农民的收入来源；而工业与服务业的资源是归城镇居民所有，它们所提供的就业岗位归城镇居民，其产生的收入同样也归城镇居民。整个社会资源配置的这种分割和凝固化，成为城乡居民收入比例失调的经济根源。如上所述，1958年后，农民失去了向工业和城市迁徙的自由，他们被完全限制在土地上，只能从事农业活动。农村人口众多，土地有限，人地矛盾十分突出，加上农业科技进步迟缓，农业劳动生产率十分低下，在有些地区，边际劳动生产率为零，甚至为负。在如此少的土地上，无论种植何种粮食或者经济作物，无论如何精耕细作，农民的收入都很难提高。"文化大革命"期间的知识青年上山下乡，进一步加剧了农村的人地矛盾，使农业劳动生产率更低，农民收入也就更难提高。所谓农民每年"三个月种田、三个月过年、三个月谝传、三个月赌钱"的说法就是农民劳动不足状况的真实写照。这也就是有些学者所说的：要想富裕农民，首先要减少农民。近年来，在解决"三农"问题的过程中，有许多有识之士提出，"三农"问题，必须在"三农"之外解决。此论可谓一言中的，因为"三农"问题的形成，根源就在其外。所以，只有从经济和社会发展全局的高度，打破城乡二元资源配置体制，建立全社会统一的资源配置体制，才有可能从根本上解决"三农"问题。而这种体制只有在工业化、城镇化过程中，通过人口的自由流动才能实现。

改革开放后，随着乡镇企业的发展和农民工进城，这种资源分割状况开始被打破，这对优化城乡资源配置具有积极作用。但是，农村经济体制改革以及工业化、城镇化中的某些做法，却在抵消着这种积极作用。国家在农村土地制度改革中，赋予土地的社会保障功能，过分强调家庭联产承包经营制，限制土地的规模经营，认为农民只要有那么几亩土地，生活就有了保证，农村就会稳定。而实际上，农村人地矛盾依然突出，剩余劳动力依然在2亿人以上。近年来，所谓的农村劳动力为"三八、六一、九九部队"以及"民工荒"现象，并不能说明"人口拐点"的到来，只能说明农村劳动力转移结构的不合理以及农民工在城市的待遇太低。城镇化的实质是在第二产业、第三产业发展的基础上，社会资源在城乡之间的优化配置，以及相应的社会结构变动。在城镇化进程中，人口的流动必须与其他要素的流动相协调，否则，就会出现"城市病"或"农村病"。我国是从1953年起进行大规模的工业化与城市化的。在这个过程中，国家一方面需要从农业与农村中取得大量资本与土地等生产要素，同时另一方面出于对"城市病"的惧怕，严格限制农民进城。在城乡二元社会结构下，生产要素的"城镇化"与人口的"逆城镇化"并存，由此形成了严重的"农村病"。生产要素的城镇化包括土地、资金、矿产资源等要素从农村向城镇的大量流入，流入渠道有不等价交换、财政资金、金融资金、土地征用、农民工等，而人口的"逆城镇化"既包括限制农民进城，又包括一段时期内的城市人口向农村流动。在这个过程中，农村生产要素向工业和城镇的流出规模与速度远远大于人口流出的规模和速度，在大量生产要素流出的同时，人口却滞留在农村，它所产生的直接后果就是资源无法在全社会优化配置，农村人口与其他生产要素之间的矛盾尤其尖锐，产生了与"城市病"相反的"农村病"。当然，国家财政资金对"三农"也有一定的扶持和帮助，目前的形式主要有种粮补贴、良种补贴、农机具补贴和农业生产资料价格补贴，这可以看作国家或者城市资源向农村的流入和配置。2010年，在大力强调"三农"是全党全国一切工作重中之重、加大支农惠农的背景下，上述4项补贴资金之和为1334.9亿元。

正是由于资源在城乡之间的配置失调，才形成了巨大的收入差距，由此也就造成了工业化和城镇化中成本分摊与收益分配的严重失衡。从总体上看，半个世纪以来，正是由于"三农"为国家工业化与城镇化提供了巨额的土地、资本、劳动力等要素，承担了绝大部分成本，才直接推动了工业化与城镇化的快速发展。工业化与城镇化带来了巨大的收益，不仅企业利润大幅度增加，国家财政收入也连年大幅增加，而且产生了大批的就业岗位与城市新市民。但是，所有这些收益的分配，都几乎与农民无缘。可见，我国工业化与城镇化中的成本分摊与收益分配机制是不合理的，农民承担了绝大部分成本，而城镇居民获得了绝大部分收益。

三　走向城乡一体化发展之路

通过上述分析，我们可以得出一些有益的启示与结论。

（一）城乡关系是我国各种利益关系中最重要的关系，"三农"问题是事关全面建成小康社会、构建和谐社会和基本实现现代化的首要问题

在社会主义社会，尽管已经不存在阶级，但是存在着不同的阶层，每个阶层其实都是一个独立的利益集团，都有自己特殊的利益诉求，而不同利益集团之间的关系既有相互一致的一面，也有互相冲突的一面。应该承

认，在各种利益关系中，城乡关系是最重要的，这不仅因为它的涉及面最广，全国所有人口都可以归入这种关系中，对城乡关系的处理涉及每一个社会成员的利益得失，而且因为60多年来，在城乡关系的演变过程中，作为占人口多数的农民处于弱势地位，利益相对受损，城乡收入差距急剧扩大，由此不仅影响全面建成小康社会目标的实现，而且影响社会的和谐与稳定。可以毫不夸张地说，全面建成小康社会，重点和难点都在农民和农村；而发展国民经济，重点和难点同样在农业；构建和谐社会，重点和难点也在农民和农村；基本实现现代化的重点和难点，更是在"三农"。目前我国经济社会发展中所存在的许多问题，表面上看是在非农产业和城市，其实根子还在农业、农民与农村。只有理顺城乡关系，缩小城乡差别，才有可能全面建成小康社会及和谐社会，并基本实现现代化。要把这个问题提高到关系国家稳定和长治久安的高度来认识。因此，党的十六大后中央提出把"三农"问题作为全党全国一切工作的重中之重是完全正确的。

（二）国家政策是影响城乡关系的首要因素，纠正城市偏向是国家政策调整的首要问题

从20世纪50年代开始，我国实行城乡分治、一国两策，城乡差距就是这一政策的产物。改革开放30多年来，我国城乡关系的每一次波动，无论是城乡差距的缩小，还是扩大，都带有国家政策的烙印。应该承认，在转型时期，国家手中还掌握着很多资源，国家政策的每一次调整，都可以直接或间接地影响城乡关系。1979～1984年，城乡差距之所以缩小，无非是因为家庭联产承包经营制的政策理顺了农民内部的分配关系，而提高农产品价格则理顺了农民与国家、城镇居民的分配关系，而此时城镇职工与居民收入还没有大规模增加。而1985～2002年城乡差距急剧扩大，是由于国家有关政策的反复，在农业内部，过分强调稳定家庭联产承包经营制，导致了小规模经营与大农业之间的矛盾。在农业外部，国家对"三农"实行了"多取、少予"政策，农产品价格的提高幅度赶不上农用生产资料价格的提高幅度，农业比较收益大幅度下降，价格起不到刺激农民生产积极性的作用，农民要负担许多本该由财政负担的费用。而城镇职工与居民的收入则快速提高，整个国家经济资源与国民收入的分配向非农产业与城市

倾斜，存在严重的非农产业与城市倾向。2003~2009年城乡收入差距继续扩大，除了说明这一问题积年已久、惯性很大以外，还与国家支持"三农"的政策力度不够有关。由此可以认为，尽管影响我国城乡关系的因素很多，但是国家政策无疑是最重要的，目前，国家有关政策的调整仍有很大潜力与空间，需要进一步完善。

（三）城镇化与新农村建设要同步推进，城乡要实现一体化发展

城镇化是实现从二元结构向一元结构转变的重要途径，只有通过城镇化把农村剩余劳动力转移出来，才能优化农村人口与土地及其他生产要素之间的配置比例，也才可能提高农民收入。否则，大量人口滞留在农村，在人均耕地只有2亩左右的情况下，很难想象农民可以富裕起来。从20世纪50年代开始，我国城镇化严重滞后于工业化，改革开放以来的前20年，这种不协调格局仍然没有得到根本改变。到了20世纪末期，有些学者正确地意识到了这一问题，提出了"要想富裕农民，首先要减少农民"，"三农"问题要在"三农"以外寻找出路的见解，由此提出要大力推进城镇化战略，并转化为国家的发展战略与政策。但是在其后的城镇化进程中，忽视了农村的发展，各级政府征用农民大量土地，财政投入巨额资金，发展城镇化，国家资源再次大规模地向城市倾斜，许多城市的基础设施水平甚至超过了发达国家，使城乡在基础设施与公共产品上的差距进一步扩大。针对这种情况，2005年底，中央做出了大力推进社会主义新农村建设的重要决定，作为统筹城乡发展的一个重要内容与途径。这标志着我国解决"三农"问题思路的新变化，从片面强调向外突围转向内外兼治。在新农村建设中，各级财政投入了大量资金，农村经济与社会面貌发生了积极变化，必将推动城乡协调发展。

（四）提高农业经营规模是发展现代农业的重要条件，农村土地制度改革是深化农村改革的重要突破口

不可否认，农村家庭联产承包经营制确实有利于克服人民公社体制下集体经济组织内部吃大锅饭的弊病，可以有效地调动农民生产积极性。但是也要看到，随着时间的推移，在市场经济体制下，特别是在我国加入WTO和发展现代农业的大背景下，农业面临来自各个方面的竞争压力。为

了生存和发展,必须提高农业的竞争力,而农业竞争力在很大程度上与农业经营规模息息相关,家庭联产承包经营制显然与农业规模经营存在着一定矛盾。目前,全国有18亿亩耕地,有2.1亿农户,平均每户8.2亩耕地,而在东部人口稠密地区,户均耕地甚至仅有2亩左右。以如此小的经营规模,很难降低农产品成本,也很难提高农民收入,更难抵御来自西方发达国家大农业规模下廉价农产品的冲击。为了解决农业经营规模问题,国家曾经出台相关政策,允许和鼓励农户之间依据"依法、自愿、有偿"的原则进行土地使用与经营权的流转与集中,但是实践证明,在现有的土地制度与家庭联产承包经营制的框架下,土地流转困难重重。所以,如何与时俱进地深化农村经济体制改革,特别是如何深化农村土地制度改革,以适应对外开放和发展现代农业的需要,是摆在党和政府以及广大农民面前的一个重要任务。

中共十六大以来,党和国家着力解决城乡差距这一事关我国发展大局和未来前景的问题。2003年1月,胡锦涛同志在中央农村工作会议上指出,必须统筹城乡经济社会发展,把解决好农业、农村和农民问题作为全党工作的重中之重,放在更加突出的位置,坚持"多予、少取、放活"的方针,发挥城市对农村的带动作用,实现城乡经济社会一体化发展。同年10月,党的十六届三中全会提出了科学发展观和五个统筹思想,其中包括统筹城乡发展,以工支农,以城带乡。2004~2016年,"中央一号文件"都是关于"三农"问题的,这充分表明了中央对"三农"问题的持续关注和重视。2006年的"中央一号文件",提出要大力推进社会主义新农村建设,协调推进农村各方面建设。2007年中共十七大提出,要实现城乡基本公共服务均等化。2008年9月,中共十七届三中全会对进一步推进农村改革发展做出了全面部署,提出要尽快形成城乡一体化发展新格局,说明我国解决"三农"问题的攻坚战正在向全面和纵深阶段推进。而2013年的"中央一号文件"——《中共中央、国务院关于加快发展现代农业进一步增强农业发展活力的若干意见》,提出要改善农村公共服务机制,积极推进城乡公共资源均衡配置,重点部署了如何通过发展现代农业,从"三农"内部入手,统筹城乡发展。2016年的"中央一号文件",在全国经济发展进入新常态、"十三五"规划出台、大力推进供给侧改革的新背景下,提出了落实发展新理念、加快农业现代化、实现全面小康社会的目标和路径。由此，城乡一体化发展成为我国当前和今后一个时期内解决"三农"问题、实现经济和社会发展转型的突破口和抓手，也是我国最后打破城乡二元结构的总战役。

所谓城乡一体化发展，是指工业化、城镇化、现代化发展到一定阶段，城市与农村的各类生产要素加快融合，自由流动，城乡优势互补，错位发展，互为资源，互为市场，互相服务，互相促进，最终实现城乡经济、社会、文化、生态的"无缝对接"和"一体发展"。简而言之，城乡一体化发展是城市与农村政策制度一致化，城乡经济发展协调化，城乡生活方式趋同化的过程。城乡一体化发展的实质，是经济和社会发展的转型，即从城乡分割的二元结构向城乡融合的一体化发展的转型，要加快农业与农村的发展，提高农民的收入水平和生活水平，缩小和拉平城乡差距。

为了实现城乡一体化发展，应该内外并举。从外部来讲，要加大社会各方面对"三农"的支持力度，特别是各级财政和金融部门要投入更多的资金，实现城乡基本公共服务均等化。从内部来讲，要加快农业与农村发展，提高农民收入和生活水平。按照中央关于新农村建设的20字方针，应该达到"生产发展，生活宽裕，乡风文明，村容整洁，管理民主"的目标。换言之，在城乡一体化发展中，主要应该抓住发展生产、提高生活、文明乡风、美化村容、民主管理这些重要方面，推动农村各项事业的全面发展。在这个过程中，国家出台了一系列支农惠农强农政策。由此，才有了2010年以来城乡收入差距"拐点"的出现，2013年，全国城镇居民人均可支配收入26955元，农民人均纯收入8896元，城乡居民收入之比由2009年的3.33进一步下降为3.03，差距进一步趋向缩小。

正是在上述背景下和过程中，才有了全国各地从实际出发所走出的各具特色的城乡一体化发展道路。也正是在这个背景下和基础上，苏州市的城乡一体化发展道路才应运而生，展现在世人面前，吸引我们去探索和研究。

第二章
苏州城乡一体化发展进程与测度

苏州市的城乡一体化发展进程是在全国的大背景下进行的，其演进轨迹与全国大趋势基本一致，不过，它在全国处于领跑者地位。为了深入分析和总结苏州市城乡一体化发展道路，有必要对这一历程进行回顾，并对其总体发展水平进行测度。

一 苏州概况

苏州古称吴、吴都、吴中、东吴、吴门，隋开皇九年（589）始称苏州，沿用至今。苏州北枕长江，隔江与南通市相望；南以陆地和太湖与浙江省嘉兴、湖州二市相连；东邻上海，市区相距80公里；西以陆地和太湖与无锡相接。苏州是江苏省的东南门户，通达上海；也是上海向西的咽喉和桥头堡，还是连通苏中、苏北与浙江的必经之地。

苏州城由伍子胥始建于公元前514年，距今已有2500多年历史，是全国首批的24个历史文化名城之一，全国重点风景旅游城市。苏州老城区目前仍坐落在春秋时代的位置上，基本保持着"水陆并行、河街相邻"的双棋盘格局、"三纵三横一环"的河道水系和"小桥流水，粉墙黛瓦，史迹名园"的独特城市风貌。

新中国成立以来，苏州市行政区划迭经调整，到2012年9月，共辖姑苏、虎丘（苏州新区）、吴江、吴中、相城、苏州工业园区6个区和常熟、张家港、太仓、昆山4个县级市。苏州是经国务院批准的较大的市，是江苏省的经济、对外贸易、工商业和物流中心，也是重要的文化、艺术、教育和交通中心。

苏州全市总面积8488平方公里，其中陆地约占57.7%，即4900平方公里，其余为水面，约3500平方公里。境内河流纵横，湖泊众多，江河以长江和大运河为最，另有望虞河、娄江、太浦河交织其间；湖泊以太湖最大，另有阳澄湖、澄湖、昆承湖、淀山湖等镶嵌其间。苏州地处温带，属亚热带季风海洋性气候，四季分明，气候温和，雨量充沛。地貌特征以平缓平原为主，全市的地势低平，自西向东缓慢倾斜，平原的海拔高度3～4米，阳澄湖和吴江一带仅2米左右。苏州低山丘陵零星分布，一般高100～300米，分布在西部山区和太湖诸岛，其中以穹隆山最高（341米），还有南阳山（338米）、西洞庭山缥缈峰（336米）、东洞庭山莫厘峰（293米）、七子山（294米）、天平山（201米）、灵岩山（182米）、渔洋山（170米）、虞山（261米）、潭山（252米）等。

苏州是闻名遐迩的鱼米之乡、丝绸之府，素有"人间天堂"之美誉，土地肥沃，风调雨顺，物产丰富，主要种植水稻、小麦、油菜，出产棉花、蚕桑、林果，特产有碧螺春茶叶、长江刀鱼、太湖银鱼、阳澄湖大闸蟹等。

苏州物华天宝，人杰地灵，兼有"园林之城"美誉。全市现有市级以上文物保护单位690处，其中国家级34处、省级106处。集建筑、山水、花木、雕刻、书画等于一体的苏州园林，是人类文明的瑰宝奇葩，苏州现保存完好的古典园林有60余处，其中拙政园、留园、网师园、环秀山庄、沧浪亭、狮子林、艺圃、耦园、退思园9座园林已被列入世界文化遗产名录。苏州是吴文化的发祥地，文坛贤能辈出，评弹、昆曲、苏剧被喻为苏州文化的"三朵花"。已有400多年历史的昆曲，是"中国戏曲之母"；评弹是用苏州方言表演的说唱艺术，已在江、浙、沪流传了300余年。苏州的工艺美术闻名中外，苏绣与湘绣、蜀绣、粤绣同被誉为我国的"四大名绣"；桃花坞木刻年画与天津杨柳青木刻齐名，世称"南桃北杨"。

交通方面，苏州自古有长江、京杭大运河贯穿而过。现在铁路方面有京沪铁路、京沪高铁通过市内，沪通铁路也已经立项上马。苏州市内虽然没有机场，但是，周边有无锡苏南国际机场、上海虹桥国际机场、浦东国际机场等，交运便捷。公路方面有312、204等多条国道经过苏州，1996年以来，沪宁高速公路、沿江高速公路、苏嘉杭高速公路、绕城高速公路、沪苏浙高速公路、苏通大桥南接线工程等相继建成通车，其高速公路密度达到德国水平，是交通部授予的公路交通枢纽城市。水运方面，苏州位于长江南岸,建港条件优越。2002年,由原张家港港、常熟港和太仓港三港合一组建成苏州港,原三个港口相应成为苏州港张家港港区、常熟港区和太仓港区。苏州港繁忙的业务,使苏州成为我国重要的水(海)运城市。市内交通方面,苏州是全国第一个获批轨道交通的地级城市,轨道交通1号线于2012年4月28日正式通车,成为全国第一个开通地铁的地级城市。轨道交通2号线于2013年12月28日正式运营。目前轨道交通3号、4号、5号线也已经开工或者公布规划。

2015年末,苏州全市总人口1307.69万人。其中,户籍人口667.01万人,比2014年增加5.9398万人,增长率为8.99‰。另有外来流动人口640.68万人,户籍人口与外来人口二者之比为1.04左右。目前,苏州市已成为仅次于深圳市的第二大移民城市。

二 苏州城乡一体化发展历程

苏州市的城乡一体化发展是在改革开放以后开始的,贯穿在城镇化进程之中。在改革开放之前的计划经济时期,苏州市也和全国一样,存在着严重的城乡二元结构和巨大的差距。1978年,苏州市城乡居民收入之比为2.1,低于全国的平均水平2.57。改革开放以来,苏州市历届领导班子带领全市人民,充分发挥"天时、地利、人和"的优势,抢抓机遇,敢闯、敢干,走出了一条经济和社会快速、协调发展的道路。在这个过程中,城乡关系经历了一个从对立走向碰撞、摩擦,并最终走向融合和一体化发展的演变过程,整个过程可以分为三个阶段。

(一)城乡二元结构的松动阶段

第一阶段是20世纪80年代到90年代中期。在这一阶段,苏州市作为"苏南模式"的主要发源地,广大农民群众以兴办乡镇企业的形式参与到区域工业化过程中,分享工业利润。乡镇企业萌芽于20世纪50年代。据考证,全国最早的乡镇企业(当时叫社队企业)出现在今天的无锡市锡山区(当时属苏州地区管辖)。由于苏州优越的区位优势、人多地少的特点,农村中存在大量急需转移的剩余劳动力。苏州农民利用自身积累,发展人民公社、生产大队与生产队办的工业企业。但是,在改革开放之前,由于国家政策的限制,乡镇企业一直处于只发芽而不开花和结果的萎缩状态,发展缓慢。改革开放以后，随着国家政策的调整，农民可以从事非农经济活动。进入20世纪80年代后，乡镇企业得到了中央的高度肯定，邓小平同志称赞它是"异军突起"（《邓小平文选》第3卷，1993：238），乡镇企业进入了快速的成长期。在此背景下，苏州市的农民群众抓住这一机遇，大胆兴办乡镇企业，通过乡镇企业实现了"农转工"的历史性跨越。这是对我国传统二元经济社会结构的一次尝试性冲击，由此，几十年来所形成的二元结构开始松动。这一阶段的工业化是内生性的，其动力和投资主要来自区域内部的农民群众。与"温州模式"下采取个体私营经济不同的是，苏州市的乡镇企业主要采取集体所有制形式，为了平衡农村内部的利益关系，苏州市实行了"以工补农，以工建农"，广大农民群众也分享了一部分工业利润，收入水平和生活水平有了明显提高，得到了实惠。

但是，这些都仅仅是农民和农村内部的调整，而从国家层面来看，城乡之间依然壁垒森严，处于严重对立状态，农民不能自由地从农村向城市迁徙和流动，导致城镇化与工业化割裂，城镇化滞后于工业化。农民"离土不离乡，进厂不进城"的政策限制就是这种状况的真实写照，允许农民离开土地和进厂，反映的是农民可以从事非农产业，参与工业化，但是不离乡和不进城则是不允许农民参与城镇化。所以，苏州市这一阶段的工业化，仍然是在城乡分割的状态下进行的，由此造成了乡镇企业"满天星"式的空间布局，土地资源浪费严重，还造成了经济效益不高、环境污染等问题。

乡镇企业的发展，极大地促进了苏州市区域经济的发展，从三分天下有其一，到半壁江山，再到三分天下有其二、四分天下有其三，乡镇企业对冲击城乡二元结构、增加农民收入、缩小城乡差距发挥了重要作用。

第一，它增强了经济实力，推动了农村工业化的步伐。乡镇企业经过10多年的迅猛发展，极大地推动了整个苏州市国民经济与工业发展，使苏州市的地区生产总值与工业总产值增长率基本保持在两位数。按1990年不变价计算，1980年苏州农业生产总值为34.18亿元，工业产值为96.47亿元，工农业产值之比为2.82∶1，经历了乡镇企业的发展之后，至1995年，苏州的农业产值为52.56亿元，工业产值为1834.54亿元，工农产值之比为34.9∶1。此外，乡镇企业在国民经济中所占比重逐步提高，到1990年，乡镇企业产值占工业总产值比重达到38%，对农村工业化以及农村经济发展起到了很大的推动作用（见图2-1）。

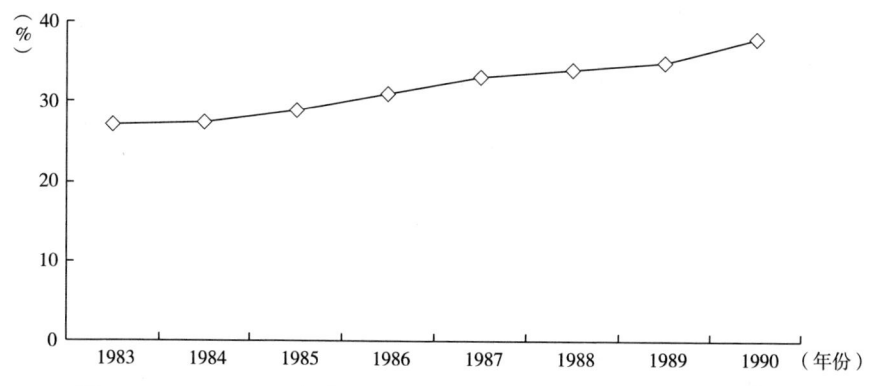

图 2-1　1983~1990 年苏州市乡镇企业产值占工业总产值比重变化趋势
数据来源：根据相关年份《苏州统计年鉴》数据计算。

第二，吸纳了农村剩余劳动力，农民的收入和生活水平得到提升，推动了城镇化发展。通过乡镇企业这一有效载体，不断吸纳从农业转移出来的劳动力，实现了农村人口的非农就业。据统计，苏州通过发展乡镇企业吸收了 120 万的农村剩余劳动力，占 270 万农村劳动力的 44%。随着农村就业形势的好转，农民的收入和生活水平不断提高，促进了城乡共同富裕。到 1992 年，农民人均纯收入为 2001 元，是 1985 年的 2.71 倍；农村的消费能力较以前得到大幅提升（见图 2-2），1992 年农村居民恩格尔系数已连续 3 年低于城市居民恩格尔系数。此外，农村工业化的发展也推进了城镇化步伐。通过乡镇企业的集聚与发展，其对周围地区的辐射与带动作用开始显现，乡镇在人口、空间等方面不断扩张，基础设施向农村延

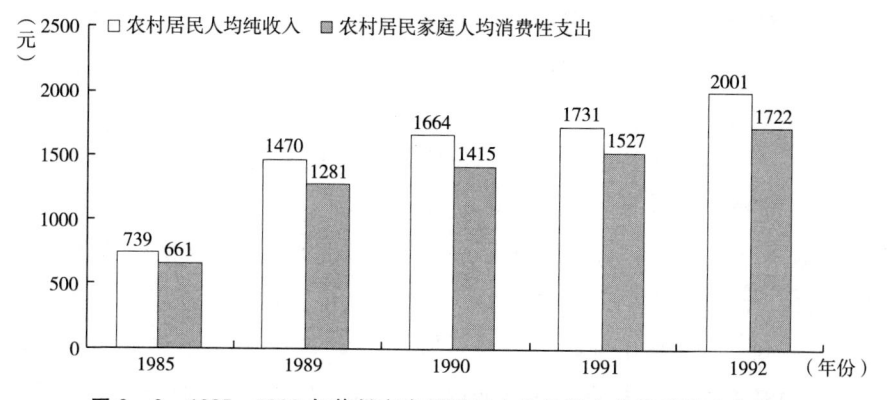

图 2-2　1985~1992 年苏州市农村居民人均纯收入与消费性支出情况
数据来源：根据《苏州统计年鉴》（1986~1993 年）相关数据整理。

伸，推进了最初的城镇化建设。小城镇成了非农人口的集聚区，为城乡的要素交流与沟通提供了重要的平台。

（二）城乡关系发生碰撞和摩擦阶段

第二阶段是20世纪90年代中期到2007年左右。在这一阶段，以苏州市为代表的"苏南模式"发生了第一次蜕变与演进。推动这次演进的动力，一是从1994年开始，全国乡镇企业的发展开始走下坡路，这在以集体经济为主的苏南地区表现得尤为明显，由此就需要寻找新的区域发展动力与投资主体；二是从1990年开始，上海浦东新区的开发和开放，为苏南地区发展外向型经济提供了绝好的机遇。正是在这种背景下，"新苏南模式"应运而生。"新苏南模式"的主要内容，一是乡镇企业的改制，通过股份合作制等过渡形式，到21世纪初，一部分转变为民营经济形式，也有一部分仍然保留集体经济性质，而且，根据中共十四大提出的把乡镇企业发展和小城镇建设结合起来的方针，乡镇企业开始走出家庭院落，向开发区集中；二是利用外资，由于毗邻上海，有近水楼台之便，苏州市这一时期的招商引资工作成绩斐然，外资在区域工业化和经济发展中扮演着重要角色，由此工业化实现由内生性向外生性转变。为了招商引资，需要兴办各级各类开发区，正是在这一阶段，苏州市的开发区建设蓬勃发展，大大小小的开发区不计其数，往往一个乡镇，就有几个开发区。这成了苏州市的一大特色和亮点，为全国所关注。

外资经济的迅猛发展，使苏州市成为现代制造业的国际基地，率先实现了"内转外"的历史性跨越，经济总量急剧增长，财政收入随之也大幅度提高。从此，苏州进入了城乡一体化发展的新阶段，主要体现为以下两方面。

第一，外向型经济大力发展，为城乡一体化提供了雄厚的经济基础。1991年，苏州市合同外资仅3.45亿美元左右，到了1992年，就猛增到42.64亿美元，1999年合同外资为1991年的10.25倍。外向型经济的发展使苏州成了名副其实的"外资高地"，作为经济主动力的外资对苏州市经济发展起到了关键作用（陆允昌等，2001）。截至2001年，苏州市地区生产总值约有45%是由外资企业创造的，进出口贸易的60%是由外资企业完成的，财政收入的40%和新增固定资产投入的50%由外资企业提供的，进口依存度与投资对外依存度分别达到58%和44%。此外，外资企业和出口加工企业的从业人员占城镇就业总人数的40%左右（洪银兴等，2003）。外向型经济的发展，为城乡一体化建设提供了重要的经济保障，在经济发展的基础上，政府财政收入、城乡居民收入也相应快速增长（见图2-3、表2-1）。

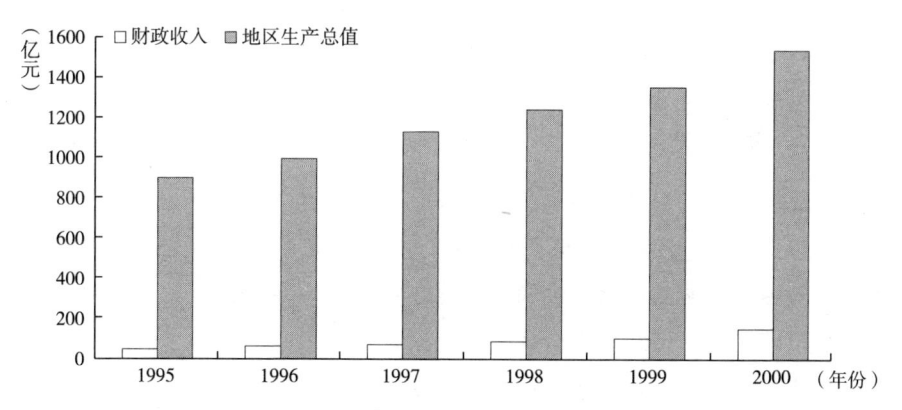

图2-3　1995~2000年苏州市地区生产总值与财政收入变化趋势

数据来源：根据《苏州统计年鉴》（1996~2001年）相关数据整理。

表2-1　1992~1999年苏州市城乡居民收入比较

年份		1992	1993	1994	1995	1996	1997	1998	1999
城镇居民人均可支配收入	绝对数（元）	2788	3695	4885	5790	6591	7479	7812	8406
	增长率（%）	—	32.5	32.2	18.5	13.8	13.5	4.5	7.6
农村居民人均纯收入	绝对数（元）	2001	2558	3457	4444	5088	5219	5347	5308
	增长率（%）	—	27.8	35.1	28.6	14.5	2.8	2.5	-0.7
城乡居民收入绝对差距（元）		787	1137	1428	1346	1503	2260	2465	3098
城乡居民收入之比		1.39	1.44	1.41	1.30	1.29	1.43	1.46	1.58

数据来源：根据《苏州统计年鉴》（1993~2000年）相关数据计算。

第二，进行产权制度改革，推进农村的"三集中"和社保医疗领域改革，城乡一体化进程加快。在推进外向型经济发展的同时，苏州市还积极对乡镇企业进行产权制度改革，通过改革，建立现代企业制度，继续发挥乡镇企业在城乡一体化发展中的作用。截至1999年底，苏州共有11301家乡镇企业进行了产权制度改革，涉及总资产435.4亿元，占乡镇企业总数的81.6%。此外，通过"三集中"，城乡工业界限已经消除，城乡间的劳动力流动不再有制度性障碍，城乡一体化成为苏州发展的新特征。20世纪90年代，苏州市的农村合作医疗得到了较快的发展，至2000年，农村合作医疗行政村覆盖率与参保人群覆盖率分别为97.4%和91.9%，分别较1990年提高4.2个百分点和12.3个百分点。1998年，苏州市建立了农村最低生活保障制度，按照城乡一体化原则，将城乡低保整体设计、同步实施，差别仅在保障标准与筹资渠道的不同（王庆华，2009）。

2002年，中共十六大提出了到2020年全国全面建成小康社会和到2050年全国基本实现现代化的宏伟目标。根据苏州市的良好发展基础和态势，江苏省省委和省政府对苏州提出了"率先全面建成小康社会，率先基本实现现代化"的总体发展目标和定位，要求苏州争做全省和全国的示范区和"带头羊"。于是，苏州市的城乡一体化发展便被赋予新的历史意义和时代内涵，被纳入小康社会和现代化建设的大背景和进程之中。2005年底，苏州市宣布，已经率先全面建成小康社会。

中共十六大后，在科学发展观的指引下，全国从上到下大力推进统筹城乡发展，实行工业反哺农业，城市支持乡村。但是，由于城乡二元结构经年已久，惯性很大，很难在短期内一举根治。因此，在这一阶段，苏州市的城乡关系从先前的松动状态走向激烈的碰撞和摩擦状态。工业化与城镇化开始同步推进，工业开始从村落向开发区集中，由此推动了中小城镇和城市的发展。为了兴办开发区，就必须征用农民土地，并动迁农民，但是土地和房屋的补偿标准太低，引起农民不满。在这个过程中，有部分农民进入工厂和城市打工，脱离了农业与农村，但是其农民户口和身份并没有发生变化，充其量只是农民工，不能享受市民待遇。还有大量农民被排斥在工业化和城镇化之外，不能融入城市，变成了游走于工农城乡之间的边缘人。在这种城镇化进程中，许多进入城市的人口，并不是当地的农民，而是外来人口，外来人口在地区常住人口中占有1/3到1/2的比重，他们更不能享受平等的待遇。

这一阶段，苏州市经济发展的要素组合模式为：境外资本＋本地土地环境＋外地劳动力。工业化和城镇化的收益，大部分以外资利润、国家税收和外地人口工资等形式归其他利益集团和群体所有。如果仅仅从苏州市来看，则表现为人口城镇化与土地等要素城镇化的割裂，由于征用了农民大量土地，这些要素的用途由农业转变为非农业，变为城镇的一部分，长期依靠这些土地为生的农民却被排斥在工业化和城镇化之外。这种工业化和城镇化模式固然对整个区域工业化和城镇化水平的提高具有重要作用，地方经济实力和财政实力也会大大增强，但当地农民从中受惠有限。从表2-2可知，这一阶段苏州市城乡居民收入差距不仅没有缩小，反而有所扩大，二者之比2000年为1.70，2003年为1.85，2007年为2.03。在纵横交错的高速公路边，在光怪陆离的高楼大厦下，苏州市却在悄然恢复和强化着城乡二元结构。由此，苏州市的发展道路就被一些外地学者讥讽为只长骨头不长肉、市强民穷。这种批评虽然刻薄，但是也不无道理。其实，这种结果不仅在苏州，而且在全国其他地区同样存在，它是传统制度与体制的必然产物，苏州市仅仅是这种现象的代表与缩影而已。

表2-2 1999～2008年苏州市城乡居民收入与生活状况比较

年份	城乡居民收入比	城乡居民人均消费支出比	城市居民家庭恩格尔系数（%）	农村居民家庭恩格尔系数（%）	城乡居民恩格尔差异系数*（百分点）
1999	1.58	1.73	43.6	40.7	-2.9
2000	1.70	1.73	42.7	40.1	-2.6
2001	1.81	1.76	42.0	43.5	1.5
2002	1.73	1.82	42.1	40.6	-1.5
2003	1.85	1.99	39.0	37.3	-1.7
2004	1.93	1.80	38.0	36.8	-1.2
2005	1.94	1.82	37.4	37.7	0.3
2006	1.99	1.83	36.1	36.3	0.2
2007	2.03	1.83	37.9	35.7	-2.2
2008	2.03	1.80	39.3	35.4	-3.9

＊城乡居民恩格尔差异系数＝农村居民家庭恩格尔系数－城镇居民家庭恩格尔系数，从城乡居民生活支出角度来反映城乡社会一体化程度。此值小于0.025，城乡居民生活质量一致；此值介于0.025～0.05，生活质量基本一致；此值介于0.05～0.1，生活质量差异较大，由二元结构向城乡一体化过渡；此值大于0.1，城乡二元结构明显。

数据来源：根据相关年份《苏州统计年鉴》数据整理、计算。

（三）城乡关系走向融合与一体化阶段

第三阶段是2008年以后。中共十七大以后，国家着力推进城乡基本公共服务均等化，提出要尽快形成城乡一体化发展新格局。在这种宏观背景下,以苏州市为代表的"新苏南模式"再次蜕变与演进,城乡关系在经过前一阶段的碰撞和摩擦之后,开始走向融合,从二元结构向一元结构转变,实现城乡一体化发展。在这一阶段,广大农民群众不仅仅是作为看客与局外人,而且作为参与者与受益者,深度介入工业化和城镇化。一方面,工业化的动力和投资主体变为多元化和混合性,在继续保持外资发展优势的同时,经过政策调整和乡镇企业改制,民营经济和股份合作经济快速发展,部分农民的创业潜力得以发挥,身价上千万、上亿元的老板比比皆是,这对提高农民平均收入水平有重要作用。另一方面,凭借前期积累的强大经济和财政实力,在政府的强力推动下,资源配置和利益分配向"三农"倾斜,各级财政拿出巨额资金,用于支农惠农。

2008年9月,江苏省省委、省政府批准苏州市成为江苏省唯一的城乡一体化发展综合配套区。同年10月,国家发改委把苏州市列为城乡一体化发展综合配套改革联系点,同时,苏州市还和重庆、成都、嘉兴市一起被国家发改委列入中国与澳大利亚合作城乡一体化发展管理项目试点城市。2008年底,苏州市下辖的常熟市又被国务院发展研究中心确定为首个城乡一体化综合配套改革固定调研联系点。2011年11月,江苏省第十二次党代会提出:到2015年,全省以县为单位达到省定全面小康指标,全面建成体现党的十七大要求、惠及全省人民的更高水平小康社会,苏南等有条件的地方在巩固全面小康成果基础上率先基本实现现代化,当好第二个率先的先行军;推进"两个率先",必须把"三农"放在重中之重位置,坚持新型工业化、农业现代化、城乡发展一体化同步推进,健全以城带乡、以工促农机制,落实强农惠农富农政策,加快形成城乡发展一体化新格局。2011年12月,苏州市又被农业部确定为全国18个农村改革试点城市之一,具体承担"城乡发展一体化改革"试验。2013年4月,经国务院同意,国家发展改革委正式印发了《苏南现代化建设示范区规划》,标志着中国第一个以现代化建设为主题的区域规划正式颁布实施。该规划明确提出,围绕到2020年建成全国现代化建设示范区,到2030年全面实现区域现代化、经济发展和社会事业达到主要发达国家水平的目标,苏南地区要重点推进经济现代化、城乡现代化、社会现代化和生态文明、政治文明建设,促进人的全面发展,将苏南地区建成自主创新先导区、现代产业集聚区、城乡发展一体化先行区、开放合作引领区、富裕文明宜居区。2013年

5月，为了落实国家发改委的《苏南现代化建设示范区规划》，江苏省省委、省政府召开了苏南现代化建设示范区工作会议，布置和落实国家规划。这样，苏州市的城乡一体化发展便在"两个率先"的背景下，再次被赋予新的含义和示范意义。2012年3月，苏州市城乡一体化改革试验方案经中央农村工作领导小组审定，正式获批实施。2014年3月，国家发改委决定，把苏州市作为国家发改委城乡一体化综合改革试点，这标志着苏州市的城乡一体化发展道路具有全国层面的意义。

在上述背景和过程中，根据国家和江苏省的统一部署，凭借强大的经济和财政实力，苏州市走在了全国、全省城乡一体化发展的前列，成为名副其实的排头兵与探路者。在2005年底苏州市已经率先全面建成小康社会的基础上，2009年8月，中共苏州市委十届十次会议提出了苏州市新的发展战略目标，即"要把苏州建设成为科学发展的样板区、开放创新的先行区、城乡一体的示范区，以现代经济为特征的高端产业城市、生态环境优美的最佳宜居城市、历史文化与现代文明相融的文化旅游城市"（简称"三区三城"）。2011年，苏州市"十二五"规划提出，要力争率先基本实现现代化，其中，城乡一体化发展是率先全面建成小康社会和基本实现现代化的重要内容。

为了推动城乡一体化健康、快速发展，2008年以来，苏州市市委、市政府先后颁布了10多个政策文件来推动城乡一体化发展。其中的纲领性文件有：2008年的《关于城乡一体化发展综合配套改革的若干意见》，2009年的《苏州城乡一体化发展综合配套改革三年实施计划》，2010年的"一号文件"——《全面推进城乡一体化改革发展的决定》等。再加上下面市、区的文件，超过100个。这些文件是苏州市推进城乡一体化发展的制度创新，形成了推动、保证城乡一体化发展的制度框架，不仅向全市各行各业、各部门发出了城乡一体化发展的动员令，规划了城乡一体化发展的总目标与进程，而且详细规定了解决各种具体问题的实施意见。

按照《苏州城乡一体化发展综合配套改革三年实施计划》，2009年为重点突破年，2010年为整体推进年，2011年为全面提升年。为了具体组织实施城乡一体化发展工作，苏州市市委、市政府及所辖市、区都成立了专门的工作领导小组，下设办公室。为了稳步推进，苏州市坚持用全面推进和先导区先行相结合的办法,来保证城乡一体化有序进行,分步实现。苏州市要不等不靠,雷厉风行,令行禁止,在全市范围内全面推进城乡一体化的各项工作,同时又确定了23个先导区(镇、园、片),鼓励其大胆探索,积累经验,允许试,允许闯,更允许错了就改。这些先导区,要一年一个样,三年大变样,发挥出示范带动作用。列入23个先导区的有:张家港市的金港镇、塘桥镇和现代农业示范园,常熟市的梅李镇、海虞镇、沙家浜镇和古里镇,昆山市的巴城镇、千灯镇、张浦镇和花桥镇,吴江市的震泽镇、横扇镇和同里镇,太仓市的城厢镇、陆渡镇和浏河镇,相城区的渭塘镇和阳澄湖镇,吴中区的木渎镇和太湖现代农业示范园,工业园区的唯亭镇,[①] 虎丘区的联合片区。实践证明,这种策略是完全正确的。

2012年6月,新一届苏州市政府宣示,在任期内,要把城乡一体化作为六大战略之一,城乡一体化发展要在全国领先,使城乡发展规划、产业布局、资源配置、基础设施、公共服务、就业社保和社会管理一体化格局更为完善,城乡建设统筹推进,各项事业共同发展,村镇面貌明显改观,广大农民普遍受益,农村现代化水平大幅度提升。重点工作之一是:更加注重城乡统筹,加快形成一体化发展格局,深入推进各项改革。

2012年7月19日,中共苏州市委十一届三次会议提出:要做大做强现代化中心城市,统筹推进城乡一体化改革发展,着力在优化中心城市功能布局、加快城乡一体化改革发展、提升城乡生态环境水平上下功夫。据此,苏州市政府工作会议提出,要更大力度整合城乡资源,优化城乡空间布局。到2012年底确保工业企业集中度达到90%,农业规模经营比重达到85%,农民集中居住达到48%;居民社会保障从"低水平、广覆盖"向"高水平、全覆盖"转变;努力实现户籍人口全部享受社会保障、重病大病人员全部享有较高水平医疗救助、城乡老人全部纳入社会化服务的目标,确保养老保险和居民医疗保险实现城乡并轨。

2012年12月20日,中共苏州市委十一届四次会议进一步提出:统筹联动优化布局,构建城乡一体新格局。要把城乡一体化作为转型升级、富民强市的重要抓手,加大统筹城乡发展力度,进一步拓展城乡发展空间,

---

① 2012年12月,苏州市调整苏州工业园区行政区划,撤销了唯亭镇等3个镇,另设唯亭等4个街道办事处。

不断缩小城乡差距，促进城乡共同繁荣。要在城乡一体化发展特别是形态优化、政策创新上谋求新突破。

2013年的苏州市《政府工作报告》提出要深入推进城乡一体化发展综合配套改革，持续缩小城乡差距，实现城乡共同繁荣，把城乡一体化打造成苏州最大的优势和品牌。加大城乡统筹力度，推动资源要素向农村配置，优化城乡布局，拓展发展空间，着力形成以工促农、以城带乡、工农互惠、城乡一体的新型工农、城乡关系。要在形态优化和政策创新上实现更大突破，特别是要鼓励农民把集体资产所有权、土地承包经营权、宅基地和住房置换成股份合作社股权和城镇住房，引导更多的农民进城镇落户，加快农民市民化步伐。

2013年4月2日，苏州市召开全市城乡一体化发展大会，这是近年来苏州市规模最大的一次"三农"工作会议，来自全市1058个行政村、55个镇以及涉农街道、社区的2000多人参加了会议。会议在总结前几年城乡一体化发展经验、问题的基础上，进一步明确提出了下一步城乡一体化发展的新思路，通过突出六个方面的工作（即突出改革创新，突出"三个集中"，突出"四个百万亩"，突出强村富民，突出生态优先，突出固本强基），提升城乡一体化发展水平。到2015年，力争使农民人均纯收入达到2.8万元。会议还充分学习借鉴全国其他地区的城乡一体化发展经验，邀请深圳市南岭村代表现场介绍精用土地的经验，烟台市南山村代表介绍村企合一的经验。

2013年9月，按照国家发改委的《苏南现代化建设示范区规划》，苏州市出台了《推进苏南现代化示范区建设实施方案》，提出到2020年，苏州市要达到高收入国家和地区发展水平，基本建成现代化示范区。这样，苏州市的城乡一体化发展就被置于一个更加广阔的背景和视野，目标和道路更加清晰。

2013年12月，为了贯彻落实党的十八届三中全会和中共江苏省委十二届六次全会关于全面深化改革的精神，中共苏州市委十一届六次全体会议通过了《全面深化重要领域改革的意见》，其中第十条是"深化城乡一体化改革"，强调要"持续创新体制机制，争创城乡一体化发展国家综合配套改革试点，形成以工促农、以城带乡、工农互惠、城乡一体的新型工农城乡关系，让广大农民平等参与现代化进程、共同分享现代化成果"。

为此，要重点抓好以下工作：大力发展现代农业，加快新型城镇化进程，探索改革土地制度，有序推进"三个集中"，继续深化"三大合作"，创新农村金融服务，加快生态文明建设，优化城乡公共服务。

2014年3月，苏州市再次召开城乡一体化发展工作会议，针对新进展和新情况，对本年的工作重点做出新的安排，包括稳步推进"三个集中"，发展壮大集体经济，以发展现代农业园区为抓手发展现代农业，等等。具体包括集中资金重点扶持建设10个示范镇、10个示范村、10个农业园区和10个农业项目。

2014年6月，苏州市在昆山市千灯镇召开全市深化城乡发展一体化暨推进新型城镇化现场会，对优化提升"四个百万亩"和加大生态文明建设力度以及加快推进新型城镇化提出了具体的要求。会议分析了苏州市的城乡一体化发展进程，提出要加快转入以提升质量为主的转型发展阶段，坚持以人为本，以体制机制创新为关键，勇于探索应对之策，积极破解发展难题，努力走出一条具有时代特色、符合苏州市实际的城乡一体化发展和新型城镇化道路。

回顾上述过程，可以看出，在这一阶段，由于苏州市市委、市政府的强力推动，苏州市的城乡一体化发展得有声有色，快速推进，一年一个样，三年大变样，短短五六年时间，便形成了欣欣向荣的喜人局面。

三　苏州城乡一体化发展目标

根据国家发改委和江苏省的试点要求，结合苏州市经济和社会发展的实际，苏州市规划和部署了城乡一体化发展的目标，这些目标的确定，既坚持积极奋进，开拓创新，又实事求是，谨防冒进和急于求成。而且，随着情况的变化，苏州市及时对目标做出修改和完善。

苏州市"十二五"规划确定城乡一体化发展的主要目标是：通过一段时间的努力，使苏州农村既保持鱼米之乡优美的田园风光，又呈现先进和谐的现代文明，逐步建设成为基础设施配套、功能区域分明、产业特色鲜明、生态环境优美、经济持续发展、农民生活富裕、农村社会文明、组织坚强有力、镇村管理民主的苏州特色社会主义新农村。力争在2010年的"整体推进年"与2011年的"全面提升年"基础上，加快建设步伐，率先实现城乡在发展规划、资源配置、产业布局、基础设施、公共服务、就业社保和社会管理方面的一体化新格局。在加快形成农民持续增收机制、构建和谐社会制度环境、创新农村新型集体经济发展机制、形成城乡公共服务均等化运行体系的要求下，确立了"十二五"期末，即2015年城乡一体化改革发展的具体任务与目标（见表2-3）。

表2-3 苏州市"十二五"城乡一体化改革发展目标

经济生活	至2012年农村村均集体经济收入达450万元，农民人均纯收入达到全省平均水平的1.5倍、全国平均水平的2倍以上；至2015年农村集体经济总资产突破1500亿元，村均收入超700万元，股份化实现全覆盖，农民人均纯收入超过2.5万元，其中财产投资性收入占比超过40%，且城乡居民收入比控制在2∶1以内
城乡规划	通过"三置换""三集中"的深入推进，至2015年苏州市农用地规模经营比重、镇村企业集中度均达90%，农村居民集中居住度达60%以上
产业发展	农业现代化加快推进，至2012年高效农业面积占种养面积比重达60%，其中亩均效益5000元以上的占1/3；至2015年高效农业面积占种养面积比重达65%，其中亩均效益达5000元的超过50%
社会保障	至2012年基本实现城乡公共服务均等化，城乡基本养老保险、基本医疗保险和最低生活保障实现并轨
生态环境	加快推进城乡生态环境建设，至2015年苏州市市区污水处理率达到98%，镇区及太湖一级保护区农村规划保留村庄达90%，其他地区达70%，陆地森林覆盖率达27%

资料来源：根据江苏省发展和改革委员会、苏州市城乡一体化改革试点工作总结和"十二五"规划加工整理。

2013年，苏州市"一号文件"进一步修改和完善了城乡一体化发展目标，具体为，到2015年，"三集中"稳步推进，土地规模经营比重超过90%，工业企业集中度超过93%，农民集中居住率达到63%；农村居民收入增长超过城镇居民，人均纯收入突破2.8万元，力争达到3万元，城乡居民收入之比控制在1.9以内；农业"四个百万亩"产业布局全面落实，农业科技进步贡献率达到70%，现代农业园区建成面积100万亩以上，亩均效益5000元以上，高效农业占比达到50%。

2013年9月，苏州市《推进苏南现代化示范区建设实施方案》提出，到2020年，主要发展指标为：人均地区生产总值达到18万元；城镇化率超过75%；城镇居民人均可支配收入达到7.5万元，农民人均纯收入达到

3.8万元；现代农业发展水平达到95%；教育发展水平达到92%；城乡基本养老保险、基本医疗保险和失业保险覆盖率达到98%；人均预期寿命达到80岁，居民体质合格率达到93%，每千人拥有医生数达到2.3人，每千名老人拥有各类养老床位40张，城乡社区居家养老中心实现全覆盖；城镇住房保障体系健全率达到99%；城乡居民收入达标人口比例达到50%，基尼系数控制在0.4以内；居民人均拥有公共文化体育设施面积达到3平方米。围绕上述目标，要着力把苏州市打造成为自主创新先导区、现代产业集聚区、城乡一体化发展示范区、开发合作引领区和富裕文明宜居区。在城乡一体示范区建设中，苏州市将开展集体建设用地使用权、农民住宅所有权等抵押贷款业务试点，力争到2020年市区城市公交出行分担率达到28%，镇村公交开通率达到100%等。

2014年3月，在国家发改委决定苏州市成为全国城乡一体化改革试点城市之后，苏州市重新调整了城乡一体化发展目标：总的建设目标是，始终保持苏州城乡一体化发展的领先优势，率先开展试点探索新境界，力争成为苏南地区现代化示范区建设的样本、全国城乡发展一体化的示范区；近期目标是，到2015年，城镇化率超过75%，初步实现新型城镇化，农民人均纯收入力争达到2.8万元，现代农业发展水平达到90%等；远期目标是，到2020年，城镇化率超过85%，基本实现城乡发展一体化和新型城镇化，农民人均纯收入达到4万元，现代农业发展水平达到95%，城乡一体化格局基本形成。

2014年5月，苏州市制定了《苏州市城乡发展一体化综合改革试点三年实施计划（2014～2016年）》，提出到2016年，全市农民集中居住率要达到64%，城镇化率超过77%，农村集体总资产超过1800亿元，村均集体收入超过800万元，农民人均纯收入超过3万元，居民最低生活保障标准每月不低于800元，现代农业园区建成面积超过120万亩，农业规模经营比重达到93%，农业机械化水平达到90%，现代农业发展水平在90%以上，等等。

2016年3月24日，在苏州市城乡发展一体化工作会议上，市委"一号文件"——《中共苏州市委苏州市人民政府关于落实发展新理念深入推进城乡发展一体化的意见》公布，提出要以创新理念推动改革试点，以协调理念补齐"三农"短板，以绿色理念引领发展方向，以开放理念拓展发展空间，以共享理念增进农民福祉。会议指出了2016年苏州城乡发展一体化方面的工作重点，包括推进农业供给侧结构性改革，加快转变农业发展方式，持续促进农民增收，持续建设美丽镇村，持续深化农村改革，持续提升城乡公共服务均等化水平，持续强化组织领导、政策支持和工作推进力度等，市委"一号文件"谋划和勾勒了"十三五"开局之年苏州市城乡发展一体化的"强富美高"新蓝图。

为了具体落实这些远期目标和中期目标，苏州市又把这些目标具体分解为年度目标。每年的《政府工作报告》和城乡一体化发展工作会议都会对上一年度的城乡一体化发展情况进行总结，并且有针对性地提出本年度的发展目标和工作重点。

四　苏州城乡一体化发展的主要成果

经过改革开放30多年以来，特别是2008年以来的努力，苏州市已经成功地走出了一条城乡一体化发展和基本实现现代化的道路，取得了喜人的成绩，城乡一体化发展和基本实现现代化格局已显雏形，在全国处于明显的领先水平，成为东部发达地区城乡一体化发展和基本实现现代化的代表，也成为全国的示范区。

（一）经济发展主要指标完成情况

综合苏州市统计局和国家统计局苏州调查队发布的《2015年苏州市国民经济和社会发展统计公报》和苏州市市长2016年的《政府工作报告》等方面的有关数据，截至2015年底，苏州市经济发展的相关指标完成情况如下。

地区生产总值：实现1.45万亿元，人均地区生产总值（按常住人口计算）13.36万元，按现行汇率折算超过2.1万美元。

地方公共财政预算收入：实现1560.8亿元，其中，各项税收1338.6亿元，占85.8%；地方公共财政预算支出1527.0亿元，其中，其中城乡公共服务支出1195.8亿元，占公共财政预算支出的78.3%。

经济结构：服务业实现增加值7170亿元，占地区生产总值49.5%；制造业领域新兴产业实现产值14030亿元，占规模以上工业总产值45.9%。

固定资产投资：完成6124.5亿元，其中，国有经济投资1721.6亿元，民间投资3284.4亿元，外商投资1118.5亿元。

开放型经济：实现进出口总额3053.5亿美元，其中，出口1814.6亿美元，比2014年增长0.2%，进口1238.9亿美元；实际利用外资70.2亿美元，新批境外投资20.5亿美元；共有国家级开发区14家，省级开发区5家，综保区（保税港区）数量增至8家。

国内贸易和旅游：实现社会消费品零售总额4424.8亿元，其中，批发和零售业零售额3887.2亿元；实现旅游总收入1884.5亿元，接待入境过夜游客149.7万人次。

（二）城乡一体化发展主要指标完成情况

2015年底，苏州市城乡一体化的相关指标完成情况如下。

城镇居民人均可支配收入为5.04万元，比2014年增长8.1%；农民人均可支配收入为2.57万元，比2014年增长9%。2010~2015年，苏州市城乡居民收入比已连续六年低于2，其中2015年为1.96。农民的收入结构进一步优化，财产投资性收入比重在35%以上，农村居民恩格尔系数继续低于城镇居民恩格尔系数（见表2-4）。

表2-4　2008~2014年苏州市城乡居民收入与生活状况比较

年份	城乡居民收入比	城乡居民人均消费支出比	城市居民家庭恩格尔系数（%）	农村居民家庭恩格尔系数（%）	城乡居民恩格尔差异系数（百分点）
2008	2.03	1.80	39.3	35.4	-3.9
2009	2.02	1.75	37.6	34.5	-3.1
2010	1.99	1.72	38.8	33.9	-4.9
2011	1.93	1.69	37.3	33.8	-3.5
2012	1.93	1.61	36.8	33.9	-2.9
2013	1.91	1.55	35.2	33.4	-1.8
2014	1.98	1.88	26.9	26.3	-0.6

数据来源：根据相关年份《苏州统计年鉴》数据整理、计算。

农业生产保持稳定。全市实现农、林、牧、渔业总产值为415.2亿元，按可比价格计算比2014年增长3.4%。全年粮食总产108.22万吨，比2014

年下降2.0%，其中夏粮产量36.43万吨，下降1.9%；秋粮产量71.79万吨，下降2.1%。全年猪牛羊禽肉产量10.84万吨，比2014年下降5.2%；禽蛋产量4.34万吨，增长1.9%；水产品产量26.47万吨，下降0.8%。

积极推进土地适度规模化经营，在"十一五"期末，苏州70%的承包耕地实现规模经营。而在"十二五"时期，91%以上承包耕地实现规模经营，90%以上农村土地承包经营权实现流转，流转土地中有90%以上流转到村集体，苏州农村工业企业进入工业园区的集中度和农业规模化经营比重已达90%左右，农民集中居住率超过50%。城乡一体化快速推进，经济带动效应初显。在推进农村土地确权登记颁证方面，自2014年9月至2016年3月底，全市已有42个镇，643个村全部开展了农村承包土地确权登记颁证工作。

城乡一体化发展要深化提质，集体经济进一步发展壮大。2015年末全市农村各类合作组织4535家，持股农户比例超过96%。农村集体经济总资产1610亿元，村均年稳定性收入776万元，均比2014年年增长8.1%。

城乡社会保障领域一体化全面推进，社会保障体系进一步完善，全市城乡居民养老保险和居民医疗保险覆盖率在99%以上，城乡老年居民享受社会养老保险待遇覆盖率达到100%。城乡居民最低生活保障月标准在2012年提高到570元之后，从2014年7月起，提高到700元，到2015年进一步提高到750元。从2016年7月1日起，全市低保标准进一步提高到810元，城乡五保对象供养标准及低保边缘重病困难对象/重残对象/特殊残疾人生活救助标准按照原政策规定同步调整。为此，全市每年需要增加社会救助资金2400余万元。另外，苏州在全市建立了按照商业保险运作的社会医疗救助制度，覆盖到城乡各类人员；在全市建立了按照商业保险运作的社会医疗救助制度，覆盖到城乡各类人员。

现代农业发展成绩显著，新建高标准农田5330公顷，高标准农田比重达68.5%。新增市级以上现代农业园区12个，"四个百万亩"（优质水稻、特色水产、园艺蔬菜和生态林地各100万亩）全部落实。年末设施农（渔）业面积46800公顷，现代农业园区总面积70600公顷。年末无公害农产品、绿色食品和有机食品数量达1800只。农业综合机械化水平达88%，农业现代化综合指数连续五年居全省首位。

农村生态环境保护和改善取得明显成绩，城乡生态景观的一体化局面初步形成。目前，农村新增林地、绿地768公顷，陆地森林覆盖率为29.56%。市区新增绿地面积430万平方米，建成区绿化覆盖率42.7%，市区建成区人均公园绿地面积14.99平方米。全市建成美丽村庄示范点10个、三星级康居乡村100个。全市划定生态红线保护面积3205.52平方公里，占市域土地面积的37.76%。苏州市通过建立生态补偿机制，率先开展湿地地方立法工作，建成太湖湿地公园等7个国家级、省级湿地公园。此外，苏州市在村庄环境治理方面也取得了较大的成绩，村庄环境整治任务全面完成，达到省级标准。积极开展美丽乡村建设，示范点环境面貌明显改善，同里等镇入选全国美丽宜居小镇，苏州市和昆山市成功创建国家生态园林城市。

公共财政对"三农"投入进一步增加，强农惠农政策得到有效落实。到2015年，苏州市政策性农业保险共开设31个险种，包括3个种植险、24个高效设施农业险和4个农机险。全市共有152303户农民参保，保费总额10285.10万元，其中农户缴费1535.64万元，其余8749.46万元保费由中央、省市区财政补贴。高效设施农业保险有14658户参保，收取保费收入4499.53万元，占总保费的43.75%。

城镇化快速推进，从规模扩张向以提升品质和功能为核心的内涵式城镇化转变。农村的公共设施和公共服务水平有了很大的改善，农民居住条件和生活环境也大为改善。新建"一村二楼宇"物业载体113.8万平方米。设立全省首个城乡一体化基金，财政金融服务"三农"发展的能力明显增强。完成美丽城镇建设项目333个，建成美丽村庄示范点10个、三星级康居乡村100个。

户籍制度的改革稳步推进，苏州市大市范围内户籍可以自由接转，张家港市、常熟市等实行新市民积分改革，外来人口符合一定条件，就可以取得当地户口，在社会保障、子女受教育等方面享受平等待遇。

城镇空间规划与镇村布局规划得到优化。目前，工业、农业、居住、生态、水利等重大专项规划基本实现城乡对接。

（三）率先基本实现现代化进展的情况

苏州市的城乡一体化发展极大地带动了现代化建设进程，"十二五"

期间，顺利完成了"十二五"规划确定的主要目标任务。截至2015年，经济实力实现新提升，地区生产总值年均增长9.5%，按常住人口计算人均超过2.1万美元；规模以上工业总产值稳居全国城市第二位；一般性公共预算收入年均增长11.6%；累计完成全社会固定资产投资2.8万亿元。转型升级创出新成效，服务业增加值占地区生产总值比重提高7.9个百分点，新兴产业快速发展，占规模以上工业总产值比重提高19.9个百分点；农业基本现代化综合得分连续居全省首位，区域创新能力继续增强。人民福祉得到改善，生态环境和人居环境持续优化，基本公共服务均等化水平有了较大提高；教育现代化进程加快，高等教育毛入学率超过68%；法治建设、平安建设走在全国前列。

昆山市曾列全国"百强县"之首，以"昆山道路"而闻名。1978年，城镇居民收入为496元，农民人均纯收入仅为201元，二者之比是2.47：1。到2015年，居民人均可支配收入为42755元，比2014年增长8.2%，其中，城镇常住居民人均可支配收入为50749元，比2014年增长8.2%，农村常住居民人均可支配收入为25978元，比2014年增长8.6%，二者之比缩小为1.95：1。昆山市村均集体经济总收入达到819万元，比2014年增长9.3%；193家社区股份合作社共有184家完成股权固化工作，涉及农户13.61万户，涉及人数45.83万人，折合股数45.72万股，量化经营性净资产30.76亿元。通过大力实施"蓝天、清水、绿地、宜居、静城"五大工程，全市城乡环境质量和宜居水平大幅度提高，许多农民前些年由于羡慕城市生活，通过"农转非"进入城市，后来看到城乡差距在缩小，农民收入增加，农村的工作、生活环境更好，于是又"城转农"重新回到农村，甚至有些人不能返回。同时，基础设施建设稳步推进。全国首例跨省轨道交通——上海轨道交通11号线花桥延伸段正式开通，昆山成为首个拥有城市轻轨的县级市，沪昆同城效应进一步放大。昆山实施中环快速路工程，大力发展全域公交，完善与高铁、城铁"无缝对接"的市域交通体系。可见，没有城乡一体化发展，就没有昆山的率先实现现代化。

苏州工业园区是苏州市发展水平最高的区域，以"园区经验"而闻名，其发展目标代表着整个苏州市的发展方向。自从1994年启动建设以来，其始终把城乡一体化作为发展的一个重要方面，实现了农村形态向城市形态的巨大跨越，累计动迁农户5万多户，10万失地农民成功实现了从农民向市民的转变，平等享受市民待遇。苏州工业园区通过对乡镇体制机制的改革，彻底破除城乡二元结构，实现了园区区域一体化发展。根据规划，到2020年，园区要努力使街道与开发区在各个领域彻底消除差别，实现完全融合，形成布局合理的城乡一体化城市发展格局、综合竞争力强的经济一体化发展格局、共享区域发展成果和民生福祉的一体化社会发展格局、人与自然环境和谐发展的一体化生态发展格局，最终实现全面和真正的一体化发展格局。

常熟市作为全国县级综合改革试点市和国务院发展研究中心首个"城乡一体化综合配套改革联系点"的城市，到2012年底，农民集中居住率达到47%，工业企业向园区的集中率为90%，土地规模经营达到82%。该市全面实现了城乡发展规划、基础设施、公共服务、就业保障、社会文明等方面的城乡对接。为了使农民和城镇居民平等享受现代生活，全市建设了一批高标准的城乡一体化示范小区，2016年拟完成新开工保障性住房（安置房）2243套，竣工2760套。常熟市在社会保障城乡一体化方面，为农民提供均等化的公共服务，基本完成了纯农人员的农保转接城保工作，城乡医疗、养老和低保也已经并轨。此外，在城乡生态文明建设方面，也取得了巨大成绩，全市所有乡镇都建成国家环境优美镇，70%的行政村建成了省级生态村，打造了以虞山尚湖、昆承湖、南湖和沙家浜为核心的120平方公里生态圈，极大地改善了城乡居民的工作和生活环境。

五 苏州城乡一体化进程与水平测度

近年来，国内外一些研究机构从不同侧面和角度对苏州市的经济和社会发展以及城乡一体化发展水平进行了评估与比较，其中影响较大者，如中国社科院多年来的全国"百强县"排名，苏州市所有市（县）全部入围前10名，昆山市、张家港市曾经名列榜首；2012年，在中国城市竞争力研究会发布的"中国最具幸福感城市排行榜"中，苏州市位列第九，比2011年上升1位；而在由中国旅游协会休闲度假分会发布的"中国最佳休闲城市"中，苏州市被评为"中国特色休闲城市"中的"园林休闲之都"，其下辖的常熟市被评为"中国休闲小城"；2016年5月，中国社科院财经战略研究院与中国社科院城市与竞争力研究中心发布了2015年度全国城市综合竞争力和可持续竞争力前 10 名城市名单，依次为：深圳、香港、上海、广州、台北、天津、北京、苏州、澳门和无锡，苏州市为第 8 位；等等。这些评价和结论可以反映社会各方面对于苏州市城乡一体化发展水平的评价和认可程度，具有一定的参考价值。

那么，苏州市目前的城乡一体化发展到底达到什么水平了呢？借助国内外一些学者的研究方法，我们尝试对其进行测算和评估。

(一) 城乡一体化测度指标与方法

城乡一体化是一个动态的、系统的发展过程，涵盖经济、生活、社会、生态等多个子系统。因此，构建一套科学、合理的城乡一体化综合评估测度指标体系，选择合适的评估方法，十分重要。在此，我们在分析城乡一体化指标体系的原则基础上，立足苏州市实际状况，构建了综合评估测度指标体系。

1. 指标体系构建的原则

城乡一体化指标体系具有多维性、系统性等特点，各项指标之间应具备内在的联系性与独立性，且指标能用数据量化。鉴此，我们认为，城乡一体化指标体系构建应遵循以下四个原则。

(1) 多维性原则。城乡一体化指标体系应是多维的，能够真实反映区域城乡关系的诸个领域，科学地衡量城乡融合的程度。同时，多维化的指标体系可以更好地与全面建设小康社会以及基本实现现代化指标体系实现对接，体现居民生产、生活等各方面的状况。

(2) 科学性原则。城乡一体化指标体系要从实际出发，科学合理地进行选择。一方面避免指标选择的主观性，克服主观因素对评估的影响。另一方面应注意指标层次的设置与具体指标的选取，避免数据过多或过少对评估的负面影响。

(3) 人本性原则。城乡一体化涵盖各领域，内容丰富，但其核心应是提高人民生活水平，实现城乡在经济、生活、文化等方面的全面融合与发展。因此，指标体系应以此为核心，有重点地反映城乡在这些方面的发展情况。

(4) 可行性原则。城乡一体化指标体系应结构简明，指标易于收集与监测，各项统计指标数据间应统一口径，以便提高评估的可行性。

2. 指标体系的构建

在遵循上述原则下，我们从经济、生活、社会、生态等方面进行指标选取，力争建立全面客观的评估指标体系。本书结合苏州市城乡一体化发展实际，借鉴前人相关研究成果，根据苏州市历年统计年鉴，对各项指标数值进行收集与查询，剔除了无法获取数据的指标，最终形成了对苏州市城乡一体化发展进行综合评价的指标体系，该指标体系由1个目标层，2个综合系统层，11个单项指标层组成（见表2-5）。

表2-5 城乡一体化综合评价指标体系

目标层	综合系统层	单项指标层
城乡一体化	经济、生活一体化	非农产业增加值占比（X_1） 城乡居民人均收入比（X_2） 城乡居民人均消费支出比（X_3） 农村从业人员占总人口比（X_4） 农村投资占固定资产投资额比（X_5） 农村居民恩格尔系数（X_6）
	社会、生态一体化	城镇化率（X_7） 农林水占财政预算支出比（X_8） 农村合作医疗保险参保率（X_9） 城乡最低生活保障标准比（X_{10}） 城乡建成区绿化覆盖率（X_{11}）

资料来源：根据相关年份《苏州统计年鉴》数据整理、计算。

3. 评估方法

城乡一体化发展水平的评估，需要用科学的研究方法来构建模型。我们结合国内外的研究成果，在查询相关理论著作与文献基础上，立足科学的、适用的角度，选取了主成分分析法为研究方法，利用SPSS16.0软件进行统计分析。

（1）基本原理。在评估中，为了测度某种事物或现象的综合程度，我们必须考虑各项相关因素。这些可以量化且具有实际意义的因素一般称为指标或变量。由各项变量形成的指标体系虽可从较全面系统的视角反映问题，但是指标的重叠与烦冗会增加研究问题的难度。主成分分析法正是应对这样的问题而形成与发展起来的。主成分分析法是利用数学上降维的思想，通过一个正交换，将众多的指标转换为反映原始信息量较多的少数综合指标的一种统计方法，这样的综合指标即是分析中的主成分。每个主成分要求尽可能多地反映原始指标的信息，用原始指标的线性组合来解释变量的方差－协方差结构。

在对实际问题的统计分析中，为了测度某种事物或现象的综合指标，可利用少数几个主成分来代替原始数据的大部分信息，加以专业知识对主成分进行科学的解释，便可反映事物的本质规律与综合程度。

（2）基本步骤：
①对原始数据标准化，消除变量间在量纲上或者数量级上的不同；
②根据标准化矩阵求出相关系数矩阵；
③求出协方差矩阵的特征向量与特征根；
④确定主成分，对主成分进行命名并构建表达式；
⑤对主成分进行综合评价，根据成分得分系数矩阵与每个主成分的方差贡献率，对主成分进行综合测度。

（二）苏州城乡一体化发展水平测度

根据上述已构建的城乡一体化发展水平综合评价指标体系，我们运用主成分分析法评估苏州城乡一体化发展水平，并结合苏州城乡一体化发展现状对评估结果进行分析。

1. 指标的标准化处理

为了使指标具有可比性与同趋性，将指标进行标准化处理。标准化处理有两种情形：正向指标和逆向指标。

（1）正向指标的标准化方法：$Z_{i,j} = \dfrac{X_{i,j} - \text{Min}(X_j)}{\text{Max}(X_j) - \text{Min}(X_j)}$

（2）逆向指标的标准化方法：$Z_{i,j} = \dfrac{\text{Max}(X_j) - X_{i,j}}{\text{Max}(X_j) - \text{Min}(X_j)}$

上式中，设有 i 个评价对象，j 个指标，每个指标的原始数据值为 $X_{i,j}$，$\text{Max}(X_j)$、$\text{Min}(X_j)$ 分别为第 j 个指标的最大值与最小值，$Z_{i,j}$ 为 $X_{i,j}$ 经标准化之后的相应数据值。

2. 指标的主成分分析

我们将经标准化后的数据导入 SPSS16.0 软件，计算出结果如下。

(1) 得出相关矩阵与检验结果（见表 2-6）。

表 2-6　KMO 和 Bartlett 检验

取样足够度的 Kaiser–Meyer–Olkin 度量	0.701
Bartlett 的球形度检验近似卡方	181.717
Df	55
Sig.	0.000

在标准化数据基础上得出的相关矩阵和检验结果显示，各个指标的相关系数较大，绝对值大部分在 0.4 以上，说明这些变量之间具有统计学意义。同时检验结果显示，KMO = 0.701 > 0.5，P = 0.000 < 0.001，说明变量高度相关，足够为分析提供合理的基础，可以进行主成分分析。

(2) 得出公因子方差表。表 2-7 给出了初始变量的共同度值大部分在 0.8 以上，表明这些因素可较好地解释方差。

表 2-7　公因子方差

指　标	初　始	提　取
非农产业增加值占比（X_1）	1.000	0.542
城乡居民人均收入比（X_2）	1.000	0.799
城乡居民人均消费支出比（X_3）	1.000	0.919
农村从业人员占总人口比（X_4）	1.000	0.926
农村投资占固定资产投资额比（X_5）	1.000	0.829
农村居民恩格尔系数（X_6）	1.000	0.796
城市化率（X_7）	1.000	0.865
农林水占财政预算支出比（X_8）	1.000	0.744
农村合作医疗保险参保率（X_9）	1.000	0.900
城乡最低生活保障标准比（X_{10}）	1.000	0.925
城乡建成区绿化覆盖率（X_{11}）	1.000	0.925

(3) 根据总方差表与主成分特征值曲线图显示的特征值与方差贡献率状况，提取主成分（见表 2-8）。

表 2-8　总方差解释

成分	初始特征值 合计	初始特征值 方差的%	初始特征值 累积%	提取平方和载入 合计	提取平方和载入 方差的%	提取平方和载入 累积%	旋转平方和载入 合计	旋转平方和载入 方差的%	旋转平方和载入 累积%
1	6.918	62.892	62.892	6.918	62.892	62.892	6.906	62.781	62.781
2	2.251	20.465	83.365	2.251	20.465	83.356	2.263	20.576	83.356
3	0.880	7.999	91.365						
4	0.347	3.158	94.513						
5	0.265	2.412	96.925						
6	0.136	1.235	98.160						
7	0.083	0.753	98.914						
8	0.051	0.463	99.377						
9	0.038	0.349	99.725						
10	0.022	0.202	99.927						
11	0.008	0.073	100.000						

第一初始特征值、第二初始特征值分别为 6.918、2.251，均大于 1，累计贡献率为 83.356%，即总体近 83.356% 的信息可以由这两个成分来解释。旋转平方和载入得到的方差贡献值、方差贡献率和累计贡献率与未经旋转对比，每个成分的方差贡献值有变化，但最终的累计方差贡献率变化不大。

根据主成分特征值曲线图（见图 2-4），曲线在主成分 3 处特征值小于 1，我们以特征值大于 1 的标准，来提取主成分，因此选 2 个主成分来

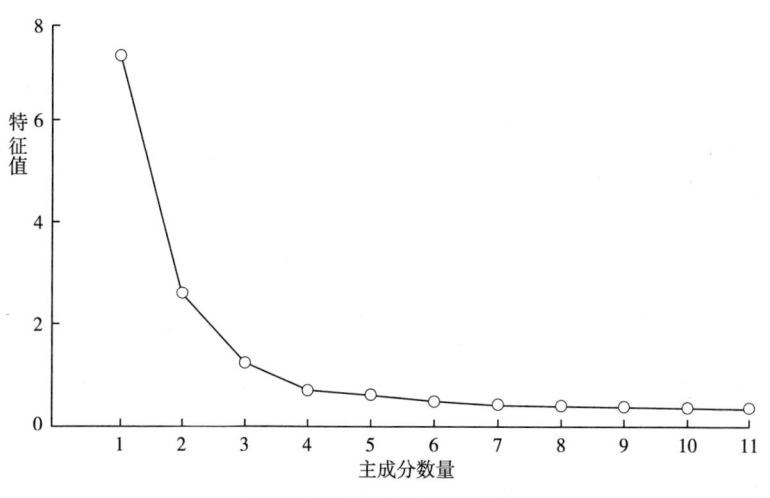

图 2-4　主成分特征值曲线

代表原来的变量,前2个主成分的累积贡献率已达到83.356%,表明前2个主成分就可以代表原始变量的绝大部分信息,完全可以用来评价城乡一体化发展水平。

(4)用方差极大旋转法,导出旋转成分矩阵(见表2-9)。

表2-9 旋转成分矩阵

指标	成分 1	成分 2
非农产业增加值占比（X_1）	-0.067	0.733
城乡居民人均收入比（X_2）	0.804	0.390
城乡居民人均消费支出比（X_3）	-0.504	0.815
农村从业人员占总人口比（X_4）	-0.962	0.029
农村投资占固定资产投资额比（X_5）	-0.836	0.036
农村居民恩格尔系数（X_6）	-0.875	0.175
城市化率（X_7）	0.900	-0.235
农林水占财政预算支出比（X_8）	0.861	-0.048
农村合作医疗保险参保率（X_9）	0.948	0.040
城乡最低生活保障标准比（X_{10}）	0.523	0.807
城乡建成区绿化覆盖率（X_{11}）	0.942	0.194

一般认为,因子载荷的绝对值<0.3称为低载荷,≥0.3称为高载荷,越接近于1,表示对变量的解释程度越强。设F是所提取的主成分,F_1、F_2分别表示2个主成分,从表2-9可看出,第一主成分F_1更能代表X_2、X_4、X_5、X_6、X_7、X_8、X_9、X_{11},第二主成分F_2更适合代表X_1、X_3、X_{10}。

(5)根据成分得分系数矩阵,计算各主成分得分与城乡一体化综合评价指数(见表2-10)。

表2-10 主成分得分系数矩阵

指标	成分 1	成分 2
非农产业增加值占比（X_1）	0.002	0.324
城乡居民人均收入比（X_2）	0.123	0.185
城乡居民人均消费支出比（X_3）	-0.061	0.354

续表

指　　标	成　分	
	1	2
农村从业人员占总人口比（X_4）	-0.139	-0.002
农村投资占固定资产投资额比（X_5）	-0.116	0.147
农村居民恩格尔系数（X_6）	-0.124	0.064
城市化率（X_7）	0.127	-0.090
农林水占财政预算支出比（X_8）	0.124	-0.008
农村合作医疗保险参保率（X_9）	0.138	0.032
城乡最低生活保障标准比（X_{10}）	0.088	0.366
城乡建成区绿化覆盖率（X_{11}）	0.140	0.100

设 Y_1、Y_2 为各年在第一主成分、第二主成分上的得分值，根据主成分得分系数矩阵表，则有计算公式：

$$Y_1 = 0.123Z_2 - 0.139Z_4 - 0.116Z_5 - 0.124Z_6 + 0.127Z_7 + 0.124Z_8 + 0.138Z_9 + 0.140Z_{11}$$

$$Y_2 = 0.324Z_1 + 0.354Z_3 + 0.366Z_{10}$$

根据各主成分得分及其方差贡献率，构建综合评价指数得分函数：$F = W_1Y_1 + W_2Y_2$，其中 W_1、W_2 分别为第一主成分、第二主成分的权重，计算公式 W_i = 各主成分的方差贡献率/方差累积贡献率，计算出权重的数值 W_1、W_2 分别为 0.753、0.247。把各个主成分权重和得分代入综合评价指数得分函数，得出历年苏州市城乡一体化发展的得分（见表 2-11）。

表 2-11　2000~2014 年苏州市城乡一体化发展水平的综合评价指数得分及排序

年份	各主成分值与综合评价指数			
	Y_1	Y_2	F	排序
2000	-1.7457	-1.3822	-1.6560	15
2001	-1.7375	-0.7438	-1.4922	14
2002	-1.5449	-0.4152	-1.2660	13
2003	-1.0040	2.1646	-0.2217	12
2004	-0.0024	1.0174	0.2494	11
2005	0.0915	0.7534	0.2549	10
2006	0.2611	0.7454	0.3807	6

续表

年份	各主成分值与综合评价指数			
	Y_1	Y_2	F	排序
2007	0.6482	0.8031	0.6865	1
2008	0.4877	0.6747	0.5339	3
2009	0.4991	-0.1454	0.3400	7
2010	0.6058	0.0592	0.4708	4
2011	0.5855	-0.5469	0.3059	9
2012	0.7630	-1.0284	0.3207	8
2013	0.8550	-0.7275	0.4643	5
2014	1.2378	-1.2285	0.6289	2

（三）评估结果分析

从整体上看，苏州市城乡一体化发展水平呈波动中上升趋势，综合评价指数从2000年的-1.66分上升到2014年的0.63分，除2009~2012年增长幅度较低以外，基本上是逐年稳定提高。具体来看，苏州市城乡一体化发展在以下几方面取得明显进步，同时也存在着一些问题，需要进一步化解。

第一，城乡二元结构逐步破解，城镇化稳步推进，但是产业结构仍要进一步优化，城镇化质量需要提高。我们计算出了2000~2014年的第一产业与第二产业和第三产业的比较劳动生产率、二元对比系数与二元反差系数，以便于对苏州市二元结构的演变进行分析。从表2-12可知，二元对比系数从2000年的0.24提高至2014年的0.42，表明苏州农业与非农业部门发展差距在缩小；由二元反差系数数据值可知，二元性逐步消失，城乡一体化正迈向整体协调阶段。二元经济结构消减必然伴随着第一产业产值比重和就业比重的相对下降，2000年苏州第一产业产值比重与就业比重分别为5.9%和21%，两者绝对差距为15.1个百分点；而2014年两者分别为1.5%和3.5%，绝对差距缩小为2个百分点。同时，第二、第三产业产值比重和就业比重相对上升，加上现代农业的发展，产业结构不断优化。但从比较劳动生产率数据可知，苏州第一产业比较劳动生产率较第二、第三产业的比较劳动生产率低很多，不利于一体化的深入与推进。目前，苏州市第一产业的产值比重已经很低，达到发达国家的水平，继续下降的空间已经很小，因此，下一步的经济结构调整和优化重点应该是第二产业和第三产业。要大力发展服务业，特别是现代服务业，以减轻工业发展对资源和环境造成的巨大压力。

城乡一体化过程必然伴随着城镇化的推进，苏州市着力推进工业化、信息化、城镇化和农业现代化"四化同步"发展战略，2014年城镇化水平已达到73.95%，处于二元结构向城乡一体化过渡阶段。总体来说，二元对比系数、城镇化率与城乡一体化发展水平基本保持一致，共同推动了苏州市城乡一体化的发展（见表2-12、图2-5）。目前，苏州市的城镇化率在全国遥遥领先，已经接近发达国家水平，但是城镇化质量有待提高，下一步城镇化的工作重点应该是消化和提高，重点解决好农民工市民化等与民生关系极大且棘手的问题。

表2-12 2000~2014年苏州市二元结构变化趋势测度

年份	第一产业比较劳动生产率[①]	第二产业和第三产业比较劳动生产率	二元对比系数[②]	二元反差系数[③]
2000	0.28	1.19	0.24	0.083
2001	0.25	1.19	0.21	0.089
2002	0.23	1.18	0.20	0.090
2003	0.17	1.16	0.15	0.067
2004	0.16	1.13	0.14	0.062
2005	0.20	1.09	0.18	0.054
2006	0.25	1.07	0.23	0.034
2007	0.29	1.05	0.27	0.049
2008	0.28	1.05	0.26	0.046
2009	0.32	1.04	0.30	0.044
2010	0.34	1.03	0.33	0.048
2011	0.38	1.03	0.37	0.047
2012	0.37	1.03	0.36	0.046
2013	0.42	1.02	0.41	0.026
2014	0.43	1.02	0.42	0.026

注：①比较劳动生产率指某部门产值比重与劳动力比重间的比率，反映城乡二元结构水平及一体化程度。在二元结构加剧阶段，农业比较劳动生产率逐渐降低，非农业比较劳动生产率升高；在二元结构消减阶段则相反。

②二元对比系数指二元结构中农业和非农业比较劳动生产率的比率，反映经济发展的二元化程度；二元对比系数与二元经济结构的强度呈反方向变动关系。

③二元反差系数是指农业和工业产值比重与劳动力比重之差的绝对数平均值，反映两部门产值转换与劳动力转换之间的速度差异，它与二元经济结构的强度呈正方向变动关系。

数据来源：根据《苏州统计年鉴》（2001~2015年）相关数据计算。

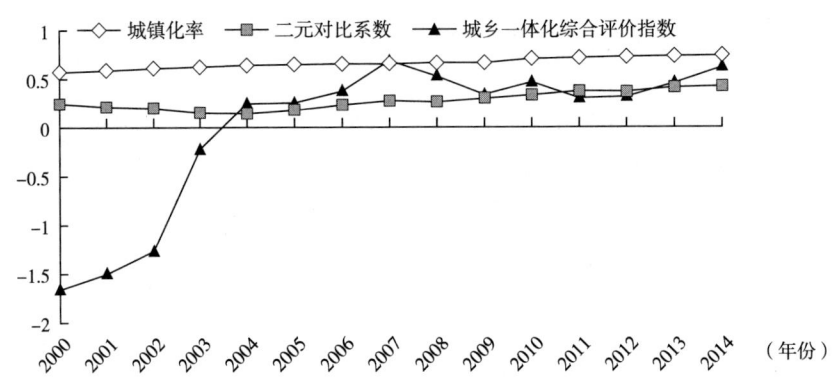

图 2-5　苏州市城镇化、二元对比系数与城乡一体化发展水平对比

数据来源：根据《苏州统计年鉴》（2001~2015年）整理。

第二，城乡收入和生活水平进一步融合，但城乡收入差距有待进一步缩小。随着以"三大合作"为主体的富民强村机制的构建，农民收入水平上升，消费结构与消费方式显著变化，生活水平明显提高。2008年以来，农民收入增长速度快于城镇居民，二者收入差距趋向缩小。城乡居民消费水平差距亦然，2000年城镇居民与农民家庭人均消费性支出分别为5462元、4073元，城乡居民消费水平之比为1.34；2014年城乡居民消费水平之比为1.53，总体上呈倒U形下降趋势。2007~2014年，城乡居民恩格尔差异系数连续8年为负，且曲线仍处于下降态势。这表明农村居民恩格尔系数低于城镇居民恩格尔系数，苏州市城乡居民消费结构相近，在生活方面一体化基本形成（见图2-6、图2-7）。但是，与20世纪八九十年代相比，城乡居民收入差距仍然处于高位，从城乡居民收入差异系数曲线[①]可知，城乡居民人均收入有拉大趋势，绝对差距从2000年的3812元扩大到2014年的23117元；城乡居民人均收入比从2000年的1.70上升到2014年的1.98，总体上保持在2以内，二者收入差距有待进一步缩小。

第三，城乡社会、生态等领域齐步并进，共同推进一体化进程，但是仍然需要进一步提高和深化。苏州城乡社会保障制度率先接轨，极大地推动了城乡一体化发展步伐。2014年苏州企业职工养老保险缴费人数462.96

[①] 城乡居民收入差异系数为农村居民家庭人均纯收入除以城镇居民家庭人均可支配收入，反映城乡居民收入水平差距。其变动区间为0~1，小于0.5，处于城乡二元结构状态；介于0.5~0.8，处于由二元结构向城乡一体化过渡时期；大于0.8，表明城乡一体化基本完成。

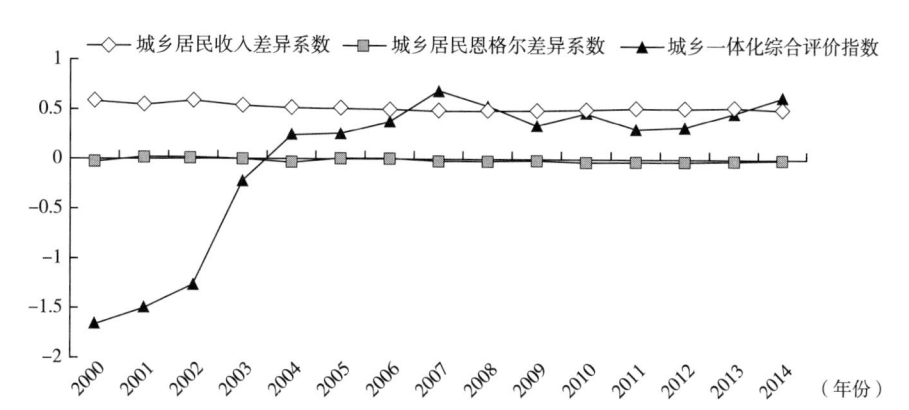

图 2-6　苏州城乡居民收入差异系数、恩格尔差异系数与城乡一体化发展水平对比

数据来源：根据《苏州统计年鉴》（2001~2015 年）相关数据整理。

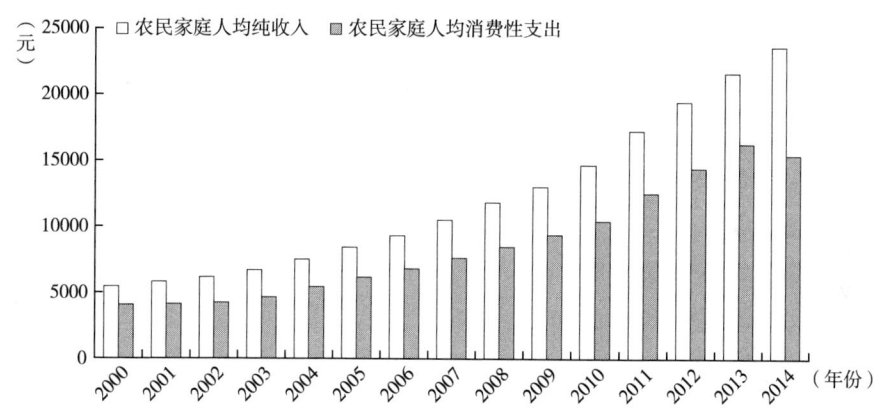

图 2-7　2000~2014 年苏州市农民家庭人均纯收入与人均消费性支出情况

数据来源：根据《苏州统计年鉴》（2001~2015 年）相关数据整理。

万人，五大社会保险覆盖率均在 99% 以上。农村社会事业发展迅速，社会保障体系日趋完善。截至 2014 年底，苏州全市已经实现了城乡医疗、养老保险和低保的并轨。但是，目前的社会保障水平与城乡居民的需求相比，还存在一定差距，应该在此基础上，进一步提高保障水平，满足群众需要，特别是要配合户籍制度改革，解决外来人口的社会保障问题。

目前，贯通城乡的一体化生态景观系统初步形成，基础设施也基本实现了在城乡间均衡配置和对接。但是，这些成果还需要进一步巩固和提高。

第三章
苏州城乡一体化发展中的"三大统筹"

苏州市在推进城乡一体化的进程中，在实践中进行了大量创新，积累了许多有价值的经验。从第三章到第七章，我们将对这些实践创新进行介绍、总结和提炼。

统筹城乡发展是城乡一体化发展的基础。只有将城与乡置于同一个权衡体系中对待，才有可能实现城乡协调有序和一体化发展。苏州与全国的情况一样，过去也是一个典型的城乡"二元结构"的地区。苏州在优先发展工业和城市的战略思想指导下，通过农产品统购统销、城乡户籍分隔管理等一系列制度，利用农业、农村、农民为工业部门和城市发展提供大量经济积累，使昔日的鱼米之乡凋敝不堪。改革开放以后，苏州得益于沿海地区的区位优势，以及勇于实践、善于探索、敢于争先的先锋精神，走出了一条统筹城乡发展的改革之路，为城乡一体化发展奠定了强大的基础。

回首苏州城乡发展的历史轨迹，可以清晰地看到，从最初的允许乡镇企业发展开始（意味着城乡"二元结构"有所松动），再到21世纪以来地方政策和公共资源配置向"三农"倾斜，从大力促进农村社会事业发展到城乡基本公共服务均等化，从农村税费改革到城乡教育、医疗卫生、文化、社会保障制度衔接统一，工农关系协调发展逐步深入，城乡融合渐次推进。这是一个认识深化的过程，是一个探索实践的过程。统筹城乡关系主要从三个侧面为苏州城乡一体化发展奠定了坚实的基础。

一 以优化资源配置为目标统筹城乡发展规划

客观地讲，在改革开放之初到20世纪末期，苏州更多地关注于发展速度，无暇顾及发展品质、生态环境，无论产业布局抑或是城乡关系、工农关系，都积累了许多问题。进入21世纪后，从中央到地方都认识到统筹发展、协调发展的重要意义。苏州积极响应党中央"统筹城乡发展，推进社会主义新农村建设"的伟大号召，率先探索"走中国特色农业现代化道路，建立以工促农、以城带乡长效机制，形成城乡经济社会发展一体化新格局"。

苏州统筹城乡发展规划的目的在于：从区域经济发展全局的角度，统筹考虑城乡空间布局，形成分工明确、梯度有序、开放互通的城乡空间结构体系；把规划覆盖到广大农村地区，使城市和农村的规划"无缝对接"。在实际工作中，苏州市以城乡一体化的理念统筹城镇和乡村的各项规划，尤其是城镇总体规划和土地利用总体规划，统筹安排城乡人口分布、产业发展、用地布局和基础设施等，做大做强中心城市，发展壮大县城镇，积极培育中心镇，保护开发特色镇，积极推进行政区划调整。按照城乡统筹，进行一体规划，对苏州8488平方公里的整个区域，编制高水平的一揽子规划，调整优化工业与农业、城镇与农村的空间布局。在丘陵、湖泊及其周边地区等具有良好生产基础的基本农田保护区，制定了水稻、水产、园艺蔬菜和生态林地的"四个百万亩"的空间布局，并制定下发了《苏州市农业布局规划》。按照城市社区型、集中居住型、整治改造型、生态自然型、古村保护型五种模式，分类指导推进农村社区建设。这五种模式分别适用于三类地区，其中：城市社区型主要适用于城市化地区；集中居住型主要适用于城镇化地区；而整治改造型、生态自然型和古村保护型，主要适用于纯农业地区（其中，有山有水的搞生态自然型，有古宅古迹的搞古村保护型，属于过渡时期的搞整治改造型）。把村庄建设作为节约土地、整合资源的一个过程，作为发展生产、促进增收的一个过程。

苏州在统筹城乡发展规划方面主要分两个层次，一个层次是整个市域的经济社会发展规划，另一个层次是分行业部门的发展规划。无论是哪一个层次的规划都牢牢地树立城乡一体化发展的思想，把城与乡纳入一个框架中进行整体的优化与规划。

(一) 基于城乡一体化的城市发展规划

从整个大市的发展规划来看，苏州市以城乡一体化发展为基点，在保持政策连续性的基础上，先后制定出台了《苏州市城市总体规划（2007～

2020）》、《苏州市国民经济和社会发展第十一个五年总体规划》、《关于深化农村改革促进城乡一体化发展的意见》（苏发〔2008〕20号）、《关于城乡一体化发展综合配套改革的若干意见》（苏发〔2008〕60号）、《关于贯彻落实党的十七届三中全会和省委十一届五次全会精神加快推进农村改革发展的意见》、《苏州城乡一体化发展综合配套改革三年实施计划》及《苏州市新型城镇化与城乡发展一体化规划（2014~2020）》等规范性文件，在政策层面构建了城乡一体化发展框架，为深化综合配套改革完善了制度安排。

1.《苏州市城市总体规划（2007~2020）》对苏州的城乡一体化引领作用

《苏州市城市总体规划（2007~2020）》作为一个指导苏州发展的总体规划方案，对苏州从中心城区到各乡镇的产业布局、人口规模、交通道路、医疗卫生、教育服务、收入水平、土地用途、生活服务设施都进行了指导性安排，为苏州市土地向规模经营集中、人口向新型社区集中、工业向产业园区集中提供了方向指引。

当然，发展过程中也会有许多不确定性，因此总体规划也会定期检视与修订。2015年7月29日，苏州市政府召开《〈苏州市城市总体规划（2007~2020）〉实施评估》专家咨询会，省市领导、专家学者、相关部门参加了会议。会议特别邀请了国务院参事、住房和城乡建设部原副部长仇保兴，清华大学建筑学院教授朱自煊，同济大学教授阮仪三，南京大学教授崔功豪，东南大学教授吴明伟，同济大学教授陈秉钊，江苏省住建厅巡视员、研究员级高级工程师张泉，住房和城乡建设部巡视员、中规院副院长杨保军，同济大学教授赵民，国际城市与区域规划师学会副主席、中国城市规划学会副理事长兼秘书长石楠，上海市城市综合交通规划研究所教授陆锡明，及南京市城市与交通规划设计研究院董事长杨涛共12位专家参加。

本次总体规划实施评估结合当前的宏观政治、经济形势变化和新常态的发展要求，从城市转型与发展、用地拓展与布局、资源管控与保护、设施建设与民生、规划实施与保障方面综合评估2007年城市总体规划的实施绩效。经评估，在2007年城市总体规划的指导下，通过近10年的发展和建设，苏州在空间结构优化、经济转型提升、文化保护传承、社会民生和谐、环境修复改善等方面取得了不俗的成绩，城市综合发展水平和影响力明显提升。由于当前国际国内的宏观发展形势发生了巨大变化，苏州自身也进行了行政区划调整,《〈苏州市城市总体规划(2007~2020)〉实施评估》也提出要适时启动新一轮总体规划的修编工作,针对新的发展需求,在城市更新、公共服务、综合交通、基础设施等方面进一步加强研究、优化布局,如强化吴江与主城区的交通联系、增建社区类服务设施和街头绿地、建设综合管廊和海绵城市等。

2.《苏州市新型城镇化与城乡发展一体化规划(2014~2020)》的引领作用

2014年出台的《苏州市新型城镇化与城乡发展一体化规划(2014~2020)》构建了苏州"1450"城镇化空间体系。该规划要求构建1个中心城市,4个副中心城市,50个中心城镇。

对于中心城市苏州市区来说,要加快促进苏州中心城市由单中心城市向多中心城市转变,强化中心城市的区域性科技文化、经济金融中心地位和科技、产业、人才、投资、信息等发展要素集聚功能,不断提升现代化和国际化水平。围绕提升城市运行效率,优化中心城区空间结构,盘活低效存量土地资源,强化城市空间集约高效利用,逐步实现增量土地由低增长向零增长转变。

要积极培育发展4个副中心城市,即昆山、太仓、常熟、张家港,使昆山、太仓、常熟、张家港由"中国百强县"真正成为长三角区域的次中心城市,以苏南现代化示范区和苏南国家自主创新示范区建设为抓手,深入推进制度创新、科技进步、产业升级、绿色发展,强化城市功能,优化空间布局,实现快速城市化向城乡现代化转变。

对于重点建设的50个中心镇则按照因地制宜、分类推进原则,宜工则工、宜农则农、宜商则商、宜游则游,走多元化特色化的城镇化道路,加快推进就地城镇化,增强人口经济集聚能力,优化结构、提高效益、降低能耗、保护环境,实现资源永续利用和环境质量提升。加强建制镇市政基础设施和公共服务设施建设,加大公共资源配置的倾斜力度,进一步增强建制镇的凝聚力和影响力,发挥其带动周边区域发展的主导作用。

这些事关全局的发展规划引领苏州城乡一体化发展沿着科学高效的轨道前进。

(二)基于城乡一体的土地利用规划

从土地发展规划来看,2006年,苏州为全面落实科学发展观,基本实现现代化的宏伟目标，以及根据江苏省省委、省政府提出的"两个率先"和"富民强省"的发展战略方针，统筹安排各类各业用地、优化土地利用结构与布局、保障土地可持续利用，实现"文化名城、高新基地、宜居城市、江南水乡"的苏州市城市发展目标，编制了《苏州市土地利用总体规划（2006~2020）》。

《苏州市土地利用总体规划（2006~2020）》依据苏州区域定位对土地利用的需求，结合苏州市土地利用的特点与问题，确定苏州市土地利用的战略方向为：持续利用，严格落实耕地和基本农田保护目标；协调利用，优先保障生态用地空间；高效利用，重点保障高技术产业和现代服务业用地。

该规划以严格保护耕地、节约集约利用土地为根本指导方针，按照保护资源、保障发展、维护权益、服务社会的要求，进一步推进城乡一体化改革，妥善处理经济发展与资源环境保护、当前与长远、局部与全局的关系，全面落实最严格的耕地保护制度和最严格的节约用地制度。科学规划，优化城乡用地结构及空间布局，促进土地集约利用和优化配置；保护和改善生态环境，切实提高土地资源对全市经济社会健康、快速、可持续发展的保障能力。

该规划明确要求要"统筹城乡建设用地"，合理调整城镇用地供应结构，控制生产用地，保障生活用地，提高生态用地比例，重点保障基础设施、公共服务设施、廉租住房、经济适用住房及普通住宅建设用地，切实保障民生用地。鼓励适度规模的地下空间开发利用，重点推进中心城区范围内的商业中心、城市中心、城市副中心等地方的地下空间开发，合理布局商业和公共服务设施，建成完整的地下空间系统。同时，要按照新农村建设的战略部署，合理安排必需的农村建设用地，重点保障农村生产和农民生活的建设用地，支持农村道路、水利等基础设施建设和发展教育、卫生等社会事业的用地需求。有步骤地开展田水路林村综合整治，加强对闲置用地的整理力度，优化农村建设用地布局，改善农村人居环境。

值得一提的是，土地规划将着力建设的"四个百万亩"列入其中，即：建设稳定的百万亩优质水稻工程、百万亩园艺蔬菜工程、百万亩特色水产工程、百万亩生态林地工程。通过实施这些措施，为子孙后代留下广阔的发展空间，永久展现江南"鱼米之乡"风貌。

一是以规模为重点,进一步提高"百万亩优质水稻"生产能力。加快土地流转,组建土地股份合作、粮食专业合作等经济组织,建设一批连片百亩、千亩、万亩以上的水稻生产基地,推动规模生产,提高规模效益,加快实现粮食生产经营规模化。优化区域分布,加大高标准农田建设力度,建立一批高产稳产农田。深入开展"万千百"高产增效创建活动,积极创建粮食"高产增效示范区",提高单位面积生产能力。着力强化产业技术创新研究,大力推广精确栽培、测土配方施肥、病虫草害综合防治等技术,促进高产技术的普及化,实现粮食持续增产增收。实施"百万亩优质水稻"保障工程,进一步完善水稻田生态补偿办法,对列入土地利用总体规划的水稻田予以生态补偿。加大规划保护力度,现有水稻面积低于永久性保护面积的地区,用2~3年时间,采取复垦复耕、内部结构调整等方式予以补足。

二是以标准为重点,进一步推进"百万亩特色水产"品牌建设。加快推进沿江特色产业带、沿湖蟹产业区、沿城生态休闲渔业圈的渔业"一带、一区、一圈"建设。围绕建设高效设施渔业,实施"标准化池塘改造"工程,力争每年改造池埂整齐、灌排配套、设施先进、环境优美的标准化池塘5万亩。对连片改造100亩以上的,由各市(区)制订补贴办法,市级财政对区进行适当补贴,对各市实行以奖代补。着力推进现代渔业产业园区建设,按规模化、生态化、科技化、产业化、合作化"五化"要求,建成一批千亩、万亩现代渔业园区。大力发展渔业合作经济组织,壮大龙头企业实力,培育一批养殖规模大、加工能力强、市场知名度高、老百姓口碑好的名品和精品水产品。

三是以设施化为重点,进一步提升"百万亩园艺蔬菜"综合效益。大力实施新一轮"菜篮子"工程建设,进一步加大张家港、常熟、太仓等沿江蔬菜产业带建设,努力扩大昆山、吴江等菜地规模,重点发展一批近郊蔬菜基地,新建扩建一批蔬菜标准示范园区,优化品种结构,加大育苗等新品培育开发,不断提高蔬菜直供能力。积极发展设施园艺,推广运用各类设施大棚、机械栽培、自动浇灌、智能管理等现代化设施,有效提高产量和产值。鼓励各类经营主体加大设施农业投入,由各市(区)制订补贴办法,市级财政对各区进行适当补贴,对各市实行以奖代补。对懂技术、缺资金、收入低的农户,设施投入由市(区)、镇、村三级筹资建设,市级财政予以适当补贴,产权归村集体所有,转租(包)给低收入农户,免收2~3年租金,解决低收入农民的增收问题。进一步健全完善高效设施农业的保险政策,扩大保险范围,提高保险补贴额度,提升抗御灾害风险能力。

四是以生态化为重点,进一步发挥"百万亩生态林地"美化功能。深入开展植树造林,突出抓好河湖林网、绿色通道、生态片林、村镇绿化等建设,有效增加森林资源总量,逐步形成环湖环城、沿江沿路、镇村田园绿化有机结合的现代林业体系。扎实推进中幼林抚育,优化林种、树种结构,优化植物配置,丰富林相变化,统筹提升森林资源总量、林业结构布局、绿化质量水平,有效推进林地资源化,提升林业生态价值。加大湿地保护、开发和管理力度,重点建设环太湖湿地保护区、北部沿江湿地保护区和中南部湖荡湿地保护区,新建一批湿地公园、湿地保护小区等,高质量构筑一个物种多样、生态优美、自然和谐的湿地生态系统。进一步完善生态公益林、重要湿地生态补偿机制,逐步将一批结构稳定、生态价值高的绿色通道、生态片林、湿地保护小区等认定为市级以上生态公益林,纳入补贴范围,提升管护水平。

五是以现代化为重点,进一步推动"四个百万亩"融合发展。着力构建现代农业发展体系,改造提升农业基础设施,不断提升高标准农田和农业机械化水平。创新土地经营模式,加快合作化发展,推进农业适度规模经营。大力发展现代农业园区,集聚科技、资金、人才等资源优势,着力建成一批规模大、带动能力强、综合效益高的现代农业园区,巩固已建成的各级现代农业园区。突出科技引领,推进农、科、教相结合,发展农业信息化,不断提高农业科技贡献率。加大农业标准化生产、农产品质量检测和监管力度,全面提升农产品质量安全水平。积极发展循环农业、绿色农业,推广种养结合、林农结合等生态种养模式,实施化肥农药减量工程,提高秸秆综合利用水平。加快农业产、加、销一体化,建设一批农产品加工集群,培育一批投资规模大、创新能力强、品牌知名度高的农业龙头企业,加快农产品物流体系建设,推进农产品现代营销,提升产业化发展水平。着力培养"有文化、懂技术、会经营"的新型农民,减少兼业农户,促进农民职业化,不断提高持证农业劳动力占比。全面推进农业公共服务体系建设,大力培育发展社会化专业化服务组织,着力提高农业社会化服务水平。积极发展农业生态休闲文化产业，立足鱼米之乡、江南水乡的传统特色，拓展农业功能，形成一批形式多样、环境优美、功能齐全的江南田园。

(三) 基于城乡一体的专项发展规划

苏州工业、农业、服务业等各行业的"十一五"、"十二五"以及"十三五"规划中都体现出城乡一体化发展的重要思想，并把生产、生活、生态等因素贯穿其中。譬如，第二产业的"退一进三"，第一产业的"接二连三"等思想都在规划中有所体现。一方面，产业规划要将各村镇的特色产业与发展前景考虑其中，另一方面，也将农村融入城镇化的蓝图汇入其中。

1. "农业布局规划"的引领作用

2006 年底，苏州出台了第一个《苏州市农业布局规划》，该规划以科学发展观为指导，以率先全面建成高水平小康社会、率先基本实现现代化总揽全局，以巩固农业的基础地位、协调发展城乡经济和社会事业为根本宗旨，以发展农业、致富农民、繁荣农村为目的，为苏州的城乡一体化发展提供了基于农业视角的规划引导。

(1) 苏州农业发展的新定位：以特优、生态、外向为主要标志的现代农业

把"特优"作为未来农业发展的重要目标。要充分利用丰富的种质资源、良好的自然资源等优势条件，以特为先，深入推进农业结构的战略性调整；追求"品质卓越、经济高效"，要确立"品牌立农、品牌兴农"的观念，大力实施农产品品牌战略，大力发展各类名特优新农产品生产基地及加工园区，做强、做大特色鲜明的主导产业，做亮、做响优质名牌产品，全面提升农业产业档次和农产品质量，大幅度提高农业经济效益。

把"生态"作为未来农业发展的重要功能。既要创建一流的生态环境和生活质量，又要确保经济建设快速发展，使生态和经济"双赢"。

把"外向"作为未来农业发展的重要途径。按照国际国内两个市场优势互补、两种资源双向流动的要求，加强对国际资本、国内工商资本、民间资本的引进利用，加快发展和扶持一批有基础、有优势、有实力的外向型农业产业化龙头企业，加快开发和培育一批具有特色和优势的出口创汇

农产品，通过外向化促进农业产业化，实现农业现代化。

（2）形成"四个百万亩"和"一个百万头"的主导产业格局

"四个百万亩"，即百万亩优质水稻，百万亩园艺蔬菜，百万亩生态林地，百万亩特色水产；"一个百万头"即百万头优质家畜。

百万亩优质水稻目标为：认真贯彻落实国家宏观调控的各项政策，紧紧抓住清理整顿土地市场、控制盲目投资、支持农业发展等有利时机，一方面努力保留"鱼米之乡"特色，积极巩固发展一部分特种优质稻米，另一方面要充分利用市内市外两种资源，通过品种、技术等输出，扶持和发展市外和省外的农业生产基地，并与之建立长期稳定的供求关系。到2010年，水稻面积努力稳定在100000公顷（150万亩）左右，规划永久性保护水稻面积66666.7公顷（100万亩）以上。通过增加投入，不断改善粮田的基础设施和土壤地力建设，逐步建成高标准的高产稳产粮田。为使目标落在实处，特别对目标进行了分解。其中，张家港20666.7公顷（31万亩），常熟24000公顷（36万亩），太仓16666.7公顷（25万亩），昆山12000公顷（18万亩），吴江18333公顷（27.5万亩），吴中、相城各3333.3公顷（5万亩），高新区1333.3公顷（2万亩），工业园区333.3公顷（0.5万亩）。

百万亩园艺蔬菜目标为：到2010年，全市蔬菜园艺总面积达53333.3公顷（80万亩），其中蔬菜26666.7公顷（40万亩），果树9466.7公顷（14.2万亩），茶园2333.3公顷（3.5万亩），桑树3533.3公顷（5.3万亩），花卉苗木11333.3公顷（17万亩）。蔬菜全面达到无公害生产，其中有机食品占无公害农产品的比重为1%～2%，绿色食品比重达15%。优质果品超过85%。逐渐形成沿江蔬菜带：以常熟、太仓为区域，以荷兰豆、大蒜、菠菜等品种为主，大力发展外向型蔬菜加工基地；以张家港、昆山为区域，以西瓜、南瓜、番茄、辣椒、茄子等品种为主，大力发展瓜果类设施栽培型蔬菜。太湖蔬菜带：以吴中区、园区为重点区域，以芹菜、茭白、芡实为主要品种，发展水生蔬菜生产基地666.7公顷（1万亩）；以吴江、新区为主要区域，以莼菜、雪菜、大头菜等为特色品种，大力发展特色蔬菜。白沙枇杷、杨梅产区集中分布于吴中区，到2010年的发展目标为：白沙枇杷达到666.7公顷（1万亩），杨梅达到666.7公顷（1万亩）；白沙枇杷以冠玉、白玉、青种枇杷为主，杨梅以细蒂、乌梅杨梅为主。在该产区建立无公害基地 4000 公顷（6 万亩）。

百万亩生态林地目标为：以加强生态建设、维护生态安全、创建生态文明、促进经济社会可持续发展为中心，以增加森林资源总量、提高森林覆盖率和造林绿化质量、加大保护力度为重点，立足经济社会发展需要和土地资源实际，在全市范围内建成"总量适宜，分布合理，特色明显，景观优美，功能齐全，稳定安全，城乡一体"的、以 66666.7 公顷（100 万亩）左右生态林为主的现代森林生态系统，到 2010 年，全市陆地森林覆盖率达到 23%，达到生态城市绿化建设水平。具体任务为：加快推进"绿色家园、绿色通道、绿色基地"建设，以中心城区和各市、区城区及各类开发区绿化为中心，以中心镇、村绿化为基点，以沿路、沿江、沿河（湖）绿色通道为骨架，以森林公园、现代生态农庄、无公害农林产品生产基地等为板块，构建起路连林隔、林水一体、林中有城、城中有林的苏州城乡绿化新格局。

百万亩特色水产目标为：养殖面积 73333.3 公顷（110 万亩），其中，池塘 36666.7 公顷（55 万亩），湖泊 33333.3 公顷（50 万亩）（包括网围养殖 6666.7 公顷），河沟 3333.3 公顷（5 万亩）。按品种分，常规鱼养殖面积 30000 公顷（45 万亩），占养殖总面积的 40.9%；特种水产养殖面积 43333.3 公顷（65 万亩），占养殖总面积的 59.1%。水产品总量 30 万吨，其中，海淡水捕捞 6 万吨，养殖产量 24 万吨。按现行价计算，渔业生产总值 70 亿元，占农业产值的 35%。吸纳渔业劳动力 10 万人，人均年产值 5 万元。提高第二产业和第三产业的经济比重。渔业工业、加工业、流通和服务业等产业与养殖捕捞业并举，其产值由 10.8 亿元增加到 15 亿元；水产品初加工、深加工能力达 15 万吨，占水产品总量的 50%。提高名特优水产品的养殖比重，名特优水产品养殖产量达到 10 万吨，占水产品总量的 33.3%。提高渔业的出口创汇能力，水产品年出口量 1 万吨，创汇 1 亿美元。全面实施品种、技术、知识更新，加大技术培训力度，加快渔业的技术创新的步伐和渔业科技成果的转化，使全市水产良种覆盖率达 90%，渔业从业人员的素质普遍提高，渔业科技的贡献份额达 60%。

百万头优质家畜目标为：到 2010 年，全市规划出栏生猪 100 万头，出栏羊 25 万头，栏存奶牛 2 万头，上市家禽 5000 万羽，按社会消费总量计算，地产猪占20%，地产奶占40%，猪肉和乳制品需求量的缺口，通过订单和市场准入制解决。

畜禽生产规划要与传统饲养习惯相结合，做到因地制宜，自愿为主；要与区域布局相结合，做到一村一品，适度发展；要与农业生产规划相结合，做到畜禽粪便综合利用，种养生态平衡；要与畜禽加工企业规划相结合，延伸产业链，逐步形成产、加、销一体化经营。畜禽生产要注重优良品种、先进的设备设施、科学的管理方法和标准化生产方式，不断提高畜牧业现代化水平。据苏州市场需求和生产试验，利用苏州市丘陵、果园、竹林、桑地和花卉苗林基地养殖森林草鸡，形成草鸡产业化生产。

（3）农业布局重点是启动建设"六大基地"

一是生态观光休闲教育基地。重点是依托上方山等四个国家森林公园、肖甸湖等三个省级森林公园、光福省级自然保护区、吴中西山、昆山张大千、吴江八坼苗圃、未来农林大世界、相城生态农业示范园、丹桂园等现代生态农业示范区和初步形成的旺山生态农庄、虞山宝岩生态观光园等一批生态农业观光区，结合水产、畜牧、果茶等产业新兴领域的发展，加强资源整合和优化，丰富功能性开发，加大配套性基础设施建设，力争到2010年，全市建成10个以上规模较大、功能比较全的生态观光休闲教育基地。

二是优质种业基地。充分利用全市十分丰富的名特优种质资源，发挥种业企业较好的基础条件，加大地方名特优品种的提纯复壮和开发利用，加大新品种引进和培育，使种子、种苗生产成为农业当中的一个重要产业。重点要实施建设苏太猪、太湖羊、常优一号水稻、苏棉系列棉花、石蒜、香青菜、两湖大闸蟹、太湖三白、长江四鲜等优质种子种苗基地。力争到2010年，全市建成有相当规模、市场前景较好的、拥有自身特色和自主知识产权的20家农业种业企业。

三是产品加工基地。围绕苏州市的优势产业和特色产品，以壮大和发展农业龙头企业为载体，以农产品精深加工研发和自主知识产权的培育为突破点，继续加快农业龙头企业建设，壮大和发展市级龙头企业，巩固和提高省级龙头企业，重点培育国家级农业龙头企业，到2007年，再培育2个国家级农业龙头企业，到2010年全市国家级农业龙头企业超过5家，在全市形成区域布局合理、规模结构互补、产业产品结构齐全的三级农业龙头企业格局。在此基础上，加强对国家、省、市重点龙头企业的管理和服务，通过订单农业或基地+农户等方式，搞好产销衔接和生产技术服务，帮助企业与农民建立稳定紧密的利益联结机制，不断提高带动区域农业结构调整和农民增收致富的能力；正确引导企业处理好自身发展与资源利用、生态保护的关系，加强技术改造和技术进步，切实提高科技创新的能力，加快形成科研、生产、加工、销售一体化的产业链，不断增强农产品增值能力和市场竞争能力。

四是出口创汇基地。继续按照国际国内两个市场优势互补、两种资源双向流动的要求，进一步加强对国际资本、国内工商资本、民间资本的引进利用，加快发展和扶持一批有基础、有优势、有实力的外向型农业龙头企业，做大全市外资农业企业群体，同时积极创造条件，鼓励规模型农业龙头企业到境外投资开发农业；严格按照国际农产品生产贸易标准，加快开发和培育一批具有苏州特色和优势的出口创汇农产品，不断拓展境外农产品贸易市场和贸易总量；广泛开展农业对外科学技术、管理服务等交流活动，在外资、外贸、外经等方面全面提升苏州外向农业水平。力争到2010年，全市再引进外资15亿美元以上，累计到账外资达到30亿美元，再吸引内资30亿元，建成30个左右农产品出口创汇基地。

五是特色精品基地。按照"五个百万"的主导产业格局，坚持围绕优势区域抓产品布局，围绕优势产品抓结构调整，进一步加快优势主导农产品的培育和壮大，加快形成各具鲜明地方个性的优势农产品产业板块。要加快培育优质粮油产业，稳定生产规模，进一步扩大"常优一号""苏油一号"等优质粮油品种生产面积，确保完成江苏省下达的粮食生产任务。要加快培育优质畜禽产业，积极探索农牧结合、林牧结合等畜禽生态养殖新模式，重点发展森林养鸡，提高畜牧业发展水平。要加快培育优质水产产业，大力发展大闸蟹、青虾、太湖特优水产等特种水产品养殖，全面推广混养、套养等生态养殖模式，积极发展休闲渔业、淡水产品加工等渔业新兴产业，不断延伸水产产业链条，稳定和提高水产业在农业中的比重。要积极培育优质蔬菜园艺产业，稳定常年蔬菜，增加季节性蔬菜生产，大力发展设施蔬菜，重点解决叶菜类蔬菜，保障地菜供应，同时稳步发展水生蔬菜、特色林果、优质蚕桑等具有苏州特色的优势农产品。与此同时，围绕创"民牌"、保名牌、推品牌，认真制订名牌农业发展规划，加快培育一大批市场知名度高、老百姓口碑好的高质量特色优势农产品，力争到2010年，全市打造10只以上国内外知名的名牌农产品，全面提升苏州市农业的国际国内市场竞争能力。

六是绿色高效农业基地。把农业结构调整的重点全面转到产业内部的产品结构优化上来，以无公害农产品、绿色、有机食品基地建设为抓手，通过产品结构的优化、标准化技术的应用和高效种养模式的推广，在种养业各大产业当中，培育和建立一大批产品质量、劳动生产率、土地产出率和亩均效益大幅高于大面积生产的高效农业生产基地，有效地展现农业科技上隐藏的巨大的增产增效潜力。力争到2010年，全市全面实现无公害生产，绿色食品和有机食品的数量和生产规模明显扩大，全市种养业亩均效益在现有基础上增长50%以上。

在农业发展规划的引领之下，经过各方面的共同努力，当年规划的目标基本得到实现。到2015年末，苏州共有高标准农田面积11.41万公顷，高标准农田比重达到68.5%。年末设施农（渔）业面积46.8千公顷，现代农业园区总面积7.06万公顷（105.9万亩）。年末无公害农产品、绿色食品和有机食品数量达1800只。农业综合机械化水平达88%，农业现代化综合指数连续五年居全省首位。

2. 基于"三形态"的《苏州市镇村布局规划编制导则》引领

（1）"三形态"的规划指导思想

苏州市在城乡一体化过程中，注意从空间形态上优化城乡资源配置，提出了"三形态"理念，即让城市更像城市，农村更像农村，园区更像园区，以此来矫正20世纪80年代以来工业化和城镇化过程中由于规划滞后所导致的"走过一村又一村，村村像城镇；走过一镇又一镇，镇镇像农村"那种城乡形态和功能不分的混沌状态，避免农村走向衰败。通过大力度的环境整治，城乡面貌大为改观。特别是在农村的集中居住区，楼房成行，绿树成荫，繁花似锦，其中还夹杂和点缀着楼台亭阁，公共服务设施一应俱全，生活比以前更加方便，农民既可以享受城市现代文明，又保留了田园诗般的乡村文明，生活水平和幸福指数大大提高。

在优化城乡空间结构的过程中，苏州市按照加快融入城市化、加快就地城镇化、加快农业现代化的"三形态"和现代社区型、集中居住型、整治改造型、生态自然型、古村保护型"五种模式"，打破村域界限，重新规划，对镇、村进行了较大力度的撤并，对不同的镇村进行功能分工。"三形态"是各种涉农规划的指导思想（见表3-1）。

表3-1　不同类型农村区域城镇化的产业发展重点

地理位置和产业结构	发展方向	产业分工
地处工业及城镇规划区的村	融入城市化	第三产业为主
工业基础较强人口较多的村	就地城镇化	第二产业为主
地处农业规划区保护区的村	农业现代化	第一产业为主

（2）《苏州市镇村布局规划编制导则》的引领作用

2013年6月，苏州市规划部门公布了《苏州市镇村布局规划编制导则》，明确将根据"保护、利用、改造、发展"原则，统筹安排村庄布点，在保留传统村落的同时，划定城市化地区、基本农田保护区和生态控制区等区域，并按照区位特点分类进行村庄布点。

村庄分为农业村庄和工业村庄，前者是指主要从事农业生产的人及其抚养并共同居住的人口的聚居点，后者则是指村庄内的村民主要从事工业生产的人及其抚养和共同居住的人口的聚居点，其中从事工业生产的人口占总就业人口的比重大于80%。工业村庄的人口计入城镇常住人口。对于现有工业，要逐步向镇以上的工业园区集中。如此一来，城乡之间的产业分工和空间布局进一步合理化，既有利于提高工业的聚集效益，又有利于农业的规模经营以及环境保护。在规划的实施过程中，对于保留的村庄，农户可以按照规划，适当翻建房屋，而对于规划保留以外的村庄，要防止乱搭乱建新的房屋，避免造成新的浪费。

与此同时，苏州市启动了美丽镇村建设工程。为了充分展现苏州农村之美，全市共确定了16个美丽镇示范点和71个美丽村示范点。美丽镇包括张家港市凤凰镇、常熟市海虞镇、太仓市沙溪镇、昆山市周市镇、吴江区震泽镇、吴中区木渎镇、相城区黄埭镇和高新区浒墅关镇等，美丽村包括张家港市长江村、常熟市燕巷村、太仓市印北村、昆山市姜巷村、吴江区农创村、吴中区天池村、相城区迎湖村和高新区树山村等，覆盖了苏州市除工业园区以外的所有区、市。2013年1月，苏州市评选出幸福乡村，常熟市蒋巷村、张家港市永联村、吴中区旺山村被授予"苏州市幸福乡村"荣誉称号，张家港市长江村、常熟市梦兰村、常熟市康博村、太仓市东林村、昆山市金华村、昆山市市北村、吴江区龙降桥村、吴中区湖桥村、吴中区三山村和相城区灵峰村被命名为"苏州市十大幸福乡村"。在"十三五"期间，苏州市将启动美丽村庄建设的新三年行动计划，让美丽村庄建设软硬结合、内外兼修，既有颜值，又有内涵气质，让美丽效应更广泛，美丽效果不缩水，美丽范围全覆盖，使每个村庄都出彩。

为了美化农村空间，苏州市把农村村庄环境整治工作作为一项重要内容，着力改善农村人居环境，建设美丽苏州，努力打造"水清、畅流、岸绿、景美"的江南人居新环境。据此，积极推动农村生活垃圾分类收集、源头减量和资源利用工作，并加强农村工业污染治理，最终优化城镇、工业、农业、居住的空间布局，使城市更像城市，农村更像农村。到2012年7月底，全市共完成7709个自然村庄的整治，占全部整治任务的75.8%，其中达标三星级康居乡村86个，二星级康居乡村528个，一星级康居乡村1064个，环境整治村4394个。到2015年，苏州已经累计建成了374个三星级康居乡村，通过示范引领，提升了美丽乡村的良好品质。

2014年，苏州市提出，计划用3~5年的时间，建成21座郊野生态公园，要在2014年内恢复湿地1.65万亩，打造全国最大的城市湿地群，在市区则要新增绿地500万亩，绿化率达到37.7%。并且要整治一批城郊接合部、城中村、棚户区和老旧小区，以及一批背街小巷、河道和低洼易涝片区。到2016年，全市陆地森林覆盖率达到29%以上，自然湿地保护率达到50%以上。

苏州市的美丽镇村建设取得了显著成效，得到了全社会和上级部门的高度评价和认可。在由国家住房和城乡建设部组织的中国人居环境奖评比中，2006年苏州市下辖的张家港市获得此奖，2007年昆山市获得此奖，2010年原吴江市获得此奖，2011年常熟市获得此奖，2012年太仓市获得此奖。至此，苏州市的县级市实现了中国人居环境奖的全覆盖，在全国地级市中遥遥领先。另外，昆山市巴城镇生态宜居工程建设等项目还获得了2012年中国人居环境范例奖，太仓市连续4年获得中国最具幸福感城市。2013年3月，在由中国社会科学院城环所等单位发布的《中国城镇化质量报告》中，苏州市的城镇化质量在全国地级以上城市中，排名第九，在超大城市中，名列第四，仅次于深圳、北京和上海。2014年8月，国家住房和建设部、文化部等发布了2014年第一批列入中央财政支持的中国传统村落名单，共有327个村落入选，其中苏州市有4个村落入选，分别是：吴中区东山镇陆巷古村、三山村和吴中区金庭镇明月湾村、东村村。这从一个侧面反映了苏州市城乡一体化发展的成就。2016年6月，张家港市荣获"中国生态文明奖"，该奖项是经中央批准设立的，是生态文明建设领域的首个政府奖项。张家港市是江苏省唯一获此殊荣的城市，它从一个侧面反映了苏州市在城乡一体化进程中在生态文明建设领域所取得的突出成就。

吴中区坐拥太湖、东山、西山等山水名胜，古村落众多。在乡村整治过程中，吴中区重视保护每一个古村庄的原始风貌和自然特色，不使它们"千村一面"，清代民居、民国民居随处可见，形成了小而精、大而全、自然生态、文化保护四类村落特色，营造出了人居与自然融合的山水村庄。居住其中，既能够充分得到大自然的沐浴，又能够接受传统文化的熏陶，更能够享受现代文明的成果，真有"人间新天堂"的美好感觉。正是凭借这些山水、文化，2012年底，苏州市的太湖景区被提升为国家"5A"级旅游景区。地处太湖中的西山岛上的衙甪里村，历史悠久，文物众多，却是一个贫困村。在近年来的建设和发展中，吴中区妥善保护这些文物，环岛公路也要为古桥和古树让路，也许再过几十年，才能更加体现这些措施的先见之明和这些古村落的价值。

著名的历史文化名镇同里镇，在发展旅游产业的过程中，高度重视村庄环境整治工作，坚持走可持续发展道路。该镇的做法和经验在于：上下一心，高度重视村庄环境整治，将其作为重要的民生工程；全民参与，建立环境保护志愿者队伍；根据本镇实际，开展有针对性的整治工作；建设环境整治长效机制，放眼长远，保持环境永久美好。经过努力，收到了良好效果，不仅古镇内部的核心旅游区在庞大的旅游队伍压力下，环境依然美好，而且下辖的村庄，环境质量也有了明显提升，有些村庄达到了"三星级康居乡村"目标。这些经验对于全国其他一些重点旅游区的环境保护工作，具有重要的借鉴价值。

千灯镇是一个有深厚文化底蕴的古镇，既是顾炎武的故乡，又是昆曲的发源地。在城乡一体化发展中，千灯镇把保护古镇特色和现代化建设有机结合起来，打出了"三块牌子"——中国历史文化名镇、科学发展十佳镇和城乡一体化示范镇，形成了"四大功能区"——现代工业区、现代农业区、城市建成区和现代商贸物流园，实现了"四个一体化"——居住生活一体化、就业增收一体化、社会保障一体化和公共服务一体化。通过这些工作，最终既保留了江南水乡千年古镇的特色，又融入了四化结合的现代文明，使千灯镇真正成为居民安居乐业的福地。

即使那些没有悠久历史的小型村镇，同样也在城乡一体化发展中得到改造和提升，村镇面貌焕然一新。常熟市蒋巷村是最近几年来涌现出的一个明星村，其知名度直追江阴市的华西村，依靠村集体经济发展的雄厚财力，在经济快速发展的基础上，按照建设"五个蒋巷"（绿色蒋巷、优美蒋巷、整洁蒋巷、和谐蒋巷和幸福蒋巷）的目标，投入 200 多万元资金，对村里的河道进行疏浚、建桥，把全村的水系贯通，以便为村民营造更好的宜居环境。

相城区北桥街道灵峰村，人均年收入 2 万多元，比较富裕，在发展经济、建设新农村的过程中，高度重视生态文明建设和环境保护工作，成为江苏省"环保第一村"。该村有 36 个自然村庄，6.9 平方公里，6149 名村民，还有 8000 多名外来人口。多年来，灵峰村把打造宜居村庄环境作为提高村民生活质量和幸福指数的突破口，根据实际进行功能分区规划，把全村分为行政和生活配套服务区、居民集中住宅区、工业园区和农业示范区。根据规划，把 36 个村庄分为 8 个保留村和 28 个控制村，按照"六整治，六提升"的要求，进行村容整治和基础设施建设。在机制建设上，实行"一家一只垃圾箱，一家几棵责任树"，引导农民提高环保意识、自觉参与到生态文明建设和环境保护中。另外，该村还投入巨资，建设污水处理工程，处理净化生活污水和工业污水，使河水保持清澈。村里还对一处废荒滩和滩涂地进行改造，建成农民公园，供村民休憩，同时发展观光农业，实现了一举多得。

3. "三形态"的理论解读

"三形态"是苏州市城乡一体化实践中的重要内容。它不仅解决了许多实际问题，而且具有重要的理论价值。

工业化、城镇化与农业现代化的正常结果，应该是形成合理的城乡空间结构，即适应产业分工的需要，城乡在空间形态上应该有明显区分，城市更像城市，农村更像农村。这里的"像"，不仅仅是指形似，而更应该是神似。在城乡发展规划中，一个很重要的问题，是如何处理城市与农村、城市与产业之间的空间布局。国内外专家在这方面有许多理论探讨，形成了不同的理论，在实践中也有许多尝试。有些专家主张城市摊大饼式的向外延伸，侵蚀农村；有些专家主张在城市之间杂以农村与绿化带，以改善生态；有些专家主张产城同一，以节约交通和生活成本；有些专家则主张城市不同区域功能分工，生产区与生活区分离等。对于这些不同的规划理念和实践，既需要借鉴中外国家几百年的经验教训验证其对错，又需要在我国城乡一体化进程中，总结各地的经验来创新和提升。

苏州市在乡镇企业发展初期，由于"离土不离乡，进厂不进城"的限制，城乡空间结构很不合理，农村中分布着大量工厂，使农村不像农村。而一些小城镇则人口太少，集中度不高，功能不全。与此同时，在城镇化快速扩张过程中，由于拆迁安置成本太高等原因，一些城市郊区的村落被绕过，没有被改造，随着城市的对外扩张，它们被包在城市中间，形成"城中村"，是城市中的贫民窟，与周边的高楼大厦形成鲜明对照，极不协调，使城市不像城市。所以，城乡整体空间结构呈现混沌不分的状态。

而"三形态"做法则有效地解决了这些问题，通过城乡产业分工，构建了合理的城乡生产和生活空间格局，使农村更像农村，山清水秀，景色宜人，集中发展生态、高产、优质、高效的现代农业，并成为城镇居民休闲旅游的好去处。而农民集中居住，特别是对"城中村"的改造，也使城市更像城市，不仅城镇居民，而且居住在农村小区的农民，也可以享受到城市的现代文明。例如，苏州市下辖的常熟市的蒋巷村、张家港市的永联村、太仓市的金星村和昆山市的大唐村等，都是这方面的典型代表，这些村的确是社会主义新农村，是人间新天堂，居住和生活其中，感到心旷神怡，其乐无穷。当然，并不是所有农民都要进城集中居住，而是要根据每个村庄的土地分布范围、交通便利等因素，实行统一规划，相对集中居住，既方便生产，又方便生活。例如，在人口稠密的平原地区，农民小区之间的距离为3~5公里。另外工业向园区的集中，不仅解决了农村污染和土地浪费问题，而且实现了第二、第三产业的聚集效益。这样，通过"三形态",一个布局合理、功能完善的城乡空间格局呈现在我们面前。

苏州市"三形态"的实践在理论上验证了:第一,在城乡空间规划上,城与乡两大空间不仅要有明确的界限,而且要有合理的功能分工,特别是在农村空间中,不应该承担农业与旅游业以外的其他产业发展的功能;第二,在城市内部,要积极推进产业与城镇在空间上的融合,功能复合的空间布局确实有一定的合理性与优越性,有利于解决交通拥挤、时间和其他生活成本高等问题,因此,每一个城市的发展,都应该把产业发展与人口集聚结合起来。通过产业发展,为进城人口提供充足的就业岗位,人们达到安居乐业。但是,过分机械地理解产城同一,也会导致环境污染、生活质量下降等问题,因此,不仅整个城市应该优化产业结构,淘汰高污染产业,而且对于不同的产业也应该实行空间集中,即产业集聚,通过不同产业在某一个园区的集中,形成具有不同特色的工业园区,实现不同园区之间的分工。这些经验对于丰富和发展我国的城乡规划理论,无疑是有借鉴价值的。

二 以确保社会和谐稳定为目标统筹城乡社会保障

中共十八届三中全会指出,要"整合城乡居民基本养老保险制度、基本医疗保险制度,推进城乡最低生活保障制度统筹发展"。苏州市作为城乡一体化发展综合配套改革试点地区,在养老、医疗、最低生活保障等城乡基本社会保障方面已经率先实现了并轨,并进行了有益的探索,对苏州市城乡社会保障一体化实践的研究有利于探索出一条有中国特色的城镇化之路。

2012年全国两会期间,时任中共江苏省省委常委、苏州市市委书记蒋宏坤在接受中央媒体采访时说:"城乡社保并轨是一项民心工程。宁可少上项目,也要拿出足够财政资金实现城乡社保一体化。只有把城乡社保体系构筑好,才能充分体现一个城市的发展水平,才更有利于提升社会和谐水平。"

(一) 城乡社会保障一体化的背景

1. 碎片化社会保障现状成为社会发展的瓶颈

中国城乡二元结构特征突出,这种结构不仅是自然规律作用的结果,而且是人为制度设计的产物。自新中国成立开始，中国的社会保障从无到有，从零碎到成体系，始终在城市和农村两种封闭的制度环境下变迁。无论是改革开放前的农村合作医疗制度、五保户供养制度、城市的离退休制度、公费劳保制度，还是改革开放之后的农村社会养老保险制度，新型农村合作医疗制度，城市社会养老、医疗、失业、工伤和生育保险制度，最低生活保障制度，都完全是城乡分立进而呈现碎片化的特征。碎片化的社会保障状况给人力资源的流动与管理带来诸多不便，给社会稳定带来许多隐患，使城乡社会保障在空间和时间上的财务互济和集中投资都难以实现。碎片化的社会保障源自二元社会结构，反过来又强化了社会群体分割，并成为社会不公的显著特征。因此，建立城乡一体的社会保障体系成为紧迫而艰巨的任务。

苏州的情况与全国总体上是一样的，自从人民公社制度解体以后，农村的社会保障基本处于缺失状态，完全靠家庭自我保障，谈不上社会保障。到20世纪末期，苏州开始探索建立农村基本养老、医疗、最低保障体系，这些尝试性的社会保障是城镇社会保障的翻版，但由于缺乏财政支持，基本上处于一种低层次的互济状态。各地保障水平不一，保障的完备性不一，是一种典型的碎片化保障体系。

2. 人口老龄化要求建立城乡一体的社会保障体系

经过几十年严格的计划生育政策，中国的人口结构已经发生重大改变，老龄化趋势不可阻挡。更为严酷的是，在社会保障薄弱的中国农村，人口老龄化状况更加严重。根据中国人口城市化的流动规律，从农村流入城镇的人口大多是青壮年，这就使得农村人口老龄化的实际程度不仅高于城市水平，而且随着中国城镇化进程的加快，未来农村的老龄化将以较以往更快的速度发展。在如此严峻的老龄化形势下，碎片化的社会保障制度将会带来系统性的社会风险。因为在城乡分割的社会中，将农民工纳入城市社会保障体系固然可以暂时解决城市社会保障的扩面问题，也能够延缓支付危机的到来，但农村的社会保障会因为青壮年和收入较高群体的抽离而塌陷，从而必将导致农村凋敝、农业衰退、农民破产的严重社会危机。因此，打破城乡之间社会保障壁垒，建立城乡之间互通互济的社会保障制度成为中国应对老龄化浪潮的必然选择。

苏州的老龄化状况尤甚于全国的平均水平。根据苏州市公安局最新统计数据，2015年底苏州市户籍人口达到6670124人，其中老年人口1656581人，占户籍总人口的24.8%，比2014年底增长64607人，再创历史新高。其中80周岁以上高龄人口首次突破25万人，具体为250769人，占老年人口的15.1%。从全市来看，老龄化程度较重的前三位是太仓市、常熟市和姑苏区，分别达到29.93%、28.35%和28.32%，除高新区、工业园区老龄化程度分别为19.75%、15.72%外，其他市区老龄化程度都超过21%，普遍呈现增幅加快、老龄化趋势加重、高龄老人增多、各市区老龄化差别加大等特点。这种现状与少子化的现状、社会保障体系缺失、保障水平过低的现状交织在一起，成为一种严重的社会隐患，要求苏州应该率先建立起体系完备、城乡一体、保障层次较高的社会保障体系。

3. 社会和谐发展需要城乡一体的社会保障体系

城镇化和工业化是中国社会经济发展中相伴而生的两个现象，改革开放30多年来，中国的经济增长一直伴随着快速的城市化和工业化。快速健康可持续的城镇化和工业化进程需要以城乡融合为基础，而没有社会保障制度的统一，城乡融合将是举步维艰的，农民离土不离乡的候鸟迁徙将会无限期地持续下去，中国的城镇化将付出更大的成本。另外，社会保障制度是社会的稳定器和安全网，有助于经济和社会的稳定，缓解经济社会矛盾。社会保障建立发展至今，已经成为一个国家制度体系中的不可或缺的重要组成部分，其作为一种再分配制度，成为国家干预经济的政策与手段，关系着国民经济发展态势。在中国特色的社会现代化建设中，相当长的时期内，稳定是压倒一切的筹码。西方国家"碎片化"的社会保障制度引起的社会动荡应引起中国的高度关注。无论从社会和谐的大局出发、从社会公平的理念出发，还是从人力资本流动的角度出发，或者从扩大内需改变经济发展模式的大局出发，一体化的社会保障制度都应是中国社会保障制度的发展方向。

从苏州的情况来看，苏州属于改革开放的前沿地区，属于率先实现小康、率先实现现代化的发达地区，自身有建立城乡一体的社会保障的物质基础和现实紧迫性。另外，苏州肩负着先行先试，为全国其他地区改革发展探索出路的重任，需要在城乡一体的社会保障体系建设方面有所作为。

（二）苏州城乡社会保障一体化的经验做法

得益于率先发展的综合优势，苏州在城乡社会保障改革与发展方面承担着探路先锋的角色，要积极推进基本社会保障一体化。2012年年底苏州在全市范围内实现了城乡居民基本养老保险、医疗保险和最低生活保障的"三大并轨"。

1. 苏州城乡居民基本养老保险一体化的经验做法

（1）苏州城乡居民基本养老保险发展历程

苏州市社会养老保险制度，起步于20世纪80年代初，当时为配合劳动制度改革、搞活经济，苏州市对企业职工养老保险制度进行了多种形式的改革和尝试，先后对新办集体企业职工、劳动合同制工人、外商投资企业中方职工试行新的社会养老保险办法，对农村户口合同制工人试行生产生活补助金办法，对全民和集体企业固定职工及离退休人员试行离退休费用社会统筹。到21世纪初，苏州市按照社会统筹和个人账户相结合的原则，为每位职工建立了基本养老保险个人账户。

早在2003年，《苏州市农村基本养老保险管理暂行办法》颁布，苏州在全国率先进行农村社会保障改革的探索。2001年，全市农村社会养老保险参保人数为12.9万人，到2003年底，达到91.5万人，2007年为182万人。2003年的《苏州市农村基本养老保险管理暂行办法》明确规定，苏州农村养老保险采取个人缴费与财政补贴相结合的办法，逐步建立起面向农村居民的养老保险体系。2004年苏州出台《苏州市征地补偿和被征地农民基本生活保障试行办法》，建立被征地农民基本生活保障基金，纳入财政专户管理，专项用于被征地农民的基本生活保障。同时，为切实解决城镇非就业无收入老年居民的老有所养问题，对无固定生活来源的城镇老年居民提供社会养老资助，逐步提高市区城镇非就业老年居民生活水平，苏州市从2007年1月实施了《苏州市区城镇老年居民养老补贴暂行办法》，进一步将社会保障网覆盖至边缘人群。

至此，苏州逐步形成企业职工基本养老保险、企业年金、事业单位基本养老保险、农村基本养老保险、被征地农民基本生活保障和城乡老年居民养老补贴等养老保障形式。这些众多的保障形式彼此各成体系，是典型的碎片化社会保障。

（2）苏州城乡居民基本养老保险一体化的具体做法

首先，将乡镇企业农村劳动力纳入城镇职工养老保障体系。为逐步缩小城乡养老保障差异，苏州将农村居民分为非农就业农村居民和务农居民，另外将在乡镇村各类企业务工并与之建立劳动关系的非农就业人员强制纳入城镇企业职工基本养老保险制度范围内，其余仍旧保留在农村基本养老保险范畴内，这样就逐步缩小了农村养老覆盖人口，扩大了城镇养老保险覆盖人口。

其次，将被征地农民纳入城镇居民养老保障体系。苏州城镇化速度比较快的地区，失地农民成为一个庞大的群体。为维护失地农民合法权益，保障农民被征地后的基本生活，苏州市政府于2004年起先后出台《苏州市征地补偿和被征地农民基本生活保障试行办法》等文件，按照"土地换保障"的总体思路，在充分测算论证且财力许可的前提下，采取征地补偿账户换算、实行缴费补贴政策等措施，按不同年龄段分别将被征地农民纳入城镇企业职工基本养老保险和城镇居民养老保险体系。以征地补偿安置方案批准之日为界限，将被征地农民划分为4个年龄段。其中，第一年龄阶段（16周岁以下）一次性予以生活补贴若干元（逐年变动）；第二年龄段（女16周岁~36周岁、男16周岁~46周岁）被征地农民，采取免费培训、就业岗位补贴、社保补贴等扶持政策，引导和鼓励其就业创业，从而进入城镇社会保障体系；第三年龄段（女36周岁~55周岁、男46周岁~60周岁）被征地农民可自愿选择参加城镇职工养老保险或城镇居民养老保险（居民养老保险缴费水平与保障水平均较低，主要针对城镇非就业居民）；第四年龄段直接进入城镇居民养老保险体系，享受不低于城镇居民最低生活保障的标准。失地农民从农村养老保险体系中的剥离，进一步减轻了社会保障并轨的压力。

再次，妥善解决农村与城镇基本养老保险的接续转移。为使失地农民比较顺畅地进入城镇社会保障体系，苏州出台《农村和城镇基本养老保险关系转移接续办法》，采用折算参保年限办法，实现农村基本养老保险与城镇养老保险体系（城镇职工养老保险与城镇居民养老保险）的无缝对接。对原先已经参加农村基本养老保险的农村居民，按照合情合理的换算标准，由农保经办机构负责将其农保各年的缴费金额，统一按所对应的历年城保缴费基数下限，以及单位和个人的合计缴费比例换算为城保的缴费年限，然后纳入城保体系。为使对接易于推进，政府及村集体往往会对农民给予一定的社保缴费补贴。职工达到法定退休年龄时，缴费年限不足城保按月领取养老金条件的，允许其补缴其换算的承保年限与原农保缴费年限之差的基本养老保险费后,享受城镇企业职工养老保险待遇。

最后,稳步实现城乡居民养老保障的完全并轨。在经过多年的城乡养老保险分流、打通、接续的基础上,2011年初,苏州市市委做出《关于苏州率先基本实现现代化的决定》,明确提出加快社会保障城乡一体化进程,力争在3年之内推进农村基本养老保险、新型农村合作医保、农村最低生活保障与城镇社会保障并轨。苏州在2011年底出台《苏州市居民社会养老保险管理办法》,将城镇居民与农村居民养老保险正式统筹起来,并用一年的时间实现了城乡养老保障的并轨。2011年底,苏州市率先实现了城乡居民低保的并轨,每人每月标准为600元左右。至此,农村基本养老保险正式退出历史舞台。

目前苏州形成的是社保基金管理下的一个体系,两种保险类型:城镇职工养老保险和居民养老保险。二者在权利义务上还存在差异,但这种差异不是建立在城乡差别基础之上,而是建立在是否就业的基础之上。

(3)关于苏州居民养老保险的实例

苏州市在工业化和城镇化的过程中,产生了大量的失地农民,对他们妥善安置,不仅涉及这些农民和家庭的生存问题,而且关系社会稳定。为此,苏州市对失地农民实行养老城乡并轨,使他们也能享受和城镇居民相同的养老保险待遇。以浒墅关开发区为例,自2008年以来,已经有5000多名失地农民相继享受到养老保险待遇,他们每月可以领取到1200元退休金,比不并轨的600元翻了一番,而且每年还以10%的速度增长,这就确保了这些农民的需要,受到他们的欢迎。

2012年,吴江区"农保"与"城保"全面接轨,城镇、农村的低保对象享受江苏省的最高低保标准,提高到了每人每月600元。吴江区的人均公共卫生服务经费达到70元,保持江苏省领先水平,实现了"村村接通公交车,家家喝上自来水,人人手中一张卡"。

吴中区长桥街道新北村村民许木林的例子则能反映养老保险改革给农民带来的好处:由于参加了农保置换城保,2005年他60岁时,办理了退休手续,开始享受与城镇职工相同的养老保险待遇,每月385元,到2012年,提高到883元,加上参加村股份合作社的分红,2011年他的收入达到13316元,基本可以满足正常的生活需要。

2. 苏州城乡居民医疗保险一体化的经验做法

(1) 苏州城乡居民医疗保险的发展历程

苏州市社会医疗保险制度，起步于 1997 年 4 月的城镇职工医疗保险制度试点。在职工医疗保险制度改革进程中，苏州市遵循"低水平、广覆盖、多层次、保稳定"的指导思想，结合苏州实际，制定实施了《苏州市城镇职工基本医疗保险暂行办法》，建立了具有苏州特色的基本医疗保险、大额医疗费用社会共济、地方补充医疗保险和社会医疗救助"四位一体"的职工医疗保障体系。2004 年起苏州率先探索将医疗保险制度向非就业人员覆盖，先后将被征地人员、20 世纪 60 年代精简退职人员、城镇居民、少年儿童以及在苏州就业的外国人及港澳台人员纳入社会医疗保险保障范围。

苏州市的农村居民医疗保险，起步于新中国成立初期创建并实施半个多世纪的农村合作医疗。2003 年 5 月出台的《苏州市农村合作医疗保险管理办法》，在指导思想、保障水平、运作模式等方面都有所突破，形成了新型农村合作医疗制度，为建立城乡统一的社会基本医疗保险模式奠定了坚实的基础。

(2) 苏州开展城乡一体化发展综合配套改革试点后的具体做法

首先，促进非农就业农村居民进入城镇社会医疗保险体系。苏州市政府于 2007 年制定颁发的《苏州市社会基本医疗保险管理办法》，将乡镇企业及其从业人员纳入城镇企业职工社会保险，这就从制度设计上将进入乡镇村各类企业务工并与之建立劳动关系的农村劳动力全部纳入了城镇职工医疗保险制度。2009 年后，农村自主创业、灵活就业的居民，全部可参照城镇灵活就业人员的管理方式，自愿选择参加城镇职工医疗保险。

其次，实行农村居民医保（新农合）与城镇居民医保并轨。苏州市在建立起城镇居民医疗保险（主要涵盖城镇老年居民、丧失劳动能力人员、失业人员、失地农民等）和农村合作医疗保险的基础上，按照城乡统一的居民医疗保险制度框架，加快推进农村居民医疗保险与城乡居民医疗保险并轨步伐，努力实现城乡居民医疗保险政策制度一体化、待遇水平一体化、经办管理一体化以及医疗救助一体化。2007 年，昆山市、吴中区率先将新型农村合作医疗保险整体划入社会保障部门管理，将城乡所有非就业人员纳入统一的居民医疗保险制度。此后其他县市、区在建立农村居民医疗保险的基础上，纷纷将农村居民医疗保险与城镇居民医疗保险并轨，实行城乡统一的居民医疗保险制度。

再次，实行城乡居民医保与职工医保之间的转接。苏州市在进行覆盖城乡医疗保障体系设计时，还充分考虑城乡不同制度之间的无缝对接，积极探索职工医保、城乡居民医保和农村合作医保互相转移的双向通道和制度间年限折算机制。所有参保人员随时都可以根据自己的就业状态，办理居民医保与职工医保险种之间的转移衔接手续，实现在两个险种之间通过个人账户转移衔接，从而使城乡居民无论处于何种状态，都能获得医疗保障，其个人权益都能获得认可和累计。

2011年底，苏州市政府颁布了《关于加快推进苏州市城乡养老保险和居民医疗保险并轨的指导意见》，要求在2012年实现这两大社保城乡并轨。2012年初，《苏州市居民社会养老保险管理办法》实施，12.9万名农保人员被全部纳入城乡统一的居民保险。2012年底，苏州全市成功实现了新型农村合作医保向城乡居民社会医保的转轨，各类参保人数近800万人，包括城镇职工、外来务工人员和城乡居民，农村居民与城镇居民享受平等的医保待遇。这样，全市比计划提前一年，实现了城乡社会保障并轨。

最后，实行城乡统一的困难人群社会医疗救助。苏州市遵循社会保障机会公平的原则，全市城乡医疗保障在普遍提高待遇的基础上，积极探索医保由普惠向特惠转变，坚持政策调整的"四个倾斜"，即向在基层医疗机构就医人群倾斜，向低保、低保边缘等特殊困难人群倾斜，向大病、重病患者倾斜，向老年人倾斜。

至此，苏州实现了医疗保险制度城乡居民全覆盖，建立并形成比较完善的一个体系两种类型医疗（社会医疗保险体系，城镇职工医疗保险和城乡居民医疗保险）并存的格局。

（3）苏州太仓市医保并轨的案例

太仓市在医保体制方面的创新具有重要推广价值。2008年以来，太仓市整合了新农合和城镇居民医保两大险种，城乡居民参加统一的居民医疗保险，把农民和城镇居民纳入统一的医保体系，使基金规模扩大了1倍，也使居民医疗保险报销比例比新农合的报销比例提高了38个百分点。目前，太仓市农民的参保费用是每人每年120元，公共财政补贴280元，平时看小病可以报销500元，住院可以报销70%，看大病费用超过20万元的可以报销85%。此外，对社会医疗救助对象实施多渠道补助，大病、重病结报率为100%，并取消了所有参保人员大病住院结报封顶线。2011年，太仓市通过引入商业保险运作机制，建立起了覆盖城乡居民的大病补充医保制度，初步形成了以"基本＋补充"为特色的大病医保模式。其基本做法是：社保局按照职工每人每年50元、居民每人每年20元的标准，从医保基金中提取，向保险公司购买大病再保险；医保基金不足时，由财政承担。这一模式收到了良好效果，受到群众的普遍欢迎。太仓市每年有200多人的医疗费用在15万元以上，约占参保人数的万分之五。通过大病再保险，防止了他们因病致贫或返贫。

沙溪镇有位农民，2011年由于进行骨髓移植手术，花费75万元，报销了67万元，报销率达90%；年仅11岁的小女孩许俊云，家境贫寒，与爷爷、奶奶依靠低保为生，却不幸患上恶性肿瘤，2011年仅治疗费就达到20万元，其中，医疗保险报销了11.2万元，个人需要负担8.7万元，家庭根本无法承担，通过大病再保险，赔付了4.1万元，再加上社会捐助，才渡过了难关；沈九荣，58岁，患癌症，医疗费用47.8万元，报销比例达89%；唐凤琼，46岁，外来务工人员，患脑溢血，医疗费9.9万元，报销比例达80%。

3. 苏州城乡居民最低生活保障一体化的经验做法

城乡最低生活保障是落实科学发展观、消除制度性贫困、实现底线公平的必然要求。苏州在积极做到对城乡居民应保尽保的同时，积极探索最低生活保障城乡一体化建设，实现城乡居民低保标准并轨。

（1）建立城镇最低生活保障制度

1997年7月，常熟建立了城乡居民最低生活保障制度，成为苏州市第一个实施城乡一体化最低生活保障制度的县级市。此后，苏州市郊区、高新区、苏州工业园区和吴江市相继建立城乡最低生活保障制度。2001年10月，苏州市政府颁发新的《苏州市城镇居民最低生活保障制度实施办法》，改变了过去对城镇低保对象实行的"谁家的孩子谁抱走"的多头管理体制，建立了低保范围全覆盖、低保对象全部归民政管理、低保资金全部由财政统一解决的"三全"工作机制。

(2) 通过对特殊群体供养（补助）标准并轨探索城乡一体化道路

苏州市首先对两类特殊对象的供养（补助）标准实行城乡并轨：一是农村五保供养对象的供养标准提高到城市三无供养标准；二是20世纪60年代初精简退职工生活补助标准实行城乡一致，农村户籍职工的生活补助标准也有所提高。这类救助对象毕竟比较少，保障他们的基本生活成本不高，但意义重大。

(3) 全面实现最低生活保障城乡一体化

2011年之前苏州的最低生活标准是不一致的，2011年苏州市两次提高最低生活保障标准，并于当年7月开始，将城乡低保标准分别由450元/人·月、400元/人·月统一提高到500元/人·月，率先在全省乃至全国实现高标准、全市统一的最低生活保障城乡一体化目标，完成了市委市政府提出的"三年三大并轨"中城乡居民低保标准并轨的任务。低保边缘、残疾人救助标准随低保标准并轨同步进行，实现了真正意义上的社会救助城乡一体化。2015年苏州城乡低保标准已调到700元/人·月，2016年7月1日起，又进一步提高到810元/人·月。

吴中区越溪街道珠村社区的农民张根男的例子反映了低保改革给困难农民带来的好处。2003年，他被查出患有细胞瘤，为了治病，生活陷入困境。当年，村里就为他办理了低保，每月120元，当时，城镇居民的低保标准是每月260元。2010年，吴中区推进城乡低保标准一体化，张根男也和城镇居民一样，每月提高到420元，后来又几次提高，达到了570元。此外，逢年过节，区和街道办会给他送去米、油、被子、毛毯等慰问品，帮助他渡过难关。

2013年初，苏州市在全国率先实现了城乡社保并轨和一体化，农民参加养老、医疗等社会保险的比例近100%。农村低保更是应保尽保，并且标准与城市接轨拉平，从2013年7月起，苏州市进一步把城乡低保标准提高到每人每月630元，全市有近5.2万低保对象受益，每年需增加资金3500万元。另外，低保对象还可以享受爱心超市券、水电燃气等补贴，每人每年150元左右。目前，苏州市的城乡社保水平在全国明显处于领先地位，特别是医疗保险待遇，城乡居民医保政策范围内的住院结付比例平均达到70%，其中太仓市和昆山市已经取消了住院费用结算封顶线。据国家人保部的专家评估，这已经达到了国际先进水平。

(三) 苏州城乡社会保障一体化的启示

1. 城乡社会保障一体化程度在很大程度上受地方经济发展水平制约

城乡社会保障一体化是一项费时、费钱、费力的民心工程。苏州之所以能够实现城乡社会保障"三大并轨",离不开地方经济的高速度发展和地方财政的强力支持。调查显示,2011年苏州市为实现城乡最低生活保障标准并轨财政增加专项投入3亿元,2012年为推进城乡养老保险和居民医疗保险的并轨,一次性财政投入达20亿元,以后每年市区两级财政投入约40亿元。可见实现城乡社保一体化是需要地方政府下大决心花大力气才能完成的艰巨工程。苏州市作为沿海经济发达地区,经济社会发展水平较高,总体经济实力强劲,区域发展能力迅速,民生改善不断提高。其政策支持、经济发展的扶助和制度运行的实践基础,已经基本具备了实行社保城乡一体化的条件。我国多数地区在教育、医疗、社会保障等方面的城乡差距都较为显著,各地需要根据本地的经济发展水平、地方财政状况、人口发展、劳动力转移和城镇化率等综合因素科学测定财政负担能力,尤其是在设计城乡制度衔接与转化方案时,不可操之过急,要遵循经济发展规律,先在有条件的地方试点,再分阶段分步骤地有序推行和实施,这样可以有效降低改革成本、减少改革失误。

2. 社会保障制度设计要体现城乡居民在政策选择上的公平性

公平性是社会保障的本质属性。坚持社会保障的公平性,就是要保障所有公民公平、公正、平等地享有社会保障的基本权利。苏州的基本养老保险和基本医疗保险制度都设计了不同的缴费标准,但选择标准的依据不再是城乡居民的户籍或身份,而是其缴费能力,只要具备缴费能力,农村居民同样可以选择较高的缴费标准,享受较好的保障待遇,即城乡居民只要尽同样的义务,就享受同样的待遇。只有在一个好的保障制度下,民生才有全面发展的可能,社会才能稳定。因此,必须对社会保障制度进行创新,促进人的全面发展。

3. 制订合理可行的城乡社会保障接续规范是推进城乡社会保障一体化的必要条件

"碎片化"的社会保障制度是历史形成的,要将这样的"碎片"接续成一个完整的保障体系需要足够的耐心和细心。在低保障的农村社会保障向稍高标准的城镇社会保障并轨时,如果政府不以财政资金投入做引导,仅靠农民补齐缴费差额,那是不现实的,一体化社会保障体系恐难建立起来。如果不加区别地将农村社会保障与城镇社会保障并轨,又会造成社保基金亏空,财政负担加重,拉低投保城镇居民的社会保障水平,形成新的社会不公等一系列社会问题。因此,在城乡保障并轨时,如何确定缴费年限折算标准就显得尤为重要。苏州的办法是政府、集体、农民各补一点,将农村社会保障的缴费年限合理地折算成城镇社会保障的缴费年限,这样就可以实现平稳有序的并轨。社会保障一体化不是各险种基金之间的相互挤占,而是需要财政的投入,既需要加大公共财政在城乡社会保障一体化建设中的投入比重,又需要建立统一的制度。

4. 社会保障一体化要遵循先易后难、循序渐进的原则

社会保障一体化是涉及城乡居民、企业、政府的系统性工程,在推进过程中会遇到各种各样的历史遗留问题和现实困难,想一蹴而就那是不现实的,必须按照先易后难、循序渐进的原则稳步推进。譬如,苏州在城乡社会保障并轨的过程中,首先解决涉及面相对较小,投入成本不算太大,社会阻力微弱的城乡最低生活保障并轨问题(2011年)。其次又解决城乡养老保险与医疗保险并轨的问题(2012年)。在大面上的保障问题解决之后,苏州又进一步出台《关于市区解决未参保城镇集体企业退休人员社会保障等遗留问题的实施意见》,以人性化和制度化的原则解决历史上遗留的诸如"精简压缩人员""两劳释放人员""中断缴费人员"等小众群体的社会保障问题,以确保社会保障的全面覆盖。

三 以社会充分就业为目标统筹城乡就业服务体系

与全国的情况一样,在计划经济时代,苏州没有真正意义上的劳动力市场,也不承认中国有失业问题。城镇有就业与行业之分,农村则全部都默认为就业。但是,随着工业化、城镇化、农业现代化进程不断加快,大量的处于不充分就业状态的农民必然会脱离土地和农业生产,转变为城镇生产生活方式。因此,促进城镇与农村人力资源的均衡配置、有效配置就成为城乡一体化发展的重要内容。

(一) 苏州建立城乡一体就业服务体系阶段分析

从就业服务角度回首苏州改革开放30多年的历程,不难发现,苏州建立城乡一体的就业服务市场大致经历了四个阶段。

1. 1979~1991年：城乡二元结构下的二元就业服务体系

对城乡就业问题的思考始于改革开放之初。当人民公社被废除之后，家庭联产承包经营制成为农业经营的主体形式，过去在集体经济时代被掩盖了的农村剩余劳动力显性化，农村人口的逐利动机驱使农村劳动力急于出售自己的劳动力并取得了回报。改革开放使二元结构有所松动，苏州此时抓住机遇，大力发展乡镇企业，并促进了农村内部产业结构和城乡社会发展发生分化。在政策上，允许农民自带口粮进城、进厂务工使就业问题成为一个社会问题。这一阶段，国家的户籍制度并未松动，城镇人口仍然具有在城镇工作的独特优势。在苏州这类型地区，农村地区居民经济活动范围仍然没有突破乡镇一级的范围，大量农村劳动力只能"离土不离乡、进厂不进城"，只是就近、就地转移到农村第二、第三产业就业。可以说，这个时期的就业市场是不完善的、自发的、相互割裂的，是比较典型的二元就业服务体系。

2. 1992~2001年：城乡二元结构下的矛盾凸显阶段

在邓小平南方谈话之后，市场取向的经济体制改革方向被确定下来。苏州在这个时刻再一次抓住了历史机遇，着手调整生产力布局，大力发展外向型经济，经济出现了快速发展之势。外向型经济的快速发展促使大批农村剩余劳动力进城就业，更多乡镇企业在此期间迁往小城镇，务工人员随之迁往，就业格局开始从原先的"离土不离乡"转变为"离土离乡"。但是，在典型的二元社会结构框架下，农民选择外出务工经商、到城市寻找就业机会仅能增加收入。由于社会治理改革滞后，农民工成为这个时代的新事物。农民工在就业机会、公共就业服务、就业权益保障、社会公共福利等方面无法享受与城市居民平等的待遇，无法改变农民身份，成为游走于城市与农村之间的特殊阶层。他们不甘心困守农村，同时又无法真正融入城市社会。因此，这个阶段是城乡就业矛盾凸显的阶段。

3. 2002~2006年：探索统筹城乡就业服务的阶段

进入21世纪，随着市场经济体制逐步完善，工业化、城市化进程的加快，特别是党的十六大提出统筹城乡经济社会发展方略以后，苏州进一步加快了统筹城乡改革的步伐，着力点放在改变城乡二元经济结构上。如率先进行了户籍制度改革，不再分城镇户口和农村户口，实行了城乡统一以居住地登记户口的制度；率先实现了城乡统一的就业制度，城乡劳动力平等竞争、同等就业、同工同酬。由此，伴随着就业的流动、身份的转换和居所的迁移，农村劳动力的思想观念、生活方式也在发生质的变化，其身份逐步由"农民"向"市民"转变。这种转移是以统筹城乡就业为基础，以就业岗位的转变为重点，以职业技能和创业能力的提高为前提，在政府规划、引导、扶持下统一的、规范的转移，也就是我们所说的真正意义上的统筹城乡就业。

4. 2007年至今：城乡就业服务一体化阶段

党的十七大之后，城乡一体化成为社会治理的一个重要目标。苏州又一次走到历史前列。得益于先行一步的优势，得益于率先发展的领悟，苏州在全国率先建立统筹城乡就业试点工作目标体系。该体系涵盖了城乡就业组织体系、职业培训体系、就业服务体系、社会保险制度和用工管理制度及职工维权等方面的内容。这一模式得到了劳动保障部门有关领导、中国就业促进会等的充分肯定，国家有关部门将苏州的目标体系翻译成外文，作为我国统筹城乡就业试点工作的成效之一推荐到国际劳工组织。同时，这一目标体系也拉开了苏州市全方位的大就业格局的帷幕。

在确立为城乡一体化综合配套改革试验区之后，苏州进一步加大了城乡就业服务体系一体化的力度，上马"金保工程"、人力资源市场建设等，使苏州的就业服务不止于苏州本地人口的一体化，还将所有外来务工人员统一纳入就业指引、就业培训、就业失业登记等服务体系之中。通过建立面向全国、全社会、城乡一体化的劳动力市场，形成保障城乡所有劳动者平等就业的制度，达到促进城乡劳动者实现比较充分就业的目标，从而真正实现城乡一体化。2016年6月，昆山市率先为170名职业农民颁发证书，把他们正式纳入社会保险体系，享受社保补贴。昆山市对新型职业农民的认定条件是，具有初中及以上学历，男50周岁及以下、女45周岁及以下的昆山籍居民，以农业为职业、具有一定专业技能、主要工作时间从事农业、主要收入来自农业的现代农业从业者，包括生产经营型、专业技能型和专业服务型三类。大专（含高职）及以上学历毕业生如果从事农业生产和技能服务的，可以直接认定为职业农民，但是，他们一旦脱离农业岗位，其职业农民资格及其社保补贴也将随之取消。

（二）苏州统筹城乡就业的基本经验和主要做法

苏州市围绕加快推进城乡经济社会一体化的总体目标，推出系列城乡一体化的新举措。通过建立和健全城乡就业一体化组织管理体系，统筹规划城乡就业服务和管理工作，实现了就业规划城乡同步；通过推进就业政策向农村的延伸拓展，实现了城乡居民就业服务的均等化目标。

1. 坚持"有为政府"理念，把扩大就业作为政府的重要职责

各级政府是统筹城乡就业的主体，是发起者、推动者、政策制定者和落实者。这些年来，苏州市市委、市政府一直是紧紧抓住就业这个关乎人民群众切身利益的民生问题，努力实施积极的就业政策，促进就业增长，提高就业质量。

改革开放以来，苏州城市化进程不断加快，小城镇建设不断推进，城镇化率迅速提高，相当数量的农村居民成了城市和小城镇的常住居民。苏州市市委、市政府各级党政组织充分发挥其促进就业主渠道作用。一是对中小企业实施更宽松的税收政策，着力解决非公有制经济和中小企业发展中面临开业难、融资难、引才难等问题。二是在金融政策方面，主要以增加信贷支持的方法，扶持中小企业的发展。三是通过创业引导性资金的投入，对入驻创业孵化基地的由创业培训合格人员开办的企业，提高减免租金补贴的比例。四是支持有条件、有规模的私营企业和个体工商户参与国有企业改制，使非公有制经济成为经济增长的重要源泉，成为扩大就业的主要渠道。

2. 处理好改革、发展和就业的关系，坚持把改革开放、经济发展和结构调整与扩大就业紧密结合起来

一是实施了更加有利于扩大就业的经济和产业政策。如出台了鼓励企业吸纳本地劳动力就业的扶持政策和激励政策，把引进项目和引进岗位结合起来，有序、有效地推进经济发展与促进就业的良性互动。二是加快了农业和农村经济发展。围绕发展特色农业、生态农业、现代观光农业及其产业链的延伸做文章，开发新的就业岗位，促进农村劳动力就地安置和就业。三是大力推进工业化进程。围绕产业集群，着力抓产业、抓项目、抓开发区，吸引更多项目落户苏州，壮大开发区经济，开辟新的就业领域。四是加快发展旅游业、社区服务业等第三产业。苏州充分发挥旅游资源丰富的优势，并将其做大做强，使之成为第三产业中的支柱产业。做大岗位供给基数是实现城乡就业一体化的基础。

3. 充分发挥政府和市场的作用，坚持把劳动者自主择业、市场调节就业、政府促进就业作为扩大就业的重要方针

苏州市委、市政府一是清理了各种不平等的制度，提供平等竞争、没有政策性歧视的就业环境，使所有公民都有平等的就业机会。二是进一步强化了职业技能培训，增强了农村劳动力进城就业的竞争力。三是为农民工提供了必要的援助，帮助他们在城镇实现就业，解决他们的工作、生活和保障问题。四是建立了城乡统一的就业、失业登记制度以及城乡一体化的就业服务平台，为所有劳动者提供统一的就业服务和管理。五是制定了宏观劳动和社会保障政策，促进社会生产效率的提高。

4. 以就业管理创新提升就业服务能力与水平

信息化建设是支撑就业城乡一体化的重要支点。苏州市以"一网一号一卡一频"为载体，通过建设基层公共就业服务标准和信息化技术标准，引领和支撑基层平台建设，加速建立起覆盖城乡、普惠均等、快捷高效、信息共享的公共服务网络体系。通过打造"零距离人社服务圈"，真正将惠民、安民、富民政策落到实处。

5. 以理念创新引领城乡就业一体化管理实践

苏州市在探索中提出了"就业规划城乡同步、就业政策城乡普惠、就业管理城乡平等和就业服务城乡均等"的一体化理念。正是在这些理念的指引下，苏州市构建了就业城乡一体化改革发展的大格局，通过大力推进政府综合配套改革，建立和完善了全市城乡一体化就业体制机制，实现了由统筹城乡就业向就业城乡一体化稳步发展。

苏州以创新理念为引领，把就业城乡一体化工作的重心放在了农村的就业管理和服务上；结合农村自然风貌和文化特点提出以富民增收为目标的农村生态就业创业发展理念，开展"一镇一品"和"一村一品"创建活动；通过农村劳务合作社实体化建设，重点做好农村失地农民、大龄农村劳动力等农村就业困难群体的就业创业扶持和服务。

在服务体系建设布局方面，苏州市注重公共就业服务的便捷性，提出了"15分钟公共就业服务圈"。在用工管理服务中，为方便用人单位，提出了"三合一"手续办理和"一站式"服务。

在推动城乡公共就业服务体系建设方面，苏州提出了"新三化"建设要求和"六到位"的建设标准，开展了"三个创建"（创建充分就业社区、充分就业行政村、农村劳动力充分转移乡镇）活动。在公共就业创业管理和服务质量方面注重精细化管理，提出就业援助"一对一"、创业帮扶"一帮一"、职业指导"一带一"的精细化服务理念，将就业普惠服务与就业个性化服务有机结合起来。通过示范引领，有效提升了城乡基层平台公共就业创业管理和服务的质量和效率。

6. 畅通农民进城就业渠道，增加农民非农收入

针对传统劳动就业制度给城乡一体化发展带来的这种体制性障碍，苏州创新劳动就业制度，通过采用城乡统一的失业登记办法、出台就业促进政策和创业扶持政策以及建设职业培训制度，引导农民进镇就业、创业和定居，确立城乡大就业观念。例如，张家港市2010年出台《张家港市城乡一体就业创业三年行动计划》，因势利导开展特色培训，助推失业人员实现再就业，着力创新就业帮扶渠道，促进大学生就业创业；吴中区在加快城乡就业创业制度建设中，以"就业服务平台城乡一体、就业创业机制城乡一体和职业培训体系城乡一体"为工作核心。2011年，苏州已经有88%的农村劳动力实现充分稳定的非农就业，85%的村实现充分就业，其中昆山市90%以上的农村劳动力在非农领域实现就业，农村劳动力就业率达到95.8%。苏州农业职业技术学院为适应现代农业发展中对职业农民的需求，开办职业农民专业和培训班，发放大学本科文凭，效果良好，受到学生和用人单位的欢迎。

城乡劳动就业制度的创新，打破了农村劳动力和城市劳动力在政策制度上的界限。第一，农村劳动就业权益得到保障、就业质量得到提升，为城乡经济社会的一体化发展创造了稳定环境；第二，加速城乡人口流动，改变了传统城乡人口转移格局；第三，农民非农就业比例提高，带来产业结构调整效应，从根本上改变了农村长期以来以农业为主的传统产业结构，提高了农民非农收入，缩小城乡居民收入差距。

（三）苏州统筹城乡就业服务体系的几点启示

1. 尊重发展规律是推进就业城乡一体化建设的前提

就业城乡一体化的发展过程就是城乡就业从统筹到一体化融合的过

程，也是伴随市场经济体制机制改革的不断深入、政府职能逐步转变而推动就业体制机制改革不断深化的过程。苏州就业城乡一体化建设是随着整个苏州市统筹城乡经济和社会发展的深刻变革经历了公共就业管理和服务由城镇向农村延伸、人力资源市场由城乡分割到城乡统一的发展过程。

城乡二元结构是制约城乡发展一体化的主要障碍，实现城乡发展一体化，首先必须突破城乡二元结构的体制机制。苏州就业城乡一体化发展实践表明，城乡经济的统筹协调发展和城乡社会管理体制机制创新是就业城乡一体化创新实践取得成效的重要因素。

2. 正确处理好改革、发展和稳定的关系

转变发展方式，突出以人为本，不仅需要经济发展出成果，以经济发展带动更多的人就业和创业，而且需要充分就业见效果。在现代社会，作为民生之本、和谐之基、保障之源的就业问题不仅直接反映个人、家庭甚至整个社会群体生存与发展状况，而且直接反映一个国家或地区经济社会发展，进而成为衡量一个国家或地区经济发展和社会稳定的重要参数。统筹城乡就业，推进城乡就业一体化发展，就是要改革原有城乡经济社会二元结构和二元体制下与城乡一体化发展不相适应的制度性障碍。尽管苏州市委、市政府采取了一系列措施努力实现"农民"向"市民"的转变，但"进城"的农民由于原有的户籍和法定身份没有变化，难以真正融入城市之中。只有从根本上打破这些制度藩篱，改变城乡经济社会二元结构和二元体制，真正打破城乡二元化僵局，才能构建劳动力平等竞争、同等就业、同工同酬的新格局。

3. 体制机制的完善和创新是就业城乡一体化建设的关键

就业城乡一体化建设的关键是就业制度和服务体系的完善和创新。苏州市在制度方面首先完善了城乡统一的就业失业登记制度，在此基础上完善了城乡均等的就业援助、创业帮扶、职业培训和劳动关系管理制度，实现了城乡就业管理和服务的制度统一。

在服务体系建设方面，苏州市从体制上整合和优化了市、县、乡三级政府就业职能和权责，积极探索"区镇合一"管理体制，促进了基层平台健全发展。在公共就业创业服务体系的基础上，苏州市通过大力发展人力资源服务业和推进农村劳务合作组织实体化建设等方式，构建了城乡一体化公共就业创业服务体系。

在市场就业机制建立和完善方面，苏州市更加注重政府作用的发挥，通过完善购买服务、政策调控等手段，充分利用市场机制激发市场主体和社会组织参与到城乡就业服务中来。

4. 要建立健全统一的城乡就业协调发展的政策保障体系

随着苏州深化改革和扩大开放，以及人口的流动，特别是农民工和农业人口的大范围、跨区域、长时期的流动，统筹城乡就业协调发展面临全市政策的一致性以及社会保障的统一问题，这个问题单靠一两个地区无法独立进行，必须有全市范围的统筹协调和处理。因此，必须搞好宏观调控，做好宏观决策，从整个国民经济发展的总体要求出发，研究并制定发展目标、发展战略及重大方针政策。要搞好宏观计划，对全市的城乡就业协调发展给予宏观性、战略性、政策性的指导。实现"农民"与"市民"同等待遇，正确处理工农关系、城乡关系。在统筹城乡就业过程中，要重点解决两个问题：一是思想认识上要平等对待城乡全体居民，二是要在城市发展总目标和总规划中逐步调整好两个关系。

5. 综合配套改革是就业城乡一体化成功的保障

苏州的就业一体化改革实践的成功，除了依靠苏州自身的基础条件和城乡统筹就业卓有成效的探索和创新实践外，还得益于苏州先后成为全国和省级"统筹城乡就业"和"城乡一体化"试点城市。试点工作促进了相关户籍制度、农村生产经营体制、城乡社会治理结构等系列改革。

第四章
苏州城乡一体化发展中的"三集中"

"三集中"一般是指"城乡工业向产业园区集中，农民居住向新型社区集中，农业土地向规模经营集中"，它是苏州市等苏南地区基层政府和农村干部群众在城乡一体化发展实践中的共同发明创造。在目前的政治、经济、社会环境下，"三集中"是一种高效集约利用城乡资源、快速促进城乡经济社会统筹发展、利大于弊的现实发展路径，也是新时期实现工业化、城镇化、信息化和农业现代化的必然选择，更是各地加快经济结构转型升级、促进发展方式转变、走科学发展之路的现实需要。因此，"三集中"具有重要的实践与理论创新价值。

一 "三集中"的缘起历程

（一）城乡工业向产业园区集中的历史脉络与实践创新

追溯"三集中"的源头我们发现，早在20世纪80年代中后期，苏、沪城郊一带就开始出现乡镇工业向特定区域集中以追求规模效应和集聚效应。早期苏南模式的特点是"村村点火、户户冒烟"的农村工业布局，既不经济也不环保，既不便于管理也不便于开发。在1985年前后，为方便工业基础设施供应，方便税收征管，方便专业化分工协作，苏南各地出台措施引导农村工业向特定的"工业区"集中。后来，这些试探性的措施逐渐演化为经过科学规划与建设的工业开发园区。早期比较典型的工业园区有：1986年苏州市市委、市政府建立了河东新区（苏州高新区SND的前身）；1989年在甪直建立了3.5平方公里的乡镇工业小区；1984年8月，昆山自费办开发区，3年建立了3.75平方公里。这便是"三集中"的雏形。

20世纪90年代，市场取向的经济改革方向确定之后，整个中国对外开放的步伐加大，社会主义市场经济体制基本确立，外商进入中国的势头越来越强劲。苏州作为大上海的后花园，作为江苏的排头兵，区位优势相当突出，苏州市政府在这个时候抓住机遇促进发展。为了吸引国外资本进入苏州，苏州下属各市、区政府采取了包括税收政策、环境整治、基础设施标准化供给等在内的多种优惠措施，为发展外向型经济提供良好条件。从1992年11月国务院批准国家高新技术产业开发区的成立，到1994年5月苏州工业园区的成立，这个阶段苏州一共成立了14个开发区，其中包括5个国家级开发区，9个省级开发区。2011年，苏州一共有17个开发区，其中国家级开发区10个，省级开发区7个。

在这种情况下，工业园区的发展实现了一个从被动的自发形成到刻意的规划建设的转变，实现了从小到大、从弱到强的华丽转身。从乡镇工业园，到区、市、省、国家级工业园区遍布苏州城乡，成为苏州经济发展的支柱力量。

苏州通过工业企业向产业园区集中，基本解决了乡镇企业发展过程中所遗留的布局过于分散等问题。截至2013年，苏州市共有国家级开发区12个，分别是：苏州工业园区、苏州高新技术开发区、昆山经济技术开发区、张家港保税区、苏州太湖旅游度假区、昆山国家高新技术产业开发区、吴江经济技术开发区、常熟经济技术开发区、张家港经济技术开发区、太仓港经济技术开发区、吴中经济技术开发区和浒墅关开发区。另外，还有一批省、市级开发区。全市已有92%的农村工业企业进入工业园区，基本上改变了农村工业分散布局的混乱状态。

从工业向园区集中历程回顾可以看出：推进工业向园区集中，着力加快和提升镇（街道）工业功能区建设，有利于优化土地等资源要素配置，健全节约集约用地的问责和激励机制；有利于产业的集聚和规模效应的显现，通过产业规划，既可以共享园区内成熟完善的基础设施，也便于形成产业关联度大、分工协作的集群式生产分工体系，增强市场竞争力，从而为走新型工业化道路奠定坚实的基础。

（二）农民居住向新型社区集中的历史脉络

进入21世纪以来，苏州的发展已经取得了举世瞩目的成绩。2000

年以来，苏州地区生产总值长期位居全国地级市之首，与省会城市相比，也毫不逊色。2000~2010年，苏州市经济总量排名在上海、北京、广州、深圳之后，位居第五。此时，苏州作为发达经济地区，其已经不能仅仅满足于GDP总量的发展荣耀，更应该关注地区社会的协调与整体发展。同时，苏州在发展过程中也遇到一些瓶颈问题，迫使其必须实现发展方式的转变。

其一，土地资源成为苏州经济持续发展的瓶颈。苏州前期的快速发展是基于土地等资源的不受节制地消耗取得的。耕地减少过快，存量耕地已触及耕地保护红线，工业扩张与农地保护的尖锐矛盾显现出来。一个重要的表现是苏州土地开发强度过高。以2011年末数据来看，全市建设用地占用了355万亩，总共陆地面积763万亩，土地的开发强度达到了46.5%。其中，改革开放以来苏州经济社会发展占用耕地321万亩，苏州这个举世闻名的鱼米之乡已经由过去全国著名的粮食输出重要地区转变为粮食等农产品的输入地区。从水稻田的面积可印证耕地减少的准确性：1958年，苏州拥有580万亩水稻田，当时居民开门就是田园风光；1984年，水稻田消减到420万亩；1990年，水稻田面积396万亩；1995年，水稻田面积352万亩；2000年，水稻田面积265万亩；2005年，水稻田面积163万亩。国际上的宜居城市有个指标，就是土地开发强度不能超过1/3，但是苏州在这个硬指标上不能达到，苏州土地开发强度是不可持续、不平衡、不协调的。

其二，经济发达地区的农户散居，使农村土地产出效率不高，造成土地资源的浪费。在2005年，苏州市农村户均宅基地面积大约为185.6平方米，农村宅基地大约占用了100万亩建设用地。在工业用地与耕地矛盾冲突日趋激烈的情况下，这些宅基地的开发与高效利用成为一个巨大的宝藏。农民实现集中入住后，大约可以节约50%的宅基地，如果苏州农民都实现集中入住，将为苏州的工业化发展提供大约50万亩土地资源，足以支撑苏州未来20年的持续发展。另外，从单位土地的产出效率来看，2011年苏州单位土地产出为1.26亿元/km^2，苏州工业园区单位土地产出为5.5亿元/km^2，上海单位土地产出为3亿元/km^2，深圳单位土地产出为5.77亿元/km^2，苏州单位土地的产出还需进一步提升。苏州农民向新型社区集中可以大大提高苏州的单位土地产出效率。

其三，工业向园区集中，势必会带动人口的自然流动，庞大的经济体量不仅吸纳了本地的农村剩余劳动力，也吸引了众多的外地人口，因此，苏州的小城镇得到了发展的机会。苏州小城镇动辄人口几十万，产值动辄几十亿元，其规模堪比内地县或市的体量。规模庞大的小城镇星罗棋布地分布在苏州大地上，对周边的农村影响巨大。人口密度高，六普的时候苏州常住人口1046万人，比2000年五普时增长了354万人。如果加上流动人口，2011年全苏州市市域达到1200多万人，苏州全市人口密度达到了1200多人/km^2，是世界人口密度平均水平的48倍，是亚洲人口密度平均水平的18倍，是日本人口密度平均水平的6倍，而古城区的人口密度更是达到了1.14万人/km^2，古城区的人口密度超过了纽约1.05万/km^{2}的人口密度，超过了中国香港6400人/km^{2}的人口密度。人口密度过高带来了一系列的环境、社会管理、社会事业发展等方面的问题等，这些问题在未来都要做出回应。

在这种背景下，农民居住向新型社区集中，农业土地向规模经营集中也就应运而生，农业土地向规模经营集中有了产生的现实基础。农民居住向新型社区集中，改变了原有"独门独院"的传统生活方式，将农民集中到更加节约土地资源、更加便利提供生活设施和公共服务的新型社区。

在实行农民集中居住之前，苏州市农民大部分居住在自然村落，数量多、规模小。2005年，苏州市共有自然村14068个，其中50人以下的村庄2435个，占17.31%；51～100人的8054个，占57.25%；101～300人的1670个，占11.87%；301～800人的1670个，占11.87%；801～2000人的224个，占1.59%；2000人以上的15个，占0.11%。村庄总人口276万人，平均每个自然村人口为196人，最小的仅有6户人家。通过近年的村庄撤并和集中居住，全市范围内规划确定了农民集中居住区2517个。到2011年底，苏州市的自然村减为10170个，另成立了200多个涉农社区，其中最大的社区人口达到7.5万人，超过了一般的一个乡镇人口。昆山市原有1193个自然村，合并后仅有120个被列入保留村庄名单，其中花桥镇原有342个自然村，现在只保留了10个。这些集中居住点统一规划，打破了村的界限，重新组合，扩大规模，提高土地和公共资源的利用效率，往往一个社区集中了过去几个村的居民，而以往一个村的居民，现在也往往被安置在几个社区。例如，花桥镇原先的古南村，有2000个居民，现在被改造为绿地社区，居住了2.1万人，来自五湖四海，其中约40%是上海人，其余来自安徽、陕西、四川、湖北、河南、黑龙江和浙江等地，还有200多个外国人，被称为"国际社区"。陆家镇合丰村本村人口不到4000人，外来人口有6万人。这为当地农民群众带来商机和收入。该村村民徐品章，利用拆迁安置房，发展"房东经济"，入住了13户房客，每月有4000多元的房租收入。而地处吴江区经济技术开发区的叶明村，原先有550户，1529人，从2003年开始动迁安置，村民被安置在4个社区，包括叶泽湖花苑、山湖花园、城南花苑和西湖花苑。这4个社区还有原先其他村的村民，正是所谓的"两个泥人打碎再做成两个，我中有你，你中也有我"。有些社区，还有大量的外来人口，实现了外来人口与本地人口的真正融合。

到2013年底，苏州全市已有52.2%的农户实现了集中居住，累计有46万户农户、130多万农民实现了居住地和身份的转换。农民向小区的集中居住，既可以整理原有村落，改变长期以来分散居住造成的浪费土地、污染环境、生活不便问题，又可以降低自来水、燃煤气、有线电视、上网等公共服务的成本。农民集中居住的小区实现了"生活城市化，环境园林化，社会关系亲情化"。小区布局合理、环境优美，阅览室、保健室、老年人活动中心、超市等生活设施一应俱全，十分方便，凡是城市里有的，农民小区里也有。而且，小区由于距离市区较远，空气更加清新，噪声更小，居住环境更加惬意，深受农民欢迎。这就为农民向市民的转变，提供了重要的平台和物质基础，迈开了重要的一步。

例如，相城区近年来以"三集中"为突破口，促使农民转变长期以来形成的传统生产和生活方式。2011~2012年，共建成49个安置小区，693万平方米安置房，40278户农民实现了集中居住，集中率达到42.7%。有7472家企业进入各类工业园区，集中率达到90.5%。农民承包土地全部实现了流转和规模化经营。

从农民居住向城镇和农村新社区集中的历程可以看出：农村村庄布局较为分散、公共设施与服务水平低是传统社会的重要特征。通过集聚实现农民住房跨村到镇上建房，土地级差收益提高，变农民住房资产闲置为有效出租，提高财产性收入；通过集聚可以提高城镇规划效率，方便提供公共服务，节约生活成本，提高生活品质；通过集聚可以培育农民的市民意识和公民心理；通过集聚可以提高农民的组织化程度，提升农民应对市场不确定性和市场风险的能力；通过集聚，变农村散居的生活方式为城镇社区的群居共享，有利于农民向市民的角色转换。同时，新市镇建设的蓬勃兴起，为其创造了良好的条件和载体。

（三）农业土地向规模经营集中的历史脉络

农业用地向规模经营集中是经济社会发展到一定阶段的必然要求。邓小平同志早在20世纪90年代就提出："中国社会主义农业的改革和发展，从长远的观点看，要有两个飞跃。第一个飞跃，是废除人民公社，实行家庭承包经营为主的责任制。这是一个很大的前进，要长期坚持不变。第二个飞跃，是适应科学种田和生产社会化的需要，发展适度规模经营，发展集体经济。"（《邓小平文选》第3卷，1993）农业土地向规模经营集中的过程正是邓小平同志所说的第二次飞跃的过程。

从农业经营方式来看，苏州除个别村之外，绝大多数乡村都在改革开放之初实现了分田到户。以家庭小规模农户为基本经营单位的农业经营模式一直延续到20世纪末。总体来看，家庭经营较改革前集体经营来说效率提高不少，但是其增长潜力非常有限。到了20世纪80年代中期，伴随着乡镇企业在苏南大地异军突起，以家庭为基本经营单位的农业经营模式也遇到了增长瓶颈。这表现为：真正的务农人口以60岁以上的老年人口为主，农业的单产效益不高，家庭收入中的务农收入成为可忽略的部分；青壮年人口或者自我经营工商业实体，或者进入乡镇企业务工。这一时期，农业被忽视，土地被蚕食，家庭经营模式被彻底边缘化，农村出现了抛荒或半抛荒的现象。在这种情况下，农业的产业化、规模化发展成为农业经营的发展方向。如何提高农村土地的产出效益（碎片化的小规模经营成为农户手中的"鸡肋"），如何向土地要效益，成为农民和农村基层干部面临的首要问题。专业化、规模化成为农业经营形式的必由之路。

进入20世纪90年代后，反包倒租、相互转租变得越来越普遍，甚至出现了外地人来苏州以很低的价格租下几户人家的土地去经营的现象。这是一种原发性的自然反应，尽管规模很小，收益也很不稳定，但它毕竟是对经济发达地区家庭联产承包经营制的扬弃。

进入21世纪后，农村土地的规模经营成为政府与民间共同关注的问题。既要坚持家庭联产承包经营制这一根本原则，又要实现土地的规模经营。在实践中，人们摸索出几种解决这一矛盾的方案。其中最主要的方式就是村集体再把承包到农户手中的土地反包回来，由集体进行集中连片整治后，在不改变土地利用性质的前提下，以招标的形式将少则几十亩、多则上千亩的土地发包给数量较少的几个村民或者外来承租人。这种方法后来有了改进版，即在村镇的组织引导下，由农民以承包土地入股的方式成立土地股份合作社，以土地股份合作社作为规模经营的主体。合作社或者自我经营，或者以招标方式发包给他人。总之，以这种方式实现土地规模经营，既保留了农民的土地权利，又能以清晰的产权制度建立起进行规模经营的合作组织。从组织运行角度看，它实现了产权清晰、权责明确、政社分开、管理科学的市场规范要求。

常熟市蒋巷村在农民集中居住和土地规模经营方面成绩卓著。几十年来，蒋巷村一直是江苏省人均向国家出售粮食最多的行政村之一，是苏州最好的"米袋子"和农业上一面不倒的旗帜。尽管这里的工业年产值已经超过10亿元，但在这里看不到连片的工业厂房蚕食农田的景象，蒋巷村的耕地不仅没有减少，反而在居民新村全部竣工后，新增了复垦土地200多亩。在科学发展观的指导下，蒋巷村实施"储粮于田"的沃土工程，通过拆除旧村巷、复垦复耕、配套建设现代化水利设施，对全村农田进行彻底改造，按生产需要调整了布局，建成了连片近千亩优质生态粮食生产基地，分别由本村16户种粮大户承包，实现了集约化经营、标准化生产、机械化耕作、生态化种植。农业土地向规模经营集中，有效提高了农业的效益和效率。例如，49岁的村民王荣芬承包了40亩，还是个小承包户，一年的收入有2万多元。

通过农业土地向规模经营集中，可以解决家庭经营规模过小带来的与市场脱节、劳动效率低、收入难以提高等问题，为发展现代高效农业创造条件。苏州市实现土地规模经营的平台是建立土地股份合作社，即农民首先把承包土地集中到土地股份合作社，取得股份，然后由土地股份合作社集中发包，实现规模经营。到2015年底，全市已有91%的承包耕地实现了规模经营，全市建成了一批万亩、千亩和百亩以上规模的农业园区，另外还有一批家庭农场，总面积近百万亩。通过规模经营，全市高标准农田比重达到67%，农业综合机械化水平达到88.3%，陆地森林覆盖率达到

29.56%，农业科技进步贡献率达到68%，全市现代农业园区面积超过105万亩。例如，苏州市高新区通过土地承包权流转，实现了规模经营，在此基础上，种植生态大米，6860亩水稻生产了280万公斤大米，每公斤价格在5~7元，生态米价格在10元以上，总产值达1600多万元。

为了鼓励土地规模经营，苏州市财政设立耕地保护专项资金，农民把耕地流转给土地股份合作社，除流转费收入外，财政每年每亩再补贴400元。吴江区、张家港市对于流转土地用于规模经营的农户，每年每亩补贴300元。高新区财政则向农民发放水稻直补、水稻良种补贴和农资综合补贴，全年累计在250万元以上，受惠农户3340户，对列入"四个百万亩"的水稻种植，在市级每亩400元的生态补偿基础上，再发放200元的区级生态补偿。这些都对促进土地流转集中和增加农民收入，发挥了重要作用。

与农业的规模经营相配套，苏州市还大力加强职业农民的培育工作，到2016年6月，全市持有"涉农中专及以上学历证书、农业职业资格证书、职业农民培训合格证书"的农民占比达到36.7%，在江苏省名列首位。

从农业土地向规模经营集中的历程可以看出，构建现代化农业，必须要提高产业化程度，加速推进土地资源在内的农业生产资料的集约经营。一方面，土地向经营大户、农业企业和土地股份合作社等组织机构的集中流转，使农田成片开发、产业化经营得以实现，规模效益得以彰显；另一方面，土地流转能有效提高农民收入，解除农民的后顾之忧，使其从有限的土地中解脱出来，进城务工、经商、办企业等，另辟致富蹊径。通过农业土地向规模经营的集中，大力培育规模化农业经营主体，探索土地流转的多元化模式，转变农业生产方式，加快生态高效农业的步伐，实现农业产业化经营，对于提高农业劳动生产率和土地产出率、增加农民收入、实现农业现代化具有重要意义。

二 "三集中"的理论解读与创新

在我国探索工业化、城镇化、信息化和农业现代化同步发展的新形势下，苏州农村的"三集中"发展模式为中国特色新型城镇化道路赋予了新的内涵。总体上看，目前苏州的"三集中"呈现如下一些变化：通过城乡工业向产业园区集中，要从追求单一的产业集聚向产业集群转变，加速新型工业化进程，把大量农业劳动力转为非农劳动力，为城市化提供支撑，为农业现代化提供支持；通过农民居住向新型社区集中，要从单一的农民居住空间的转换，向空间、身份的"双转换"转变，加快新型城市化进程，把大量农村人口转移到城镇，为工业化提供载体，为农业现代化创造条件；通过农业土地向规模经营集中，要从单一的土地流转经营模式向多元化利用模式转变，推进农业现代化，实现生态高效都市型现代农业，大幅提高农业劳动生产率，为新型工业化、城镇化、信息化奠定坚实的基础。"三集中"成功地化解了全市工业化、城镇化、信息化和农业现代化中的诸多问题，使"四化"得以顺利推进。

（一）"城乡工业向产业园区集中"反映和适应了工业化的本质要求

工业化是绝大多数国家和地区经济发展过程中不可逾越的必经阶段，绝大多数国家和地区通过工业化，实现了从农业经济向工业经济的转变，从而使产业结构有了一个质的飞跃。苏州市也不例外，改革开放以来，工业化突飞猛进，取得了很大成绩，是我国重要的加工业基地，在全国名列前茅，号称"世界工厂"和"制造业基地"。

工业经济在本质上是要求集中进行的，它不仅有必要，而且有可能在空间上集中进行。工业所需土地相对较少，在一块较小的土地上，就可以容纳大量的人口和资本，从而使集中成为可能。在工业生产过程中，需要有大量的基础设施，企业之间还要进行分工协作，产生大量的交换与运输活动。如果企业在空间上集中，就会大大降低平均分摊的这些成本，此即聚集效益。在"三线"建设时期，我国曾经违背工业布局规律，按照"山、散、洞"原则布局，造成了极大的浪费。改革开放以后，苏州市是我国乡镇企业的主要发源地之一，然而，同全国工业化一样，苏州市工业化初期中一个很大的问题和教训在于，工业布局过于分散，缺乏聚集效益，从而导致工业化整体效益大打折扣。限于当时的认识，乡镇企业的空间布局却是"满天星"式的。这种布局不仅缺乏聚集效益，企业投资成本过高，而且带来土地浪费、环境污染等诸多问题。这是苏州市工业化走过的一段弯路，其造成的损失是巨大的。

1992年，党的十四大提出了把乡镇企业发展同中小城镇建设结合起来的战略思想，由此，苏州市也开始了乡镇企业从分散走向集中的过程。在这一过程中，各类工业园区应运而生，成为乡镇企业、外资企业以及其他新办企业的空间载体与平台。苏州市按照产业分类，对工业园区和开发区进行分类，进而实现了更高层次的相同或者关联产业在空间上的集聚，使不同的工业园区各具特色。

苏州市的这些经验是值得肯定和推广的，它从理论上验证了以下几点。第一，工业化的空间布局理论，即第二、第三产业的空间布局不能分散，必须适当集中，以产生聚集效益、提高土地等资源配置效率，所以，不仅乡镇企业时期的分散布局必须调整和集中，而且今后的工业化更应该避免走企业分散布局的老路。第二，开发区是企业集中的有效空间载体，在开发区内，统一修建基础设施、教育科研设施和生活服务设施，便于企业之间开展协作。第三，产业发展与开发区建设是内容与形式的关系、演员与舞台的关系，二者之间必须协调发展，不能脱离产业发展去建设开发区，否则，建成的开发区没有产业支撑和企业入驻，只能是"空城计"，会造成土地、资金等资源的另一种浪费。

（二）"农民居住向新型社区集中"反映和适应了城镇化的本质要求

城镇化是与工业化相伴而行的。在工业化过程中，随着人口和其他生产要素在空间上的集中，逐渐产生了城镇，并进而发展为城市，实现了整个社会结构由农民社会向市民社会的转变。因此，城镇化的本质是以人口为龙头，各种生产要素从农村向城镇的集中过程。

近年来，全国各地都在大力推进农民集中居住，但是称谓不同，有些地方叫作"迁村并居"，有些地方则叫作"村落整理"。然而，在全国其他一些地方，让农民集中居住却受到一些批评，被指责为农民"被城市化"或者"被集中"。我们认为，对此要区别对待、具体分析。的确，在有些地方，当农业经营的业态主要还是一家一户的小农经济时，农民需要考虑农作的方便，需要有必要的家具堆放、谷物晾晒场所，更何况农民还有一个习惯问题，因为他们或者已经习惯祖祖辈辈在四合院式的房屋中居住和生活，或者留恋在院落周围种植蔬菜瓜果、饲养家禽、打井取水，满足家庭生活需要，贴补家用，降低生活成本。在进小区、上楼居住之后，这些便利通通没有了，带来了新的问题，生活成本太高，且不方便。这些批评有一定道理，它提醒我们在农民集中居住问题上，一定要实事求是，要根据当地的经济社会发展水平来决定是否要实行集中居住。

在苏州市乡镇企业的发展初期，与工业布局的分散相对应，人口也呈现分散状态，"离土不离乡，进厂不进城"使农民的职业转换与空间转换相分离，工业化与城镇化相脱节，城镇化滞后于工业化。在工业迅速发展和比重提高的同时，从事工业的劳动力仍然分散在农村，城镇人口的比重没有相应提高，由此导致农村人口居住分散，土地浪费严重，而且造成在农村实现基本公共服务均等化，如通煤气、通自来水、通公共汽车、通电话和修建医院、学校、文化站等公共设施时，没有规模效益，成本过高。另外，苏州市也有相当数量的创业者和农民工，他们外出创业或打工，甚至举家外迁，农村家庭的房屋闲置，造成"空壳家庭"甚至"空壳村"。这部分房屋和土地资源闲置，造成另一种形式的浪费。在新农村建设过程中，如果不加区分地对这些家庭和村庄的房屋进行翻建，无异于缘木求鱼。因此，必须把工业化、新农村建设和城镇化结合起来，具体途径就是让农民集中居住，而对原有的房屋和土地进行整理和用途转换，由此可以解决上述诸多问题。在苏州市的城乡一体化发展过程中，引导农民群众集中居住是一个重要内容，特别是一些经济发达的镇、村，拿出大笔资金，建设了一批高标准的小区，不仅有住房，而且商店、学校、娱乐设施等一应俱全，功能完善，受到农民群众的热烈欢迎。

客观地看，通过农民居住向新型社区集中可以缩小城乡差距。农民居住向新型社区集中的方向，不是要把乡村变成城市，而是保留城乡之间功能的差异、承载行业的差异、景观的差异等。农民居住向新型社区集中就是在保持城乡各自特色的同时，从经济、社会、空间布局等方面融合城乡发展；就是根据城市、城镇与农村的不同特质和优势进行产业分工，分别发展城市型产业、城镇型产业和农村型产业，在不同的区域形成不同的产业集群。

另外，农民居住向新型社区集中是对整个农村面貌进行彻底改造。推进农民居住向新型社区集中绝不意味着可以放弃和忽视农村，而应当进一步关注和支持农村经济社会发展。各种非农产业可以集中到新型社区，最大限度地利用土地空间，但是也要看到，农民居住向新型社区集中进程不仅涉及人口居住和非农产业的集中，对农业的产业布局也必然产生重大而深刻的影响。这虽然不构成城镇自身建设规划的一个部分，但从一些发达国家的经验来看，其与城镇发展同样有着密切的关系。

从苏州市的经验看，在让农民集中居住时，要充分尊重农民的意愿，保护他们的利益不受损失。对于原有住房，按照"拆一补一"或者更加优惠的标准，进行补偿，往往每户农民可以得到 2~3 套、总面积在 200~300 平方米的公寓房，房屋有土地证和房产证，可以交易和继承。这些农民家庭往往自己住 1~2 套，剩余房屋用于出租，可以获得一笔稳定和不菲的收入，完全可以抵消用水、买菜等方面增加的支出，收入和生活水平不但没有下降，反而提高了。粮食和农具存放问题则可以通过集中建设仓库等方式解决。所以，在这种方式下，农民并不是被强迫集中居住，农民期待着集中居住。反之，如果农民在集中居住过程中利益受到侵犯，收入和生活水平下降，他们是不会欢迎和配合政府发起的集中居住号召的，那样的集中居住，确实是"被集中"。特别是政府不能光盯着其中腾挪出的土地，与开发商结盟，损害农民利益，那样就背离了农民集中居住的初衷和本义。2014 年 7 月发生的轰动全国的江苏省泗洪县 7 位农民因为土地征用和房屋拆迁中利益受损、9 次上访无效，愤而在中国青年报社门口喝农药自杀的事件，就是这方面的典型反面案例，一批干部因此受到处分，7 位农民也被刑拘，应该以此为戒。另外，在一些经济条件较差的地区，由于非农产业发展水平低、就业岗位少、农民收入不高、政府财政实力弱，因此农民集中居住应该缓行。

苏州市农民集中居住的实践，在理论上验证了以下几点。第一，工业化必须与城镇化协调推进，二者的本质要求都是集中，以产生聚集效益和规模经济，特别是城镇化不能长期滞后于工业化，在工业向产业园区集中的同时，必须相应推进农民居住向新型社区集中，这是城镇化的最基本的要求。第二，还要看到，作为一项巨大的社会变迁工程，农民变市民并不是仅仅通过集中居住就可以在一朝一夕内完成，它是一个漫长的过程，特别是对于中老年农民来说，要使他们在短时期内改变长期形成的农村生活观念和习惯是不可能的，如在小区内打井、毁草种菜、拉绳晾衣服等生活习惯问题，这些习惯经过一段时间的适应之后是有可能转变过来的。第三，站在农民的视角，集中居住应该有利于增加和提高他们的收入和福利水平，而不是相反，如果农民集中居住在整体上有利于提高土地的资源配置效率，产生正收益，则这部分收益应该在政府、农民和其他利益相关者之间合理分配，达到均衡状态，农民才会从内心理解、支持和配合集中居住活动。

(三)"农业土地向规模经营集中"反映和适应了现代农业的本质要求

工业化和城镇化并没有取消和消灭农业，相反，它们要求农业更好更快地发展。与传统农业的一家一户小规模分散经营不同，现代农业必须实行规模经营。根据一些资料，目前，欧盟地区农业户均经营面积达20~30公顷，美国家庭农场经营面积更是达到250~300公顷。与欧美地区不同，东亚地区的农户经营面积要小得多，尽管如此，随着农村和农业人口的持续减少，农户户均耕地面积也有所扩大，韩国户均耕地面积从20世纪60年代的0.8公顷提高的目前的1.39公顷，农业的规模经营和机械化程度不断得到提高。因此，随着城市化的推进，农业规模经营的强化是一条普遍规律。另据有关资料，目前，我国每个农业劳动者平均占有耕地仅0.4公顷，为英国的3%、日本的16%、韩国的36%，由此导致我国农业劳动生产率很低。2010年，9个发达国家的农业劳动力人均增加值平均为38347美元，4个中高收入国家是3607美元，4个中低收入国家是622美元，我国仅为545美元，只比印度的507美元稍高一些。这么小的农业经营规模，既不利于增加农民收入，也不利于提高我国农产品在国际市场上的竞争力。

现代农业之所以必须实行规模经营，是因为：从农业产业化的要求看，只有实行规模经营，才能降低成本、增加利润、提高经济效益；从农业专业化要求看，只有实行规模经营，各个地区的农业生产才能统一规划，集中种植某一种或某几种农作物，例如蔬菜、水果等；从农业机械化要求看，只有实行规模经营，才能扩大地块面积，以便统一使用大型农业机械进行耕作、收割、脱粒、烘干、防治病虫害等。

进入21世纪以来，苏州市在全国率先开始了从传统农业向现代农业的转变，这与超小规模的家庭经营之间产生了尖锐的矛盾。苏州市人均耕地面积不到 1 亩，户均也仅有 3 亩左右。在这种超小经营规模的基础上，不仅无法发展现代农业，而且也很难提高农民收入。据测算，苏州市每户种 3~5 亩时，是负效益，政府必须补贴，农户才愿意耕种；每户种 30~50 亩时，农户可以自我平衡，勉强维持耕种；而当每户耕种 300~500 亩时，耕地就成为高效资源，农业才有吸引力。因此，为了发展现代农业，必须在农村剩余劳动力转移的基础上，实现土地向种田能手的集中。苏州市通过土地股份合作社、家庭农场等形式，实现了土地承包经营权的集中，并向本地或外地的种田能手集中流转，从而实现了土地的规模经营，取得了明显效果，对发展高产、优质、高效和生态的现代农业和增加农民收入，都发挥了重要作用。根据一些典型调查，在家庭农场和专业合作社经营模式下，苏州市粮食种植的亩均纯收益可以在 1000 元以上，水果种植亩均收益可以近万元，均明显高于农户的分散经营。

苏州市土地集中的实践在理论上证明了以下几点。第一，现代农业与规模经营之间存在着高度的相关性，在超小经营规模的基础上，不可能发展现代农业。第二，改革开放以来，我国农村的家庭联产承包经营制在当时具有一定的合理性与优越性，克服了人民公社体制的弊病，但是，对于家庭联产承包经营制的优越性不能长期夸大，不能用僵化的观念对待它，而要在创新中发展，特别是它的超小经营规模问题必须解决。第三，不能望文生义地把欧美等发达国家的家庭农场与我国的家庭联产承包经营制画等号，以前者的存在证明后者的永恒性，二者之间不仅规模悬殊，而且经营机制不同。要借鉴西方国家发展家庭农场的经验，建立我国的家庭农场，实现对家庭联产承包经营制的进一步改革，为现代农业发展奠定体制与机制基础。

三 "三集中"过程中容易出现的问题及解决对策

（一）城乡工业向产业园区集中容易出现的问题及解决对策

1. 城乡工业向产业园区集中过程中容易出现的问题

第一，规划不够科学严谨。城乡工业向产业园区集中的目的在于共享水、电、气、道路交通等基础设施，发挥商业、物流、原材料采购、产品销售的集聚优势，这些都要以科学、严谨的规划为基础。一些地方不注重科学规划、因地制宜规划，仓促上马工业园区，可能会因一个小的疏漏而导致整个工业园区出现瓶颈，并最终导致园区荒废。另外，规划要结合当地的实际情况、传统产业优势，杜绝一味地模仿、复制，注意发挥园区定位的差异化优势，在差异化中获得存在的价值。

第二，筑巢引凤措施不得力。园区基础设计搞好了，还需要有一些配套的政策来吸引内外资企业进驻。一些地区急功近利，不能着眼长远发展，只想着快速赚钱，对于进入园区的企业不但不提供良好、周到、有价值的服务，反而想方设法榨取企业的利润，名义上税收是优惠了，但服务收费提高了，让进入园区的企业欲退不能、陷入僵局。从短期来看，地方政府或村镇工业园有钱可赚，但长期看来，其损失巨大。

第三，对入园企业审查把关不严，造成园区资源浪费。城乡工业向产业园区集中的过程，是一个促进地方产业结构调整升级的过程，要对入园企业的资质进行严格的准入审查。一方面要审查入园企业的产品定位是否符合当地的产业定位，另一方面还要审查企业生产是否会对其他企业或周边环境造成不利影响。不仅要审查入园企业现在的产销情况，还要分析预测企业产品定位的未来发展趋势。在工业园区资源日趋紧张的条件下，入园企业必须有足够的发展空间才能享受园区的优惠政策和园区的公共资源。

2. 化解城乡工业向产业园区集中各种风险的策略

为了解决城乡工业向产业园区集中过程中可能出现的各种问题，需要特别注重以下几点。

第一，规划要科学合理，并且保持适当弹性。不论是国家级产业园还是乡村的工业园，必须重视规划的前瞻性、引导性、重要性。规划要反复论证、多方论证，排除"拍脑袋"决策风险，苏州市在这方面做得不错。不仅苏州的中新工业园区规划科学合理，引导工业园区 20 多年调整发展；即便是苏州的乡镇工业园，也都能重视规划的重要性，并在苏州市市委、市政府制定的《苏州市社会主义新农村行动计划》指引下，找到自己的合理定位。另外，在发展过程中难免有许多不确定因素，因此要确保规划有适当的弹性，每隔几年，要对原有的工业园发展建设规划进行修正、完善和补充。一方面是适当扩大工业规划的规划范围。考虑到农村工业企业集中的要求以及新办企业的发展要求，原有的规划区已经难以容纳更多的工业企业，所以不少地方对规划区的规划面积做了适当的调整。另一方面是提升乡镇工业规划区的规划和建设水平。按照科学发展的新要求，通过农村工业企业向规划区集中，来优化农村生产力的布局，把这个过程当作转变发展方式的过程，推动企业向集约化发展，向资源节约型、环境友好型的生产发展方式转变。

第二，基础设施要扎实。在城乡工业向产业园区集中前，必须扎扎实实做好园区的基础设施建设。传统意义上的"三通一平""七通一平"已经不能满足工业园区的要求了，现代意义的工业园区基础设施最关键的是地下管廊建设和地上交通道路与标准厂房建设。对于大型工业园区，地下工程尤为重要，它不仅要有科学性，还要有超前性、公益性的特征，因此，前期投入巨大，政府必须给予足够支持。对于镇、村的工业园则多以标准厂房建设为特征，以获取租金收益为目的。

第三，采取措施为进区企业提供优质服务和优惠的条件。工业园区管理部门要以提供优质服务为基础，以税收、信贷政策优惠为辅助，建立与入园企业的良好合作关系。苏州工业园区的"亲商理念"就是健康处理园区管理部门与入园企业相互关系的价值观。要为企业提供有价值的服务，要让企业有"宾至如归"的感觉，要让企业与园区休戚与共，这样才是投资的理想环境。当然，对于绝大多数企业，税收、信贷的优惠政策是更有诱惑力的。园区管理部门要妥善利用各种优惠措施，在不违反法律、法规的情况下，为入园企业提供类似"三免两减半"等税收优惠政策，并帮助小微企业获得风险可控周转资金等。

第四，对于成熟的工业园区要设置科技含量、投资强度、产出效益、生态影响等进入门槛。在苏州，省级以上工业园区目前已经实现由过去的"招商引资"向"招商选资"的转变。工业园区的地域发展空间受阻之后，必须靠提高现在园区的产出效率来促进园区的发展。因此，提升产业层次、增强区域竞争力、有效利用园区公共资源成为目前许多园区的共同选择。为此，必须提出适当的"土地投资强度"的要求。譬如，2014年6月，苏州昆山市出台了《关于加快全市土地利用管理方式改革，促进土地集约高效利用的意见》（简称《意见》），其中土地投资强度标准在多次提高后，再次"加码"。根据该《意见》，昆山市土地投资强度标准为：外资在综合保税区内不低于80万美元/亩，在开发区、高新区、花桥不低于70万美元/亩，在其他区镇不低于60万美元/亩；内资项目不低于400万元/亩。

因此，对于条件较好、起点较高的园区，必须明确符合科技含量、投资强度、产出效益、生态影响四条标准才能进入工业规划区。

(二) 农民居住向新型社区集中可能出现的问题及解决策略

1. 农民居住向新型社区集中过程中容易出现的问题

农民居住向新型社区集中容易出现的问题主要体现在以下几个方面。

第一，居住向新型社区集中给一些农民生存环境和生活方式带来巨大变化，可能导致部分农民的不适应。居住向新型社区集中前，这部分农民的生活方式基本上是守着一块地，过着日出而作、日落而归、自给自足的休闲田园生活。居住向新型社区集中后，他们离开世居老屋，搬进了新型公寓楼房，过上了类似于城市居民的生活，与他们原来的生活方式及生存环境相比，都发生了很大的改变。在心理上，他们面对楼宇式生活还有一个适应期，因为原来住在自然村落，邻里之间常相互走动，感觉人与人之间沟通方便、自然，生活惬意、充实和便利。而现在楼宇式生活与自然村落的生活方式截然不同，邻里之间沟通不如原来便利，基本没有交流，似乎人与人之间是相互隔绝的。虽然推进城市化进程是一种必然，但这种适应期对他们来讲确实是一种煎熬，由此他们对新的生活环境及生活方式怨言也就多一些，讲怪话、发牢骚、说长道短，并由此引发一些不稳定现象，对此必须加以引导。

第二，存在对村民巧取豪夺的风险。居住向新型社区集中是有条件的，即当经济社会已经有了足够的发展，大多数农民不以务农为主要谋生手段的时候，讨论集中居住才有意义。到条件成熟时，农民居住向新型社区集中是多赢的事情。但如果条件不成熟，地方政府或村集体只想打宅基地的主意，甚至在水电不配套、农民还主要以务农为主业时，就在新农村建设的旗号下，强迫农民上楼，那就不妥了。试想，农民的牲畜往哪里放？农机具往哪里放？这只能说有些人或追求政绩、搞形象工程，或者是图谋宅基地在征收与招拍挂之间的利益。这些在"三集中"过程中频发的问题，导致了许多人极其反感"三集中"。客观地说，苏州的"三集中"总体上运行是和谐有序的。

第三，居住向新型社区集中后一些农民的就业渠道和就业方式发生变化，可能导致部分农民的不适应。马克思曾经说过，劳动是财富之父，土地则是财富之母。居住向新型社区集中前的一些农民大多靠种田为生,居住向新型社区集中后大多数农民成为失地农民,必须选择新的劳动就业途径。当年苏南乡镇企业发展红火的时候,失地农民能够优先进入乡镇企业工作,甚至有一些农民因集中事业单位用地而成为令人羡慕的"土地工",因此当时失地的矛盾并不十分突出。但是,随着乡镇企业转制、用人机制市场化以及大量外地民工涌入,现在失地农民的就业情势已不容乐观。虽说有职介所推荐,有信息指导,但这些失地农民无论在年龄上,还是在技术上都缺乏竞争优势,因而失地农民就业比较困难已成为无法回避的现实问题。

第四,农民自主创业的风险较大,规避风险的能力不足。现在一些农民离开土地从事自主创业行为时,因其资本积累不足、创业意识不强、技术储备不够、信息渠道狭窄,因此只能靠发展一些低水平的、作坊式的家庭手工业来维持生活,自主创业的渠道比较狭窄,而且创业成功率也很低。创业失败对家庭、对社会的影响不容低估。

2. 解决农民居住向新型社区集中问题的策略

农民居住向新型社区集中过程中遇到的问题是一个综合、复杂的社会经济问题。解决这一问题既要从保障农民眼前的生活需要出发,研究解决就业困难、社会保障等问题,又要从保障农民子孙后代长远利益出发,研究从根本上解决问题的对策。

第一,尽可能增进政府、村集体、村民的共识。农民居住向新型社区集中过程主要涉及三个主体,即政府、村集体、村民。三方主体站在各自的立场看到的村庄整治、集中居住中的成本与效益并不一样。在实际操作过程中,相关各方要转变思想观念统一思想,提高认识,换位思考,把解决好集中居住的失地农民问题提高到构建和谐社会,促进和谐发展、科学发展、共享发展的高度来认真对待。要充分认识到,征用土地涉及农民切身利益问题,不仅仅是一个经济补偿问题,从某种意义上说,它是社会经济发展和农村城市化进程中一场农民利益的再调整、再分配,是农民意识的根本性转变,在这一变革时期出现农民利益、农民就业、社会保障等一系列问题是必然的,必须正视它,关心其痛痒,要尽快实行"低水平、广覆盖"的社保措施,同时争取集中居住的失地农民的理解支持。

第二,立足经济社会发展实际,循序渐进推进集中居住。推进农民集中居住有几个需要把握的原则。其一，充分尊重农民的意愿。农民对待利益是极其理性的，他会慎重地权衡走与留、上楼或不上楼，务农或不务农这些现实的问题。如果迁入新型社区是有利的，他肯定不会拒绝上楼。因此，利益引导很重要。其二，防止超越经济社会发展的实际需要。不要盲目地追求集中入住率。集中程度是由经济发展水平决定的，如果经济发展水平没有达到，逼迫农民上楼，只能是农民利益受损，资源配置失灵，政府公信力减弱。其三，坚持把集中的利益反哺给农民。"三集中"肯定会节约出土地资源，提高农业生产效率，但这些效益不能成为地方政府的肥肉，一定要加大监管力度，从宏观和微观两个层面，确保集中的利益不被挤占和挪用。

第三，广开就业渠道，帮助农民实现居住环境与就业环境的双重转换。解决农民问题的最终途径要靠加快经济的发展，为失去土地的农民创造更多的就业机会和致富途径。一要大力发展中小企业和个体私营经济。在积极鼓励发展高新技术产业的同时，要加大扶持力度，重视发展适度规模劳动密集型产业，以此来扩大就业的容量，解决集中居住的失地农民的生存问题。同时要根据实际情况，制订政策措施，明确各类企业使用集中居住的失地农民就业的优惠政策，对吸纳安置集中居住的失地农民就业的企业给予适当补贴。重点解决困难集中居住的失地农民的就业。二要加快服务业的发展。在解决就业方而，服务业起着不可替代的作用。随着市场经济进一步的深化和土地市场进程的发展，在追求经济利益的同时，可适当考虑给被征地农民购买商业用房的优惠。三要进一步扩大全社会就业。通过加强职业技术培训，提高集中居住的失地农民的整体素质是当前增加集中居住的失地农民就业机会的有效途径。可以建立农民劳动管理中心，充分利用成校、职校和社会力量办学，对农民进行技能培训，使农民有一技之长，增强就业适应能力和竞争力。同时建立、完善就业服务体系。充分发挥各级劳动部门职能，定期组织集中居住的失地农民到劳务市场交流，并及时掌握用工需求，积极向企业推荐，为农民提供免费服务。

第四，完善多层次社会保障，解除进城农民后顾之忧。要建立结构多层次、资金来源多渠道、费用基金化、管理服务社会化的城镇社会保障体系，建立健全集中居住的失地农民保障基金，对农民的失业保险、社会保险、医疗保险等实行政府、村集体、个人合理负担机制。保障基金主要来自土地收益的一部分、土地补偿的大部分和一部分财政补贴,并严格按规定建立专门保障基金账户,统筹安排,专款专用。同时尽快缩短城乡差距,建立统一的最低生活保障金制度。

第五,建立社情预警机制,帮助进城农民完成由农民向市民的转变。在转型过程中,由于一些问题会始料不及,因此必须建立各方关注的社情预警机制。通过这样一个预警机制的建立,能够及时控制住态势的演变。预警机制应包含三个方面:一是政府在实施一个拆迁项目之前,应该预先评估可能出现的问题,采取必要的防范;二是与社情民意密切相关负有责任的部门,应把及时了解情况作为不可推卸的职责;三是相关部门特别是社区应制订处理不同情况的工作预案。

(三) 农业土地向规模经营集中过程中容易出现的问题及应对策略

1. 农业土地向规模经营集中过程中容易出现的问题

第一,土地集中经营规模过大。土地规模经营程度总体上是由当地的生产力发展水平决定的,同时也受组织方式(家庭农场、土地股份合作社、特种种植专业户、村集体等)、农产品种类等多种因素影响,绝对不是规模越大越好,要切记人民公社与大跃进时代给农业生产造成严重伤害的教训。在苏南这样一些经济发达的地区,其农业经营的规模相对较大,这是由苏南的经济社会发展水平决定的,而且苏州市市内各地的土地规模经营的程度也大小不一。一些内陆地区基层干部到苏州参观学习后也大力推进土地规模经营,结果事与愿违,搞得农民意见很大,这是超越实际、盲目跟风的结果,必须引起重视。

第二,土地集中经营伤害农民对土地的承包经营权。以家庭联产承包经营为基础的、统分结合的双层经营体制,是我国农村的基本经营制度,是农村经济体制改革创新的主要成果。中共十七届三中全会通过的《中共中央关于推进农村改革发展若干重大问题的决定》明确提出,在充分强调"农村基本经营制度毫不动摇"的基础上,"赋予农民更加充分而有保障的土地承包经营权,现有土地承包关系要保持稳定并长久不变","推进农业经营体制机制创新,加快农业经营方式转变","家庭经营要向采用先进科技和生产手段的方向转变,增加技术、资本等生产要素投入,着力提高集约化水平"。这其中的"一个不变,两个转变"是近一段时期党对农村工作的根本指针,推进土地向规模经营集中不能分割农民的基本权利。打着促进农业规模经营的旗号,无偿或低偿收回农民的土地承包经营权(直接或变相)都是违背中央精神、触犯农民利益的行为。

第三,土地规模经营的主体单一化。不存在统一的农业规模经营模式,也不存在单一的农业规模经营主体。市场是多变的,农产品的类型是繁杂的,经济社会环境是发展变化的,因此,在土地规模经营的过程中,可以有多种方式、多种主体共同来完成农业规模经营。从苏州的实践看,土地股份合作社、家庭农场、专业生产大户、工商企业等都可以成为土地规模经营的主体,其经营的规模最大为8000亩(吴中区湖桥村稼泰丰公司整体承租),最小可能只是十几亩的蓝莓采摘园等,各有特色。

第四,土地经营权流转之后土地使用性质发生变化。农村土地除建设用地之外,只能用于农业生产,具体生产什么农产品可以不加干涉,但农地用途用于农业是必须加以保证的,不能因为土地流转而削弱对土地用途的监管。调查发现,有的地方片面追求流转比例和流转规模,靠行政命令下指标、定任务、赶速度,违背农民意愿,损害农民利益;有的地方疏于日常监管,流转耕地"非粮化""非农化"现象严重;有的地方流转行为不规范,书面流转合同签订比例较低,存在潜在的纠纷隐患。

2. 解决农业土地向规模经营集中过程中出现的问题的对策

土地问题事关亿万农民的切身利益,事关我国改革的战略全局。引导土地有序流转和规模经营健康发展,既涉及现代农业的发展,又关乎农民增收致富、农村和谐稳定。我们要深刻领会中央精神,充分认识这项工作的重要性、复杂性和长期性,准确把握政策要求,建立工作指导和检查监督制度,健全齐抓共管的工作机制,引导农村土地经营权有序流转,促进农业适度规模经营健康发展。

第一,坚持以"三权分置"为指导,推进农村土地适度规模经营。改革开放以来,我国实行家庭联产承包经营制,把土地所有权和承包经营权分开,所有权归集体,承包经营权归农户,这是农村土地制度改革的一次重大创新。现在,顺应工业化和城镇化快速发展、农村劳动力加速转移的新形势,把农民土地承包经营权分为承包权和经营权,实现承包权和经营权分置并行,是我国农村土地制度改革的又一次重大创新。当前推进农村土地承包制度改革，总的方向是三权分置，即坚持集体所有权、稳定农户承包权、放活土地经营权。坚持农村土地农民集体所有，即坚持集体所有权。农村土地农民集体所有，是农村最根本的制度，是家庭承包经营的基础和前提，也是中国特色社会主义在农业上的一个鲜明特点，必须毫不动摇地坚持。稳定农村土地承包关系，即稳定农户承包权。现有农村土地承包关系保持稳定并长久不变，是维护农民土地承包权的基础，是农村土地政策的核心。只有土地承包关系稳定，农民的土地承包权得到充分保障，他们才能放心长期流转承包地，流入方才能获得稳定的经营预期。创新土地流转形式，即放活土地经营权。在城乡统筹发展一体化背景下，优化配置土地资源、实现规模经营是发展现代农业的基础条件。土地经营权独立行使，使经营权可以在更为广阔的范围内流转，实现农地资源在市场机制下的优化配置，有利于提升土地产出率、劳动生产率和资源利用率，有利于各种新型经营主体的发展，有利于农业规模化、集约化经营水平的提高，解决好"谁来种地""如何种好地"的问题。

　　第二，坚持以尊重农民意愿为前提，引导农村土地规范有序流转。土地流转是市场配置资源的过程，必须遵循经济发展规律。近年来，土地流转呈现主体多元、形式多样的发展态势。流入方仍以农户为主，但向合作社、龙头企业等新型经营主体流转的比重逐步上升；农村集体经济组织成员之间的转包仍是最主要的流转形式，但出租、股份合作等流转形式比重上升较快。总体上看，我国农村土地流转平稳健康，但也存在一些需要重视和解决的问题。如个别地区通过下指标、定任务，用行政手段推动土地流转，片面追求流转规模、比例，侵害了农民合法权益；部分地区土地流转市场不健全，服务水平有待提高等。这些问题如果解决不好，将会影响农村土地经营权的有序流转和农业适度规模经营的健康发展。为此，需要把握好四个方面。一是坚守土地流转的底线。要坚持农村土地集体所有，坚持依法自愿有偿，保护农民承包权益，不能搞大跃进，不能搞强迫命令，不能搞行政瞎指挥。要确保流转土地用于农业生产，重点支持粮食规模化生产。二是鼓励创新土地流转形式。鼓励农民以多种形式长期流转承包地，鼓励通过互换解决承包地细碎化问题，允许农民以承包经营权入股发展农业产业化经营，稳步推进土地经营权抵押、担保试点等。三是严格规范土地流转行为。切实尊重农民在土地流转中的主体地位，村级组织只能在农户书面委托的前提下才能组织统一流转，禁止以少数服从多数的名义将整村整组农户承包地集中对外招商经营。四是加强土地流转服务体系建设。完善县乡村三级服务网络，为流转双方提供信息发布、政策咨询等服务，研究制定流转市场运行规范，引导土地流转双方签订书面流转合同，保护流转双方的权益。

苏州市解决这些问题的做法是在稳步开展农村土地承包经营权确权登记颁证工作基础上，各地要采取财政奖补等措施，扶持多种形式农业适度规模经营发展，引导农户依法采取转包、出租、互换、转让、入股等方式流转承包地；引导农民以土地承包经营权入股土地股份合作社，使合作社作为独立法人，实施土地适度规模经营；鼓励合作社统一连片整理耕地，尽量减少田埂，扩大耕地面积，提高机械化作业水平；合作社将土地平整之后，分别发包给若干种粮大户，各种粮大户在市场导向下决定种植品种与规模。当然，也不排除像吴中区湖桥村一样，将几乎是本村全部的土地发包给稼泰丰这样的以农为主的工商企业。另外，加入村土地股份合作社必须是农民自觉、自愿的行为，只要农民不愿意，任何人不得强制村民入社。湖桥村就有两户人家不愿意加入村土地股份合作社，村里尊重他们的意见，将他们的土地调整到合适的位置，既不影响稼泰丰的规模经营，也不影响这两户农民的家庭经营。

第三，以有利于农业生产效率提高为宗旨，合理确定种植结构和种植规模，促进农民增收。现代农业的基本特征是农业生产的专业化、标准化、规模化、集约化，一定规模的土地集聚有利于发展现代农业。但是，任何一种土地经营方式，都存在劳动生产效率与土地产出效率如何均衡的问题。土地经营规模不是越大越好，应当有一个适宜的范围，要与农业劳动力和人口流出相适应，兼顾效率与公平、发展与稳定。在实践中，规模经营的适度标准需要各地根据区域特征、土地条件、作物品种以及经济社会发展水平等多种因素来确定，很难在全国范围内制定一个统一的面积标准。因此，中央提出了"两个相当于"的扶持标准，即土地经营规模的务农收入相当于当地第二、第三产业务工收入的，土地经营规模相当于当地户均承包土地面积 10~15 倍的，应当给予重点扶持。当然，由于各地第二、第三产业发展水平、农村劳动力转移程度、农业机械化水平和农业生产条件各不相同，需要根据实际情况确定本地区规模经营的适宜标准。例如，苏州的土地经营规模一般以户均承包面积的 30~50 倍为宜。此外，规模经营也有多种方式，既有通过土地流转形成的土地规模化经营，也有通过土地入股形成的，还有通过土地托管等社会化服务形成的，各地要因地制宜，选择适合的规模经营发展路径。

第四，加强对农业规模经营主体的监管。从实践情况看，以土地股份合作社、家庭农场、种粮大户为主体的土地规模经营面临的主要问题是激励与补贴的问题。工商企业直接进入农业存在一定的风险，一定要注意加强监管。近年来，一些工商资本在从事农业产前农资供应、产后农产品加工销售等的同时，还直接租赁农户承包地从事农业生产，并呈现逐年上升趋势。截至 2015 年 6 月底，流入企业的承包地面积达到 4400 万亩，约占承包地流转总面积的 10.3%。工商企业直接租地经营，有利有弊，好处是可以带来优良的品种、先进的技术和经营模式，不好的地方是挤占农民就业空间，容易加剧"非粮化""非农化"倾向。因此，一方面，引导工商企业发展良种种苗繁育、高标准设施农业、规模化养殖等适合企业化经营的现代种养业，开发农村"四荒"资源发展多种经营，从事种植业产前产后服务，开展农业社会化服务；另一方面，通过建立分级备案制度，严格准入门槛，加强事中事后监管，定期对租赁土地企业的农业经营能力等开展监督检查，及时查处纠正违法违规行为，鼓励各地建立土地流转风险保障金等，强化对工商企业的监管和风险防范。

第五，健全农业社会化服务体系。通过建立健全农业社会化服务体系提升规模化水平。要建立相应的农村产权交易市场，促进农村产权在更大范围内的有效配置；要健全农机、农药、种子、化肥等服务部门，使规模化、专业化涉农服务更便利、更规范。

第五章
苏州城乡一体化发展中的"三大合作"

城乡发展差距的形成有许多原因，除了农业本身的弱质性，以及社会政治制度造成的城乡工农业剪刀差等因素外，农民的组织化程度低也是一个重要因素。自给自足的小农经济使农民具有很低的合作意愿，他们不愿意相信别人，不愿意面对竞争与合作，而竞争与合作、市场依赖却是城市文明赖以发展的基础。因此，在城乡一体化、新型城镇化的过程中，苏州注意从培育农民的合作意识、建立各种各样的农民合作社入手，极大地推进了苏州的城乡一体化与新型城镇化进程。其中有代表性的合作组织主要有三种，即土地股份合作社、社区股份合作社和农民专业合作社，因此也常常被称为农村"三大合作"。当然，在"三大合作"的发展过程中，还有按照股份合作社原则组建和派生出来的富民合作社、劳务合作社等其他种类的合作组织。

一 社区股份合作社发展的历史脉络与实践创新

自新中国成立以来，苏南地区农村集体经济实力较强就是一个比较显著的区域经济特征，也是改革开放之后形成的"苏南模式"的重要特征。在城镇化与城乡一体化发展的新形势下，农民从农村向城镇流动、农民自治向社区自治转变成为一个不可避免的潮流。但是，农村的集体资产怎么处置，农村集体的实业如何发展，成为必须着手解决的现实问题。一方面要避免在社会转型过程中农村集体资产流失、农民权益受损，另一方面，农村集体经济必须在市场经济体系的框架下持续健康发展。在这种形势下，农村社区股份合作社应运而生。它是参照现代企业制度的组织原则与合作社的组织原则，综合二者特点形成的新型合作组织。它既保证了集体资产产权清晰、权责明确、可持续发展，又确保了合作社成员的参与意愿与参与权利，是中国特色集体经济的一种表现形式。

苏州市在城乡一体化改革发展过程中，对于如何运用农村社区股份合作制度来统筹村级集体经济快速发展与农民实际得到实惠这一矛盾，经历了从认识到逐渐深化的几个阶段。

（一）社区股份合作社发展的探索阶段（2001~2007年）

当城镇化浪潮袭来，当社会主义市场经济体系的架构已经基本搭建起来之后，与新形势相适应的农村经济体制必须进行相应的变革。对集体经济相对发达的苏州农村来说，时势造就了苏州的成功。这一阶段的主要任务是以农村社区股份合作社为载体，对农村集体资产进行量化核算，对村集体成员进行认定登记，建立起初级的、试点型的社区股份合作组织。在此阶段，该组织除了聘请具有资质的机构对集体资产进行总量清查之外，在股权量化办法上，主要按户籍是否在册设立基本股，股权结构为开放型，实行动态管理，大多在换届选举时进行股权增减调整，但不允许继承。此时，对农村社区股份合作组织的认识还停留在初级阶段，与农村土地承包制度一样，其留下了调整的余地和空间。

这一阶段代表性的合作社是成立于2001年的吴中区木渎镇金星股份合作社。原金星村所在的古镇木渎，是乾隆皇帝下江南六次到过的地方，历来是富庶之地。木渎镇隶属苏州吴中区，距离苏州市中心仅约10公里。随着苏州城镇化的兴起，金星村的土地和种地的人越来越少。原来村里的1000多亩土地到2000年前后仅剩下200多亩。为了解决失地农民的出路问题，也为了农村集体经济在市场经济的环境下健康成长，2001年，木渎镇金星村将村里的集体资产进行了仔细核算后，组建了江苏省第一个股份合作社。当时村里有一些村集体企业，比如铜材厂等。当时核算的结果是，截至2001年5月31日，金星村集体净资产总额为4295.44万元。其中实物性净资产为2643.05万元，占61.53%；村办公商业用地使用权折价1652.39万元，占38.47%。金星村将评估出的4200多万元净资产折股量化给村民，其中8%为集体股，92%为个人分配股。根据章程，全村400名村民每人享受1股基本股，每股净资产值为8.36万元。股份量化到户（人）后，每户发给股权证，今后不随人口增减而变动。股权暂不得继承、转让,不得买卖、抵押,不得退股提现。股份合作社的收益源于资产发包、出租、转让的增值部分和其他相关经营性收入。2001年下半年,合作社每股红利收益为413元,2002年度每股红利收益为900元,此后一直增长,2015年为3000元左右。

2003年,江苏取消农村户口和城市居民户口的区别,金星村与山塘、塔影、香溪三个村合并为香溪社区,常住人口达到7800人。原金星村的村民变成居民后,生活方式发生了翻天覆地的变化。原本分散在自然村落的村民集中住到统一的住宅区,环境变美了,生活方便了,然而开销却越来越大。为了进一步拓宽农民的增收渠道,2005年11月,原金星村又发动了村民现金入股,组建了富民置业股份合作社,主要进行物业投资。像厂房出租等风险较小、回报稳定的领域更是合作社投资的重点。

按照章程,富民置业股份合作社成人每人可入1股,未成年人算半股,每股封顶2万元。因此除了每年春节前的每人2000元的福利分红,村集体还会在每年8月18日进行富民置业股份合作社的投资分红。富民置业股份合作社的资产越做越大,村集体净资产也从2001年的4200多万元,一路攀升到2013年的2.8亿元,股民的投资分红也越来越多。2012年的物业投资分红每股是6800元,2013年达到了8800元,加上2000元的福利分红,相当于每个人可以分到10800元。

实际上,做强做大股份合作社,不仅使原村集体经济保值增值,而且让原村民获得分红以解决基本的生活来源问题。在推动城镇化中,这些股份合作社也起到了意想不到的作用。

集体股每年的收益除了滚动用于投资经营外,还承担了社区公共事业的支出,比如旧村改造、通煤气等公共设施的建设,原来都依靠政府给钱,现在自己就可以解决。

(二)社区股份合作社的快速推进阶段(2008~2012年)

经过几年的探索,农村社区股份合作社对苏州统筹城乡发展的重要价值逐渐为人所重视,尤其是在苏州被列为江苏省"城乡一体化综合配套改革试验区"之后,社区股份合作成为苏州加快城乡一体化发展的重要手段,加大了推进力度。苏州市期望通过对村级集体经济组织(村经济合作社)进行社区股份合作制改革,创新和完善集体经济管理体制,确保集体财产保值增值，保障居民合法权益，拓宽居民增收渠道。通过政府的强力推动，各市、区基本上在 2010 年前后，完成了对原集体经济组织的社区股份合作制改革。这些措施符合城市化进程中农村经济和社会的发展方向，体现了苏州市将开发建设的成果惠之于民、让利于民、反哺于民的政策导向。到 2011 年底，社区股份合作制在苏州市实现了全覆盖。

在这一阶段，苏州市为了增强村级的影响力，鼓励各村以社区股份合作社为载体，进一步发展"房东经济""物业经济"。在政府的鼓励之下，一些集体经济薄弱的乡村也通过异地拆迁等方式建立起社区股份合作社。譬如，吴中区旺山村，通过土地转换，将社区股份合作社的厂房建到了工业开发区，而旺山村原址则保留开发农业和乡村旅游业，既实现了工业向园区集中、土地向规模经营集中，又因地制宜促进了经济社会的全面发展。

从股权安排角度看，该阶段与第一阶段相比也有了一些突破。譬如，在股权量化时，除按户籍是否在册设立基本股外，还根据成员贡献设立贡献股，主要按成员身份存续时间计算"农龄"来折算，并明确提出实行股权固化到户的静态管理，做到"生不增，死不减，迁入不增加，迁出不减少"，并且允许成员内部继承。对集体经济组织的权利也得到了确认。2010 年 3 月，苏州市农村工作办公室颁发了《关于下发〈苏州市农村集体资产产权登记证管理办法（试行）〉的通知》，要求"凡未经农村集体资产监督管理部门依法确认农村集体资产产权归属并颁发产权登记证而占有或使用农村集体资产的单位或个人，必须在明晰农村集体资产产权关系的基础上，到产权登记机关办理农村集体资产产权登记并领取产权登记证"。为进一步区分所有权、收益权、处分权、使用权，苏州市设计了绿色与棕色两种产权证书。其中，绿色产权登记证，是登记机关对农村集体经济组织（含拥有辖区内全部农村集体资产的农村社区股份合作社）因拥有农村集体资产和享有农村集体资产的所有权、支配权、收益权、处置权而颁发的所有权证书。棕色产权登记证，是登记机关对农村各类企事业单位、社会团体、个人和其他经济组织因占用或使用农村集体资产而颁发的占（使）用权证书。

从合作规模来看，农村股份合作基础较好的吴中区、高新区出现了农村社区股份合作联社这样的新组织形态。合作联社克服了过去以自然村或行政村为单位的社区股份合作社规模小、开发能力弱的弊端,走联合开发之路,以明晰的产权联合,形成较大的实体组织进行大项目开发。譬如,2012年8月21日,苏州高新区狮山街道农村社区股份合作联社获得工商部门颁发的营业执照,这是全国首家获取营业执照的农村社区股份合作联社。该合作联社共有成员14个,均为农村社区股份合作社,出资总额达3亿元,其业务范围为对联社成员自有资产进行经营、管理、投资,对联社自有房屋进行出租、物业管理,为联社成员提供与农业生产经营有关的其他服务。农村社区股份合作联社是由同类农村社区股份合作社以货币出资,自愿联合、民主管理的互助性经济组织,该合作联社的成立为扩大联社成员的生产经营和服务规模、提高市场竞争力发挥了组织带头作用,同时有效增加了联社成员收入,进一步保护了合作联社、社员和债权人的合法权益。联社成立后将开发首个富民载体"狮山新主城生活广场"项目,投资7.6亿元,总建筑面积11.79万平方米。该项目为40万平方米的新主城社区的商业配套,包括2万平方米的精品公寓、3.6万平方米的商务写字楼和3.4万平方米的购物中心,通过专业化经营,可以取得稳定的经济效益,增强联社的造血功能和发展活力,实现长远的惠民、利民和富民。

(三)社区股份合作社的完善成熟阶段(2013年以来)

2013年以来,对社区股份合作这个新生事物,苏州主要做了三方面的工作。其一是普遍推广了社区股份合作社作为村级集体经济组织发展经济的平台作用;其二是固化了社区股份合作社的股权;其三是规范了社区股份合作社的发展,探索出农村基层政经分离的路子。

1. 以"一村二楼宇"为载体,提升社区股份合作组织的实际影响力

为了平衡乡村之间的发展差距,促进经济相对薄弱地区农村经济社会的发展,苏州市在前一阶段农村社区股份合作数量发展的基础上,进一步提升发展质量,壮大集体经济组织的实力,提升基层农村集体经济组织的话语权,力争将农村社区股份合作组织做实。这一阶段,苏州从战略高度明确提出"一村二楼宇"的村级集体经济社会协调发展要求。所谓"一村二楼宇"主要是指每个村都要有一个社区服务用楼宇和增加集体经济组织财产性收入的经营性物业楼宇。"一村二楼宇"的载体主要是社区股份合作社。

建设标准厂房，发展"房东经济"，是苏州市村集体经济发展的一个主要来源。但随着开发建设和经济社会的快速发展，土地等资源瓶颈越来越明显，集体资产的保值增值面临不少困难。为了进一步促进集体经济发展，2013年4月1日，苏州市政府专门出台了《关于鼓励积极盘活存量建设用地促进土地节约集约利用的实施意见》（以下简称《意见》）。该《意见》要求"在符合土地利用总体规划前提下，鼓励农村集体经济组织将依法拥有的存量建设用地，按城乡规划所确定的用途，按规定报经市政府批准后，建设除住宅和可分割转让的商业、商务房产外的经营性项目"，规定对农村存量建设用地不足的集体经济组织，按照"一村二楼宇"的原则安排留用地，楼宇可以作为社区服务用房和经营性用房，以增加集体经济组织的财产性收入。2014年6月，苏州市提出要支持集体经济组织联合发展、转型发展，确保年内集体总资产增长12%，村级集体经济收入增长10%，以此带动农民人均纯收入增长11%以上。

这些措施对平衡各村发展水平、壮大农村社区股份合作组织发挥了巨大作用。经过政府的有目的的推动，仅2014年，苏州市就立项和确定"二楼宇"项目有178个，项目总投资约160亿元、建设物业载体约410万平方米，平均每个项目投入8990万元、建设载体2.3万平方米。例如，龙西大厦项目由龙西社区投资建设，占地11亩，规划建设20层高、3.3万平方米的商业载体，2014年10月开工，项目建成后，预计每年可为社区带来1400万元的稳定收入。高新区通过加快推进"一村二楼宇"项目建设，全面提升村级集体经济的发展水平，2014年以来共投资32.4亿元，用地868亩，以此作为发展集体经济的重要抓手，取得了良好效果，使集体经济的实力进一步增强。按照张家港市《关于加快"十三五"期间全市村级集体经济发展的政策意见》，到2020年末，全市169个村的村均集体经济稳定性收入要达到1200万元。为此，张家港市根据各个村的不同情况，推出了有区别性和针对性的政策。

从农村社区股份合作视角看，《意见》的要点体现在五个方面。第一，为农村社区股份合作社异地置换发展物业提供了法规依据。《意见》明确指出：根据属地政府安排，由农村集体经济组织将其所属土地使用权按照规划用途等价置换到合适区域进行项目建设。第二，为社区股份合作的联合发展提供了法规依据。建设地块若规划要求开发强度较高，单个集体经济组织无能力按照规划要求进行投资建设的,可由属地政府(管委会)协调组织多个集体经济组织联合建设。这为发展社区股份合作联社奠定了基础条件。第三,将农村社区开发建设的主体明确为农村股份合作组织。《意见》指出,"原地建设、异地建设和联合建设项目,主体必须是村(社区)集体经济组织或其联合组成的股份合作经济组织,所建建筑物原则上不得分割转让。如确需转让的,须经市、区人民政府(管委会)批准后整体转让,但今后政府不再以优惠政策为其提供土地及房产等物业"。第四,其明确要求为增加农村集体经济组织拥有财产性收入,对原存量建设用地不足的农村集体经济组织,按照"一村二楼宇"的原则安排留用地。"二楼宇"用途分别为社区服务用房和增加集体经济组织财产性收入的经营性物业。其中为社区服务用房的留用地,以行政划拨方式供地;资产经营性物业用房的留用地,以协议出让方式供地。第五,对经济较为薄弱的村级经济组织,各区人民政府(管委会)要在资金上做适当扶持。农村集体经济组织补办出让、协议出让向政府所缴的土地出让金,由各区人民政府(管委会)制定具体办法,专项用于村集体经济组织成员生活补贴、公益事业建设和资产保值增值投资建设项目。各村的物业收入要定期向集体经济组织成员公布。

2. 固化合作社股权,取消合作社中的集体股

2014年5月,苏州市决定,进一步推进股权固化改革,使集体资产折股量化到人(户),努力提高分红水平,鼓励农民增资扩股,发挥集体经济在城乡一体化发展特别是在解决农民就业、增加农民收入方面的作用。截至2015年初,苏州全市共有452个社区股份合作社完成股权固化改革,占社区股份合作社总数的35%左右。股权固化改革进一步明晰了集体资产的权属,实现了集体经营性资产的保值增值。例如,苏州工业园区通过对现有29家社区股份合作社的量化资产进行确权,对应各类优质载体113.66万平方米,确权总资产达23.89亿元,每年收益可用作分红的资产约1亿元人民币。另外,股权固化改革进一步保障了社员的合法权益,建立了农民财产性收入的稳定来源。股权固化改革确立了集体经济组织成员持有股权的物权性和稳定性,落实了集体经济组织成员对集体资产股份的占有、收益、继承等财产权利,促进了农民增收的可持续性。例如,高新区72家社区股份合作社和3家以镇(街道)为单位的合作联社(公司),

2014年共分红1.56亿元，人均681元，户均2456元。自股改试点以来，累计分红已达8.76亿元，其中2013年、2014年分红均保持在1.5亿元左右。

股权固化改革进一步维护了农村社会的稳定，促进了农村社会环境的安定与和谐。股权固化改革不仅减轻了管理人员因股权变动带来的工作量，降低了管理难度，而且有效防止和避免了因股权频繁调整而引发的周期性矛盾，促进农村社会的和谐稳定。

2016年，苏州针对社区股份合作社出台新规定，要求凡今后新组建的社区股份合作社，一律实行股权固化，且不再设置集体股（避免改革不彻底，避免所有权二次虚置）。已经设置集体股的，要争取在本轮股权固化改革中予以调整核销，将其全部量化为个人股，确保集体资产产权量化明晰、彻底。强调社区股份合作社股权固化改革要坚持规范运作，建立健全"三会"制度。创新体制机制，加快实施政经分离改革，探索股权管理新机制。建议原来由社区股份合作社承担的村（社区）公共管理支出，调整到合作社收益分配中提留列支，但财务预决算及分配方案须经成员代表大会讨论通过，接受合作社成员监督。苏州市还提出了一个股红分配建议比例：最高不超过40%用于集体经济组织成员的分红，30%用于村或涉农社区的公共服务和基本开支，30%用于股份合作社的积累再生产。这个比例充分考虑了村或涉农社区的集体与个人利益、分配与发展的问题。

3. 探索农村股份合作健康发展的"政经分离"出路

针对合作社与村两委职能交叉、管理体制不畅的问题，苏州在这一阶段对如何处理村两委与社区股份合作组织的相互关系做出了探索，其中尤以枫桥镇的"政经分离"实践经验引人注目。

2005年，枫桥街道以村为单位，实施股份制改革，对集体资产清产核资，组建24个村股份合作社，将符合条件的4万农民农龄折股量化，年度按股分红，把"共同共有"的集体经济改造为"按份额共有"的所有者共同体。该村为了让股份合作社轻装上阵，提高竞争力，按照"行政事务划归社区管理、经济职能留在股份合作社"的原则，实施"政经分离"，24个村股份合作社转型为"纯经济"的富民平台。枫桥镇通过探索发展农村股份合作经济，走出了一条"户户有股份、家家有股红"的富民之路。农村合作经济的稳步发展，助推了农民收入的持续增长，2015年街道农民人均纯收入达 32786 元，比改革前的 2005 年增长 204.2%，股红收入在农民人均收入中占比达到 10%。村股份合作社和民发富民合作社累计向股民分配股红 6 亿多元。

在社会管理、社区建设方面，枫桥镇创新实行"四位一体"的社区管理模式。该村整合管理资源，形成工作合力；在社区党委、社区纪委、社区居委会和社区物业之间建立紧密的工作联动机制，共同为居民提供优质服务，让每位居民都能"乐居、乐业、乐活"。

经过多年探索，"政经分开"的成效逐步显现：保障了农民的经济权益，拓宽了农民增收渠道；促进了集体经济做大做强，增强其市场活力与竞争力；理顺了社区公共服务承担主体，促进了城乡社会管理的一体化；助推了社会管理创新，居民幸福感与满意度不断提升。

二　苏州土地股份合作社发展的历史脉络

土地作为一种最重要的农业生产要素，其经营方式与一定的生产力发展水平密切相关的。土地股份合作社正是苏州农村生产力发展水平、农村社会制度等一系列条件下的产物。

（一）苏州土地股份合作社的萌芽阶段（2000 年之前）

苏州地区自古以来便是鱼米之乡，具有得天独厚的农业生产经营条件。20 世纪 80 年代之前，苏州农村实行人民公社的政治经济制度，使生产关系的发展超前于生产力发展水平，破坏了生产力，令鱼米之乡蒙羞。80 年代之后，苏州顺应改革形势发展要求，实行家庭联产承包和统分结合双层经营制度，极大地促进了生产力发展，粮食生产迅速恢复到较为合理的水平。得益于沿海区位优势，苏州境内的乡镇企业异军突起，带动了生产力迅速提高。在这种情况下，固守几亩承包土地务农的比较效益十分低下，于是在农村各农户之间自发地出现了转包，甚至抛荒的现象。作为承包土地的出让方，自然感觉小农不经济、务农不实惠，所以有出让土地的冲动；作为承包土地的受让方，"一只羊是放，一群羊还是放"，既然种自己家几亩田地收入微薄，那何不多种点地实现规模效益呢。在这种背景下，合作的意愿开始显现，只不过这时的合作是临时性的、短期性的、小规模的、缺乏法律法规保障的，但它毕竟是萌芽了。它反映出当时的土地制度与生产力发展水平脱节、土地生产效益低下,这同样违背了生产力与生产关系发展相适应的基本规律。

当然,这种萌芽状态的土地合作经营,由于缺乏法律法规保障、缺乏对未来长久的经营预期,一些接受转租的承包经营大户往往采取掠夺式经营策略,不注重长期投资,不注重农田水利基本设施建设,只贪图一时的利益,农业经营的总体效益依然不高。

(二) 土地股份合作社的探索发展阶段 (2001～2012 年)

2001 年前后,苏州市当时的 300 多万农民中,80% 以上已进城务工,他们的劳动时间、谋生手段都已不在农业身上,虽有承包土地,却不可能精心耕种。这种情况造成农村劳动力和土地资源的双重浪费。在这样的背景下,苏州市市委、市政府认识到土地规模经营是大势所趋,已经到了必须变革的时代了,于是提出大力推进土地使用权的改革,积极探索以土地承包权入股、转让、转包、互换、合作,实现生产要素的市场化配置,确保农民土地的收益权。2002 年 1 月 8 日,江苏省第一家土地股份合作社在胥口镇成立。全镇 800 多家农户以 1360 亩承包地、自留地折价入股,成了合作社的股东。入股的土地由镇里统一规划、储备和开发,入股农户每年享有土地分红,个人股权不但可以继承,还可以馈赠与转让。胥口镇香山村村民吕银兴表示,当年家里 3.64 亩地入股合作社后,第一年每亩分红 400 元,第二年分红 480 元,此后每年都在增加,2011 年,每亩地拿了将近 800 元的分红。以前,老吕在家务农,3 亩多地全部种水稻和油菜,每年 1 亩地的净收入绝不超过 200 元,现在有了合作社,坐在家里分红。据市委农办有关负责人介绍,成立农村土地股份合作社、让农民以土地承包权入股,是近年来苏州对农村土地实施流转置换、深化农村各项配套改革、帮助农民有效增收的诸多尝试之一,苏州的农民因此而受益良多。

之后,土地股份合作社的管理形式、合作形式呈现多元化发展的特征。昆山市通过农地股份专业合作社,改变了传统农业个人单打独斗的生产模式,有效防范了生产经营风险。昆山市规定,农地股份专业合作社收益分配保底分红每年每亩不低于 500 元,保底分红后的利润在提取 10% 的公积金、10% 的风险基金和 10% 的管理费后,按照股权进行二次分配。入社农民在获得农地股份专业合作社的分红之外,还能获得工资性收入 1500

元。这种做法，不仅实现了土地、劳动力、资金的合理配置，而且拓宽了农民增收的途径，增强了农民增收的后劲。据了解，2010年，昆山市农地股份专业合作社农民共分红1.4亿元。

为了加快推进土地股份合作制改革，发展农业适度规模经营，苏州市政府明确规定，土地股份合作社中的农地只能用于发展高效农业，保证农业用地性质不变。各市、区都制定出台了以土地股份合作社为主要对象的奖励意见，入股土地每年每亩奖励300～400元。仅2009年，苏州市新增土地入股面积36.9万亩，累计达到70万亩。以昆山市为例，昆山市明确土地股份合作社土地流转"三个不"，即不改变土地集体所有性质、不改变土地用途、不损害农民土地承包权益。不改变土地集体所有性质，就是在流转中不改变土地所有权属性和权属关系；不改变土地用途，就是农地流转只能用于农业生产，不能用于非农开发和建设；不损害农民土地承包权益，就是土地是否流转和以何种方式流转，完全由农民自己做主，并确保农民的土地流转收益不受侵害。为鼓励土地股份合作社进行土地规模经营和耕地保护，苏州市要求各区、县设立耕地保护专项资金，农民将耕地流转给合作社，除流转费收入外，财政每年每亩再补贴400元。苏州市还设置规模化门槛，连片种植1000亩以上，才能获得补偿。

（三）土地股份合作社规范发展的阶段（2013年以来）

自从苏州被确定为江苏省城乡一体化综合配套改革试点城市以来，苏州土地股份合作社得到飞速发展，2015年，全市土地股份合作社共有744家，土地经营权入股面积突破118万亩，分别占全市承包面积的62.6%、土地流转面积的68.9%、规模经营面积的63.8%，2014年苏州土地股份合作社分红近3亿元。目前苏州土地股份合作社数量很多，但具体的经营方式各异，总体上看可以分为三种比较成熟的类型。

第一种是种田大户承包土地股份合作社土地的方式。农民土地承包经营权入股形成土地股份合作社之后，合作社会对土地进行规模整治，形成集中连片的农业用地。然后合作社设置标的面向种田大户公开竞价招租，目前绝大多数土地股份合作社均采用这样的模式。例如，昆山市千灯镇在2009年就以99.68%的高流转率，将3万亩土地流转并发包给96个种养大户发展规模农业，并在千灯镇西部形成一个30平方公里现代农业园，成为远近闻名的休闲农业、旅游农业示范区。在千灯镇,一般承租 100 亩粮田的大户年纯收益达 10 万元以上。

第二种是土地股份合作社将土地整体租给法人企业进行农业经营。对于集中连片的土地,规模越大,越利于工商企业整体实施现代农业开发,因此价值也越高。譬如,苏州吴中区临湖镇湖桥村将其土地股份合作社所拥有的 8000 亩土地整体租给苏州稼泰丰农业科技发展有限公司进行现代农业开发,每亩土地收取租金 3000 元,取得了良好的经济效益和生态效益。当然,采取这种经营形式的土地股份合作社数量是最少的,它需要天时、地利、人和。

第三种是土地股份合作社以合作农场的方式自我经营。这是近年来苏州市主推的一种土地入股集体经营新模式。截至 2005 年底,苏州已经有 259 个土地股份合作社集体直接经营,经营面积 28.3 万亩,在推动现代农业发展、促进强村富民等方面发挥了积极作用。所谓"合作农场",就是按照"政府引导、农户自愿、明确股权、提质增效、责任共担、利益共享"原则,在农地股份合作社的基础上,实行入股农户共同参与经营,并由农地股份合作联社统一管理的新型土地经营模式。

集体合作农场的出现缘于专业大户承包经营的不稳定性。近年来,苏州市土地股份合作社以专业大户为承租对象的发包经营模式逐渐暴露出土地流转关系不稳定、农业基础设施不均衡、经营者素质参差不齐等问题。如何在加快发展现代农业的背景下,找准经济、生态和社会效益的平衡点,寻求农民利益最大化,成为一大难题。苏州市部分地区开展土地入股集体经营(集体合作农场)的创新做法,为加快农业经营发展转变、持续释放资源优化的累积效益提供了宝贵经验。

土地入股集体经营,就是以土地股份合作社采取"大承包、小包干"的方式参与农业生产经营和管理。这种经营模式有三个鲜明特征:转变经营主体,改进经营方式,规范内部制度。土地入股集体经营,经营主体是集体,从土地获得的产出效益由土合作社所有成员共享,而社员收入增加又能激发土地入股集体经营的创新活力。昆山市锦溪镇通过土地入股集体经营,17 个农业村 16500 亩土地 2014 年全年共增加收入 1423 万元,村均增收 83.7 万元。在经营方式上,以市场化企业化为导向激活要素潜能,如建立"定产包干"机制,超额有奖,不完成要赔,极大地带动了生产者的积极性,避免走"大锅饭"老路。此外,昆山市还建立了一套完善、科学、合理的制度体系,来切实维护集体和农民利益,包括"三会"制度、收益分配机制、"品牌化"建设体系等。

苏州市农办资源统计显示,2015年苏州市土地入股集体经营的土地面积占全市规模经营面积的13%,占土地股份合作社入股面积的24%。目前,这一新生事物发展趋势良好,主要表现为:促进了现代农业的提档升级,依托合作社平台,有效优化配置了土地、劳动力、技术、管理等生产要素,带动了集体经济较快发展。太仓市城厢镇东林合作农场2015年实现净利润900万元,拓宽了本地农民增收途径,不仅有土地入股合作社的保底分红,而且有土地股份合作社的收益分红,还有农民参与集体农场劳作和管理的报酬。此外,土地入股集体经营也推动了"三次"产业融合发展,有利于夯实基层社会组织和改善农村生产生活环境。

三 苏州农民专业合作社发展的历史脉络

按照《中华人民共和国农民专业合作社法》的定义,农民专业合作社是以农村联产家庭承包经营为基础,通过提供农产品的销售、加工、运输、贮藏以及与农业生产经营有关的技术、信息等服务来实现成员互助目的的组织。农民专业合作社从成立开始就具有经济互助性,同时拥有一定组织架构,成员享有一定权利,同时负有一定责任。苏州农民专业合作社的发展经历了三个发展阶段。

(一) 农民专业技术协会阶段 (2000年之前)

1981年中共中央发布《关于进一步加强和完善农业生产责任制的几个问题》,正式确认了农村联产承包经营制。随后两年间,家庭联产承包经营制席卷全国,原有的人民公社制度迅速丧失了生产经营职能。1983年10月,中共中央、国务院发布《关于实行政社分开,建立乡政府的通知》,要求全国农村在两年时间内,基本完成乡政府的组建工作,以其作为国家的基层政权组织,同时开始村民委员会的组建工作,以其作为农村居民的自治组织。至此,政社合一的人民公社制度宣告全面解体。

在此背景下,苏州农村绝大多数农地、果树、鱼塘、茶园被分到家庭手中。一家一户的经营管理热情是高涨的,但客观上有技术、管理、销售上的困难。因此，自20世纪80年代林地、鱼塘承包经营之后，农户之间在疫病防治、农药化肥、加工生产、销售等各个环节的协作需求日益提升，果农、蟹农、茶农之间自发形成相互依存的协作关系。最早是由一些"能人"牵头，后来，逐渐内部形成了一些"规矩"，大家在"自利"的前提下，维持着协作关系的存在。这种自发的协作组织其规范化程度不高，内容多限于技术合作与指导。因此，早期的合作组织被称为"农民专业技术协会"。

按照形成背景划分，当时的农民专业技术协会大体有四类：一类是由科技协会发起建立的，一类是由农业技术推广站等政府部门、事业单位发起建立的，一类是由供销社发起建立的，还有一类是由农村中的专业户和技术能手自发建立的。脱产、半脱产技术干部和农民技术员在专业协会中起着骨干作用。在上述农民专业技术协会中，有的协会单纯从事交流活动，有的协会提供有偿服务，还有的协会兴办了经济实体。协会兴办的经济实体中又包含多种不同制度类型的企业，既有合作制企业，也有股份制企业，还有私人、合伙人企业。可见，农民专业技术协会是一种制度差异很大、类型多样化的组织。

（二）农民专业合作社探索发展阶段（2000~2010年）

进入21世纪后，农民专业技术协会的低组织程度已经远远不能满足形势发展的要求。因此，在经济相对发达的苏州，规范化程度较高的各种各样的专业合作社应运而生。当时，国家虽然尚未出台农民专业合作社法，但基层的创造热情是阻挡不住的。他们借鉴股份公司与国际上合作社的组织章程，探索成立各自的专业合作社。2005年3月12日，吴中区金庭镇（原西山镇）衙甪里村的38名茶农，共同发起设立了他们自己的合作社——苏州市吴中区西山衙甪里碧螺春茶叶股份合作社，并获得了吴中区工商局颁发的全国首张农民专业合作社营业执照。在运行中，入社农户分工合作，种茶、采茶、炒茶、储存、运输、销售，这一系列的流程均有不同的人员负责。正因为茶农"抱团"，制茶、售茶的成本低了，茶叶的品质高了，价格自然也就上去了，茶农们获得了真正的实惠。2008年3月22日，吴中区东山镇、金庭镇7000余名茶农再次"抱团"，29个合作社合并成两大联社，工商部门为合作联社颁发了全国首张营业执照。这两个联社分别由17

家、12家合作社组成,入股农户分别为3658户、3365户。合作联社实行统分结合的双层经营机制,在镇一级范围内,从质量标准、证明商标、包装装潢、宣传策划、销售窗口、指导服务六个方面实行统一管理,既保持了单体合作社的自主活力,又促进了合作社之间资金、人才、技术、土地、品牌、销路等资源的整合,有利于茶叶产业链的延伸,有利于进一步提升碧螺春茶附加值,促进农民增收致富。

2007年7月1日,《中华人民共和国农民专业合作社法》正式实施,2010年江苏省政府出台《江苏省农民专业合作社条例》,农民专业合作社的法律主体地位得到确认,各种权利义务得到明确。

为了加大扶持力度、强化规划引导,苏州市市委、市政府先后出台了一系列的政策意见,要求有关部门为农民专业合作社改革提供配套政策措施,对促进农村新型合作经济组织的发展起到了积极作用。其措施体现在:一是准予工商登记。早在《中华人民共和国农民专业合作社法》出台之前,苏州市就制定了《关于规范农民专业合作社等各类农村新型合作经济组织工商登记管理的通知》(苏工商〔2005〕136号),在全省率先确立了农村"三大合作"组织的法人地位,初步解决了工商登记难的问题。2008年,苏州市又进一步出台政策意见,全面规范农村新型合作经济组织工商登记,统一了登记名称,简化了登记手续,降低了登记成本,明确了登记审核。二是给予政策扶持。2005年,苏州市市委、市政府23号文件明确要求,对农村新型合作经济组织,在财政资金、土地使用、税收优惠等方面给予政策扶持。凡是农民持股达到80%的农村新型合作经济组织,减免相关规费,缴纳的地方税收、新增增值税地方留成部分,5年内由财政给予等额奖励。随后,各地、各部门都根据意见要求出台了实施细则。2008年,仅昆山市就落实富民合作社财政等额奖励和分红专项补贴达1635万元。三是实行财政奖励。从2004年开始,苏州市每年都要安排一定的财政资金,专项支持农民专业合作社发展。2005~2009年,苏州市市级累计安排财政扶持资金达1500万元,各市、区也都相应安排了专项扶持资金。四是给予筹建组织指导。市农办专门举办农村"三大合作"组织管理培训班,指导农村"三大合作"从筹建到运行的管理工作。到2010年,苏州的农民专业合作社达到2000余家,95%的农户被合作社组织起来。

另外,在这一阶段,苏州还成立了劳务股份合作社、富民股份合作社等多种类型的合作社,其法律地位尚不明确,目前一般参照农民专业合作社管理。

(三) 农民专业合作社发展的成熟阶段 (2011年以来)

2011年以来,苏州农民专业合作社进入规范发展新阶段。其成熟性表现在,农民专业合作社扩展到涉农的全部领域,其组织成分日趋多元化。其中,有生产领域的、流通领域的,也有服务领域的;合作社既有农民之间的合作,也有农民与高等院校、科研院所的合作;还出现了合作社之间的联合。

这些专业合作社在引导农民采用现代农业科学技术、提高农业经营规模、组织起来走向市场、解决就业、增加收入等方面,都发挥了重要作用。其中典型的有:太仓市蒋氏绿色产业合作社、张家港市特种水产协会、昆山市周市镇南美白对虾协会、相城区蔬菜协会、张家港市乐余镇苗木基地、常熟市葡萄种植基地、苏州未来水产养殖场、昆山市张浦镇龟鳖技术研究会养殖基地等。2010年11月24日,苏州"苏州湖桥集团"领到了全国第一张农民"企业集团"的营业执照。这个新型股份合作经济组织是对农村合作经济组织的改革和创新。苏州湖桥集团有限公司由吴中区湖桥村物业股份合作社、社区股份合作社和鱼米之乡生态农业专业合作社出资设立,下属5个全资子公司。

为了促进农民专业合作社的规范和有序发展,2013年,苏州市委农办制定了《苏州市农民专业合作社星级评定管理办法(试行)》,对农民专业合作社开展星级评定活动,按照8大方面、53条细分标准,进行考核,确定一星级、二星级和三星级级别,获得星级的合作社,可以获得项目优先、贷款优先等优惠扶持政策。这种评定活动,以后也会推广到其他形式的农民合作社中。

2014年起苏州每年对农民专业合作社进行考核认定,对获得承认的农民专业合作社名单在互联网进行公示(以此为依据进行财政补贴)。

目前苏州市对农民专业合作社的认定主要包括以下因素:合作社成员以农民为主体,股权结构合理。其中:单个成员入股比例不突破20%;所有成员股权比例按从高到低顺序排列,前5位成员入股的比例不超过50%;合作社按交易量(额)返还成员可分配盈余的比例在60%以上。

在此基础上，还需要按类别分别满足以下条件。

（1）农机类专业合作社：合作社拥有农机具 30 台套以上，年作业面积 2000 亩以上。

（2）粮油类专业合作社：合作社农民成员 10 户以上，经营面积 1000 亩以上。

（3）水产类专业合作社：合作社年销售收入 300 万元以上。

（4）蔬菜类专业合作社：合作社年销售收入 100 万元以上。

（5）茶叶类专业合作社：合作社年销售收入 300 万元以上。

（6）果品类专业合作社：合作社年销售收入 100 万元以上。

（7）畜禽类专业合作社：合作社年销售收入 200 万元以上。

至 2016 年初，苏州共组建农民专业合作社 612 家，累计入社农民 12.67 万人，还带动非成员农户 15.2 万户。

表 5-1 是苏州市为了促进股份合作经济发展而颁发的主要政策文件。

表 5-1　苏州市 2005~2011 年促进农村合作组织发展的文件

2005 年	《关于加快发展农村专业合作经济组织的意见》 《关于加快推进和完善农村社区股份合作制改革的实施意见》 《关于积极探索农村土地股份合作制改革的实施意见》 《关于规范农民专业合作社等各类农村新型合作经济组织工商登记管理的通知》 《关于农村合作经济组织奖励实施细则》
2006 年	《关于扶持发展农村富民合作社的意见》
2008 年	《关于进一步规范各类农村合作经济组织工商登记管理的通知》 《关于农村合作经济组织税收扶持若干意见》
2009 年	《关于农村新型合作经济组织换届选举工作的指导意见》 《关于规范完善农村新型合作经济组织收益分配工作的指导意见》 《关于推进农民专业合作社规范化建设的意见》
2010 年	《关于开展"五好"农民专业合作社示范社建设行动的通知》
2011 年	《关于加快发展农村劳务合作社的意见》 《关于加快股份合作经济转型升级的若干意见》

四　"三大合作"对促进城乡一体化发展的作用

农村"三大合作"组织符合苏南农村发展的实际，适应农村生产力发展的客观需要,促进了集体经济发展壮大和农民共同致富,对促进城乡一体化发展具有重要意义。

1. 社区股份合作社是增加农民收入的重要平台和来源

通过大力发展社区股份合作社,明晰了集体经济中存量资产和增量资产中的产权,"人人是股东、家家有股份、年年有分红",实现了"资源资产化、资产资本化、资本股份化、股份市场化",形成了农民持续增收的新机制。以姑苏区的新塘社区为例,该社区几经变迁,农民变成市民,但是集体资产保留下来,2014 年达到 2.5 亿元,一年的投资收入近 2000 万元,通过股份合作经济的形式,对这些集体资产量化到人,让农民持股进城,有了一份稳定的收入来源。在具体操作上,该社区有自己的明显特色:一是在股份量化上,全面推行与农龄挂钩,农龄从 1958 年村集体资产起步时算起,到 2005 年为止,其中,1958~1989 年,由于集体经济发展缓慢,两年算一年农龄,1990~2005 年,集体经济发展快,一年算一年农龄;二是在股权管理上,实行"死不减、生不增",股权可以继承;三是在入股对象上,征地农转非人员可以同等享受。个人持股最多的有 29.5 股,最少的有 1 股,每股每年分红 120~180 元,这使失地进城农民生活得到保障。2014 年 7 月,国务院《关于进一步推进户籍制度改革的意见》中,提出要切实保障农业转移人口及其他常住人口的合法权益,包括集体收益分配权,不能以放弃这些权利作为农民进城落户的条件。而苏州市进行的这些改革,与中央的精神是一致的。

2. 为农民变市民提供了便利

随着城乡一体化的深入发展,大批农民进入社区居住和生活,实现了从农民到市民的转变。但是原先在农村的集体资产的权益如何保障成为影响农民进城的一个后顾之忧。社区股份合作社为这些农民提供了一个解除后顾之忧的渠道。那就是以股份明晰权利,实现所有权与经营权的分离,为人员的流动提供便利。昆山市花桥经济开发区在全区 15 个农村社区股份专业合作社探索实行"股权固化",确保集体资产保值增值,股随人走,村民利益不受损失,无论村民搬迁到何处工作和生活,原有的股权永远不变,也永远享受分红,而且股权还可以继承。

3. 提升了农民的组织化程度,实现了传统农民向现代公民的有组织过渡

传统意义上的农民从来都是与自给自足、自由散漫、自私自利相联系

的，这种特性决定了在由农业社会向工业社会的过渡中，农民是处于弱势地位的。从英国早期的"羊吃人"到近代的南美贫民窟的大量涌现，都说明"农民破产—流向城市—城市贫民"，这是大部分工业化国家在现代化过程中农民处境的变化规律。然而，苏州农村"三大合作"使得农民的组织化程度和市场主体地位大幅度提高，开始走上"家家有资本、户户成股东"的共同富裕之路。农民带股进城、带房进城、带保进城，最大限度地降低了社会变革所带来的不确定性和风险，为农民向市民和农业工人的转变创造了组织条件，实现了由农民向现代公民的有组织过渡。可以说苏州市走出了一条独具特色的城乡一体化之路。

4. 实现了农地规模经营，促进了现代农业的发展

推进现代农业发展首先要通过土地流转、实行农业的适度规模经营，但一家一户对外联系进行土地流转的方式，在实际操作过程中矛盾较多、运作较难。通过土地股份合作社，从利益上看，农民可以收到土地流转的租金、可以到合作社打工获得劳务收入，也可以分到合作社的红利，大大提高了农民参与土地流转的积极性；从运作方式来看，由合作社出面对内进行土地流转、对外进行土地发包，加快了农业用地向规模经营集中的步伐。通过大力推进农村"三大合作"改革，创新了农村经济发展形态，实现了农村基本经营方式由"统"到"分"再到"合"的螺旋式上升发展。

5. 构建了农民持续增收的长效机制，缩小了城乡收入差距

农村"三大合作"组织的富民效应非常明显，而且因资源和资产的股份化而具有可持续发展功能。以苏州市为例，2010年，苏州市农民人均纯收入达14657元，其中直接来自农村股份合作经济组织的收入达34亿元，同比增长26.6%；城乡居民收入比为1.99，低于全国3.3及全省2.52:1的水平；以股份合作经济实现的财产与投资性收入占比由2005年的不足5%提高到2015年的35%以上。近年来仍然保持着这种发展势头。

6. 提升了农村的市场化程度，培育了适应社会主义市场经济环境的新农民

市场化程度是区分城乡的一个重要标志。市场经济最根本的特征是明晰产权，农村"三大合作"改革的关键也就在于明晰产权。这些年来，"三大合作"通过明晰产权，优化配置农村各类资源要素，为拓展农村经济发展空间、培育发展载体、转变增长方式奠定了坚实基础，为沟通城乡

之间的经济联系、优化资源配置创造了条件，实现了城乡之间大市场与小生产的有效对接。另外，"三大合作"组织作为社会主义市场经济体系下的产物，对农民有着深刻的教育意义，培育了农民朴素的市场意识，为社会培育了适应社会主义市场经济环境的新型农民。

7. 壮大了集体经济

富民离不开农村新型集体经济的发展壮大。农村新型合作经济组织的成长和发展，为市场经济条件下探索和发展集体经济找到了新路。不断加强农村集体资产管理，加快股份固化改革，科学界定比例，规范收益分配，提高分红水平，使农民与集体形成更为紧密的利益联结机制，让股份合作经济成为农村集体经济的基本实现形式。

8. 提高了农村基层民主意识

通过农村"三大合作"改革建立起来的农村新型合作经济组织，按照"民办、民管、民受益"原则建立"三会"组织，健全"三会"制度，从制度上实现了真正的民主管理，改变了过去农民无权参与管理、干部决定一切的状况。通过建立健全合作社章程和"三会"制度，并辅之以村务公开、民主理财，有效保障了农民群众的知情权、参与权、表达权、决策权，开辟了农村民主管理的新途径，把基层民主管理提升到了新的水平、新的境界，农村民主管理和农民权益保护发生了积极变化，党群、干群关系得到了明显改善，促进了农村经济繁荣和社会稳定。

以上8个方面的变化从根本上改变了农村经济发展方式，优化了城乡之间资源配置，解决了推进城市化进程中产生的诸多矛盾，实现了农民增收和农村社会稳定，促进了城乡之间的和谐发展。

五 "三大合作"的理论解读与创新

合作是一种彰显理性与智慧的社会现象，一般是指个人与个人、群体与群体之间为了实现共同目标（共同利益）而自愿地结合在一起，通过相互之间的配合和协调（包括言语和行为）而实现共同目标，最终个体利益也获得满足的一种社会交往活动。合作是个体理性与团体理性的高度统一，如果个体利益得不到保障，合作将走向失败。成功的合作需要具备的基本条件主要有：第一，一致的目标。任何合作都要有共同的目标，至少是短期的共同目标。第二，统一的认识和规范。合作者应对共同目标、实现途径和具体步骤等有基本一致的认识；在联合行动中合作者必须遵守共同认可的社会规范和群体规范。第三，相互信赖的合作气氛。创造相互理解、彼此信赖、互相支持的良好气氛是有效合作的重要条件。第四，具有合作赖以生存和发展的一定物质基础。必要的物质条件（包括设备、通信和交通器材工具等）是合作能顺利进行的前提，空间上的最佳配合距离，时间上的准时、有序，都是物质条件的组成部分。合作组织是合作的载体，是个体实现社会化的途径。合作组织的规模、结构、运行机制、制度设计、组织文化决定着合作的效率。

苏州"三大合作"的发展，既坚持了合作经济的共性，又具有自己的地域与时代特色，有很大的创新价值。

(一) 苏州农村"三大合作"的内涵及价值

1. 农村社区股份合作社解决了权力主体分散与集体经营的矛盾，促进了农民身份和收入的多元化

社区股份合作社是农村管理现代化过程中，为了克服集体资产所有权权属不明、权责脱节的弊端，为了解决村民行使所有权缺乏渠道所导致的所有权虚置问题，通过对集体资产清产核资、量化折股、公平分配，使集体资产量化到每个村民头上，并以股份制的形式实现联合经营而形成的新型合作组织。简言之就是，集体资产资本化，资本股份化。

农村社区股份合作社在明晰产权的基础上，参照现代合作企业的组织形式，建立以董事会和监事会为核心的合作社治理结构，实现权责明确、利益与风险共担，是现代企业制度的初级形式。农村社区股份合作社能够正确处理权力主体分散与集体经营的矛盾，明晰村级集体资产权属关系，完善集体经济的实现形式和分配形式，保护集体经济组织及其成员的合法权益。农村社区股份合作社在很大程度上增加了农民的资产性收入和资本性收入，使之逐步摆脱对农村和农业的依赖，为农民"持股进城、按股分红"创造了条件，为农民市民化、收入多元化、城乡一体化奠定了基础。这种股份合作形式对于东部发达地区有较大的参考价值，而对集体经济薄弱的中西部地区缺乏可比性。因为苏州农村早在20世纪80年代起就有大办乡镇企业的基础，淘得了改革开放后的第一桶金，集体资产较为雄厚，村集体的影响力和号召力较内地会强许多。

2. 农村土地股份合作社解决了家庭联产承包经营与适度规模经营的矛盾，促进了土地资源的优化整合和农村经济社会进步

农村土地股份合作社是为了适应社会主义市场经济条件下农业规模经营的必然要求，克服土地集中经营与家庭承包责任制的基本矛盾，借鉴了股份制与合作社制各自的优点，由村委会牵头组织协调，农民以自己承包的土地入股，成立的一种介于合作社与股份制企业之间的新型组织。

这种合作组织以本村农户为成员，以土地的平整、维护、招标和监管为主要经营内容，设立专门的组织机构和活动章程，实行民主管理统一经营。农村土地股份合作社有集体股和个人股之分，其收入主要源于两个部分：其一为将本社的土地整体发包招租的收入，其二为土地集中连片整理之后的土地增量收入。其中，土地招租时对竞标者有规模和投资门槛限制，着眼于发展现代高效农业，建立规模经营的现代农场。另外，土地增量源于农业生产管理中标准亩与自然亩的差别，以及田埂沟渠整治后的节约效应。这部分增量土地通常情况下会通过异地置换，使之成为规划工业区的一片"飞地"，从而产生更大的经济效益。农村土地股份合作社顺应了农业生产力发展的要求，在明确农民土地股权的前提下，实现了专业化生产和规模化经营，促进了农民的专业化分工，大大提高了土地经济效益，为实现农民增收奠定了基础。农民除获得土地分红收入外，还可以让大多数农民摆脱土地的束缚，专心从事非农就业或创业，大幅度提高非农收入，通过吸纳当地剩余劳力及中老年农民从事必要的农田管理，农民还可获得一定的打工收入。因此，土地股份合作社较好地解决了家庭承包经营与适度规模化经营的矛盾，在更大范围内实现了土地资源的优化配置，为统筹城乡发展规划促进协调发展创造了条件。

3. 农民专业合作社解决了农民专业与兼业的矛盾，沟通了农村三次产业的联系，推动了城乡一体化发展

农民专业合作社是指在明晰农户私人产权、保持农户经营主体地位的基础上，以农技部门、村集体经济组织、种养能手、经纪人大户等牵头，联结在一个或几个农业生产领域，从事同一农产品的产、销农户在生产、流通、技术、资金等某个方面或几个方面组建的新型农村合作经济组织。农民专业合作社都是由从事同类产品或相关产品生产经营的农民自愿组织起来的，在产前、产中或产后的一个或几个环节上开展合作，内部实行统一供应生产资料、统一生产标准、统一进行销售等，不但解决了农民进入市场经营时的限制问题，完成了农户单一经营与进入专业市场的对接，而且减少了中间环节，节约了交易成本，增强了市场竞争能力。农民专业合作社有效解决了专业化与兼业化的矛盾，带领农民开展专业化、标准化生产经营，优化了农业区域布局和农产品品种，推动了农业特色主导产业的发展和农业产业化经营，促进了农业产业向第二、第三产业的延伸，加快了农村经济结构的调整过程。这在很大程度上提升了农民的市场竞争力，缩小了城乡之间的发展差距，促进了资源在城乡之间的统一配置，拓展了农业结构调整的新领域和新空间，缩小了城乡之间的距离，使城乡一体化发展成为现实。

（二）苏州农村"三大合作"是传统合作社基础上的组织创新

"三大合作"组织是基于农村改革实践的创新产物，它与传统意义的上合作社组织（1995年国际合作社联盟规定的合作社的基本原则）有着明显的差异，在很多方面突破了2007年7月1日开始执行的《中华人民共和国农民专业合作社法》的调整范畴，因此对"三大合作"的研究和实践还处在探索阶段。

1. 从内涵界定比较看

传统意义上的农民专业合作社是指：在农村家庭承包经营基础上，同类农产品的生产经营者或者同类农业生产经营服务的提供者、利用者，自愿联合、民主管理的互助性经济组织。从构成主体来看，"三大合作"组织并未限定在同类农产品的生产经营者，而是同一集体组织的土地经营承包者、同一集体组织财产的拥有者。传统意义上的合作社着重强调生产过程的互助合作（尤其是劳动合作），而"三大合作"更注重生产要素（土地和资本）的互助合作。当然，它也不排除生产过程中的劳动互助合作。

2. 从服务对象和手段比较看

服务对象是一致的，即都以其成员为服务对象，然而服务手段差异是巨大的。传统意义上的合作社"提供农业生产资料的购买，农产品的销售、加工、运输、贮藏以及与农业生产经营有关的技术、信息等服务"，属于生产管理范畴，而"三大合作"则以土地规模经营、资产和资本经营为主要内容。

3. 从加入和退出方式比较看

传统合作社遵循"入社自愿、退社自由"的原则，但"三大合作"组织只遵循"入社（股）自愿、继承与转让自由"的原则。由于土地经过平整改造和规模化经营之后是无法再割裂出来的，所以退出机制无法实现，只能继承转让。集体资产及个人入股资产也是这样，一旦投入生产过程就不好再行割裂，所以在这方面"三大合作"组织借鉴了股份制的特点，只能入社，不能退出。

4. 从治理结构比较看

农村"三大合作"组织至少从形式上严格地按照董（理）事会、监事会、社员大会三权制衡原则进行组织。但从实际运作看，"三会"骨干基本还是村干部兼任，这应该是与我国现阶段国情相一致的。另外，从表决方式看，大部分合作社采用一股一票的方式进行表决，不排除个别合作社按照一人一票的方式表决，这与传统合作社一人一票的表决原则存在着些许差异。

5. 从分配方式比较看

传统合作社一般有按成员交易量返利的所谓二次分配，苏州"三大合作"按理讲是不存在二次分配的，但在实际运行中，为了确保农民的利益，鼓励农民积极加入合作社，所以各合作社一般有一个保底分配的说法。譬如，土地股份合作社一般给农民有一个每亩800元或1000元保底租金，然后到年底根据实际运营情况在此基础进行二次分红。社区股份合作社与富民合作社一般不存在二次分配的问题，有时存在着所谓保底分配的承诺。

从以上比较不难看出，"三大合作"是广大基层农村工作者与广大农民大胆尝试勇于创新的产物，它兼取了合作社与股份制的一些特点，兼顾了家族经营与集体致富的矛盾，是一种新型的农村经济组织。

"三大合作"是苏州市在城乡一体化发展过程中，在借鉴其他地区相关经验的基础上做出的一大创举。"三大合作"、"三集中"、"三置换"和农业现代化是密切相关的。土地股份合作社主要是在实现土地集中过程中，为了置换农民的土地承包权而搭建的平台和组织形式；社区股份合作社主要是为了置换农民集体财产权而搭建的平台与组织形式；农民专业合作社是在发展现代农业过程中，为了解决分散的农民与大市场之间的矛盾、提高农民的组织化程度和竞争力而搭建的平台和组织；其他形式的股份合作社是为了增加农民收入等需要而搭建的平台和组织。

（三）苏州农村"三大合作"是农村改革政策的延续和深化

对于合作经济，理论界的看法存在分歧。1894年，恩格斯就在《法德农民问题》中，论述了小农经济的历史局限性以及必然灭亡的命运，并提出了建立农业合作社来解决这一矛盾的设想。新中国成立后，我国农村土地制度的演变走了与西方国家不同的道路，而基本上是按照恩格斯所指出的农业合作社道路演进的。在20世纪50年代初期，我国通过土地改革，建立了小农经济，很快，便出现了小农经济与国家工业化、农业现代化的矛盾以及两极分化等问题。为此，从1953年开始，我国开展了农业社会主义改造运动，农业社会主义改造的实质和目的，是解决小农经济与现代化大农业以及共同富裕之间的矛盾，具体是用公有制代替私有制，几经演变，从初级合作社到高级合作社，再到人民公社，实行"三级所有、队为基础"。其后20多年的实践证明，人民公社这种集体所有制形式并不是一种有效的制度安排，需要改革。许多人据此对整个农业社会主义改造运动，特别是对前期的农业合作社予以否定。我们认为，这并不是历史唯物主义的科学态度。我国农业社会主义改造和农村集体经济发展中的教训，并不在于把小农经济转变为合作经济，而主要在于把农业合作社转变为人民公社。应该说，在农业社会主义改造前期，建立初级合作社和高级合作社基本上是正确的，错误在于，后期的改造过急，速度过快，没有充分尊重农民的意愿，特别是把高级合作社快速升格为人民公社，把人民公社体制作为集体经济的唯一实现形式，集中生产，统一分配，是低效率的。

中共十一届三中全会以后，我国在农村实行家庭联产承包经营制，农户分散占有土地等生产资料，分散生产，"交够国家的，留足集体的，剩下都是自己的"。这一改革固然取消了生产队层面的集中生产和统一分配，解决了农村集体经济组织内部的平均主义问题，有利于调动农民的生产积极性，但是，在发展现代农业和建立社会主义市场经济体制的大背景下和过程中，产生了农户超小规模经营与现代农业发展，以及分散的小农经济与大市场之间的矛盾，问题似乎又重新回到了农村土地改革后、农业社会主义改造运动前的状态。进入21世纪以来，这一矛盾表现得更为明显。解决这个矛盾的根本办法和出路，就是要大力培育、发展和改革农村集体经济，发展合作经济。因此，"三大合作"确实是农村经济改革与发展的必然产物，是完全符合农业、农村生产力发展的要求的。

更何况，改革开放以后，国家调整政策，允许农民进入非农产业领域，于是出现了乡镇企业。在非农产业领域，规模经济的要求更高。在资本主义社会的发展历史上，为了解决社会化生产与小私有制之间的矛盾，企业制度也经历了从个人业主制到合伙制，再到股份制的嬗变过程。所以，以我国目前的经济发展水平和生产社会化程度，非农产业领域既不能长期和大面积地维持小规模的个私经济，也无法在短期内大规模地把企业改制为股份有限公司，而介于二者之间的股份合作制便是一种合理的产权制度安排。

股份合作制曾经被一些人批评为"非驴非马"，认为它不是一种规范的所有制。但是，也许正因为如此，才显示出来它的优越性和生命力，它可以作为集体经济一种新的实现形式，克服人民公社体制的弊病。股份合作制集合了股份制和合作制的特点，每个成员既是所有者，也可以是劳动者。它的最大优点在于明晰产权，通过股份配置，每一个农户可以准确知道自己在股份合作社中的财产数量，并且根据自己的持股数量，行使管理权和分配权，做到同股同权、同股同益。由此也就解决了人民公社体制下的产权模糊不清、侵占他人权益的问题。

为了使股份合作社健康发展，在股份合作社外部，必须处理好与各级政府的关系，要吸取乡镇企业发展中的教训，实行政企分开，股份合作社作为一个独立的法人，自主经营，照章纳税，政府不仅不能干预股份合作社的经营，而且不能随意向它们摊派。在股份合作社内部，在股份量化到户的基础上，应该强化民主管理。要制定股份合作社章程，按照同股同权原则，每个股民都应该有平等发表意见的权利和机会，遇到意见分歧，应该进行表决，少数服从多数，做出决策。股份合作社应该财务公开，接受股民监督。这样，就真正实现了集体经济的民主管理。再加上村民代表大会制度、党员代表大会制度、村规民约等，就构建了一套完整的乡村治理制度框架，能切实推进农村民主政治建设。

六 苏州农村"三大合作"的发展趋势

农村"三大合作"是变化中的新生事物，其未来发展趋势应是我们重视研究的课题。苏州市的实践表明,以下趋势具有较大的合理性与可行性。

1. 合作形式趋向集团化

毋庸置疑,农村"三大合作"在促进农民增收方面有着立竿见影的效果,但也应当看到,在经过几年快速发展之后,一些瓶颈问题渐渐显现出来:合作社整体规模较小,经营范围窄小,集体经济发展在项目招商、建设、管理方面难以与外向型、民营经济相比,在土地、规划、融资等方面瓶颈更加突出。可见,单一的股份合作社是农民致富初级阶段的产物,当这个团体发展到一定阶段后,必然会有进一步提升的迫切需求。从目前苏州的实践看,集团化应该是"三大合作"突破瓶颈进一步提升发展质量的趋势。集团化可以进一步增强合作社抵御风险的能力,实现优势互补,拓宽合作社增收渠道。

以苏州吴中区湖桥村为例,该村自2006年以来先后成立了湖桥村土地、物业以及鱼米之乡生态农业股份合作社,取得了巨大成绩:集体总资产已从2005年的1000多万元发展到2010年的4亿元,实现了5年增长39倍;村级收入已从2005年的100余万元猛增到2010年突破4000万元,实现了"五年翻五番"。然而在土地资源已经用尽的情况下如何进一步发展呢?2010年11月湖桥村"三大合作"社共同出资5600万元成立了"湖桥集团公司",成为湖桥人的新选择。集团公司可以更加有效地统筹使用集团所属的土地、资本、劳动力资源,可以在更加广泛的领域实现生产经营和服务管理,从而增强了合作社的生存能力。对此,我们将在以下的案例分析中,进行详细介绍。

2. 合作社经营内容多元化

从过去的经验看,农村"三大合作"主要还是借助地域优势利用土地资源在做文章。"三大合作"组织收入的90%以上来自土地出租(引进资本建设现代农场)和标准厂房出租(在工业规划区筑巢引凤),简单地说,过去"三大合作"基本上是在做"房东经济"或"地主经济",真正从劳务合作社取得的收入还是比较少的。当合作社正常运行之后,许多农民成为食利者,合作社成为食利者代言人,合作社的运作空间和发展空间是很有限的,土地就那么多、可供租用的标准厂房就那么多,如果仅满足于此,必将陷于停滞。从长远看,农村可持续发展的道路应该是以目前"三大合作"为原始积累,发展实体经济。例如,湖桥村通过"三大合作"组织组建"湖桥集团"后,成立了房地产开发、建设、园林绿化工程、文化旅游、物流五个实体子公司,逐步摆脱"房东经济"和"地主经济"的发展模式,为湖桥村发展开辟更加宽广的道路。2010年苏州市吴中区以镇为单位组建了以合作社为投资主体的十大合作社集团,主动参与市场竞争和城乡一体化建设,其投资范围、经营重点日趋多元化。

3. 日常运行"去行政化"

在"三大合作"的组建过程中,政府的影子随处可见,行政干预和引导在农民尚没有超前的战略眼光和严密的组织性条件下是必要和必需的。但政府介入只是一个过渡,"三大合作"组织及其组建的"合作集团"要在孵化成熟后逐渐建立现代企业制度,成为真正意义上的市场主体。目前苏州各区正在尝试在合作社(集团)中推行现代企业制度。比如聘请财务总监、法律顾问、会计事务顾问,实行台账管理,每季度上交报表;重大项目决策,上报可行性论证报告;重大资金调度和利润分配要审核;等等。未来,要靠机制把合作社(集团)从依附的行政管理组织上独立出来,培育成真正的市场经济主体,并争取上市。届时,"农民"和"集团"两者就成为股民和上市公司的关系。

4. 治理结构现代企业化

从历史角度看,无论怎样的合作制都是从小规模个体经济向现代大工业经济过渡的一种形式,因此,"三大合作"的前途终将是现代企业化。基于此,"三大合作"的发展必将是治理结构规范化和标准化。湖桥集团公司目前已完全按照规范的现代企业制度运作,村里三大股份合作社作为"湖桥集团"的股东,组成董事会,推荐董事长,集团公司指派子公司执行董事,行使董事长职权,各子公司招聘职业总经理,全面负责子公司的经营和管理工作。在财务管理上,集团公司将设立财务科,统一对子公司行使财务管理职能。各个子公司均实行经济独立核算,按照经济实体的要求进行市场化运作。收益分配实行"四六"分成,即60%的部分按出资方比例返回"三大合作"组织用作农民股金分红,40%的部分留作公司积累用于再生产经营。可见,湖桥集团已经基本成为典型的现代企业。

5. 组织构成开放化

"三大合作"组织要想在社会主义市场经济大潮中发展壮大，就必须以积极和开放的心态看待自身的组织构成，要能够在适当的时机实现自身的蜕变，使之由一个纯粹封闭的农民组织蜕变为一个市场经济体系中的一般市场主体，从而真正实现所谓的城乡一体化发展。因此，新型农民合作组织在发展到一定阶段之后，应吸纳一切有利于自身发展的人力资源、技术资源和物质资源，最终成为一个没有城乡之分、农与非农之分的市场主体。

第六章
苏州城乡一体化发展中的"三置换"

"三置换"是苏州市在城乡一体化发展中的重要创新，通过"三置换"，既促进了城乡之间资源的合理流动和优化配置，又解决了集体经济改革中所遇到的一些重大难题，对推进城乡一体化发展发挥了重要作用，具有重要的示范价值。本章对苏州是如何推进"三置换"，以及其理论和现实意义做出介绍和分析。

一　对"三置换"的总体描述

如果市场是开放和完善的，如果城乡是互通和一体的（非割裂的），那么城乡生产要素可以在市场价格机制调节下实现其要素价值最大化。然而，在中国的政治、经济、社会管理体制下，城乡之间长期处于割裂状态并形成具有持久影响的二元社会格局。改革开放30多年来，党和政府试图改变二元社会格局，但碍于社会积弊太深，改革可能牵一发而动全身，因此在涉及农村土地、农民发展权益等根本问题上改革进程缓慢。于是才有了苏州"三置换"这样的迂回改革策略。

所谓"三置换"，就是在尊重农民意愿和维护农民合法权益的基础上，促进城乡一体化发展，具体有三个方面。一是以农业用地区内的农户宅基地面积及住宅面积置换城镇商品房。具体按照"规划先行，总量平衡，统筹兼顾，分类指导，农民自愿，鼓励创新，先建后拆，先拆后得"的原则进行，宅基地置换新增的建设用地指标，由各县（市区）统一调配使用。二是以农村土地承包经营权流转置换土地股份合作社股权和城镇社会保障。鼓励农民逐步将承包地、自留地通过流转置换农保为城保，探索土地利用收益共享机制，加快构建农民转为市民的社保体系，加上社区股份合作社股份，鼓励农民带股、带保、带房进城镇，促进农民实现居住空间和社会身份向市民的"双转换"。三是以集体资产所有权、分配权置换成社区股份合作社股权。这种股权置换使农民对集体财产的权利落到实处，并且股权固化，可以继承，即使进城或者迁移，也依然不变。这种置换实现了农村集体资产所有权与经营权的分置，拓展了集体资产保值增值空间，突破了集体资产经营对于村级地域的限制。在"三置换"的基础上，进而让农民进城、进镇、进社区，实现由农民向市民的身份转换。

首先，在"三集中"过程中，涉及大量的农民之间、农民与政府之间的权利交换问题，弄得不好，就会出现侵犯农民权益的问题，或者出现"大锅饭""一平二调"等老问题，走回头路。在全国各地，都曾经大量出现强迫农民集中土地、强迫拆迁的问题，甚至引发了大量的恶性案件和群体性事件，是一个十分棘手的问题。苏州在推进"三置换"的过程中，明确了一点，那就是让农民得益，不能剥夺农民。其次，在土地管理法规、要素市场不健全的情况下，以自愿置换的方式切实保障农民的利益。最后，在置换内容上，考虑到部分农民可能没有驾驭、把控一大笔现金资产的情况下，把土地承包经营权置换成城镇社会保障，有利于城乡社会的长期稳定。

总体上看，苏州等地推行的"三置换"是通过行政手段而非市场手段在城乡要素交换方面提供的制度安排，是在城乡制度改革不彻底、要素市场不完善条件下的次优选择，但它对于促进城乡一体化改革、促进城镇化稳步推进、实现平稳有序的过渡是有积极意义的。通过"三置换"，打破原有土地管理制度对城乡一体化的根本性制约，一方面为城乡空间布局优化提供了可能，另一方面为农民脱离土地转变为城市居民、为农业的规模化经营创造了条件。

二 以宅基地置换城镇商品房的成效与具体做法

（一）宅基地置换城镇商品房的意义与效果

以农村住宅（宅基地）置换城镇住房，有利于建设用地向城镇规划区集中，农用地向农业园区集中，人口向城镇集中，从而优化城乡土地利用结构和布局，提高节约集约用地水平；有利于有效保护耕地，缓解用地矛盾，拓展新的发展空间；有利于促进农业规模化经营，推动现代农业建设；有利于改善农民居住条件和生活环境，实现经济发展与人口资源环境相协调，对于深入贯彻落实科学发展观和党的十七届三中全会精神，破解城乡二元结构，促进城乡统筹协调发展，提高城乡现代化水平，构建和谐社会具有十分重要的意义。

以宅基地置换城镇商品房的对象主要是按照规划撤乡并镇的区域农民。客观地看，城镇土地是稀缺的，城镇发展需要不断地有城镇土地供应做支撑。不论是单位面积产出，或者是单位面积承载人口数量，农村土地（这里主要是指农村建设用地、宅基地）相对于城镇土地来讲它的使用效率是低下的。要实现城乡一体化发展，对城乡建设用地的合理、高效使用是重要的方面。促进农村人口集中居住、实现农民市民化是提高农村建设用地使用效率的前提条件。

据有关统计分析，2009 年，苏州市农村居民点用地为 89.57 万亩，以农业人口和农户计算，人均和户均占地分别为 0.34 亩和 0.90 亩，农村建设用地的合理、科学、高效利用的潜力很大。可以说，苏州在城乡面貌发生巨大变化、土地产出效率稳步增长、城镇化率显著提高的同时，也为苏州经济社会发展提供了丰富的土地资源。

（二）农村宅基地置换城镇商品房的具体做法

1. 科学制定城乡全域发展规划，构建城乡住宅置换政策体系

苏州坚持以城带乡的"新市镇"规划建设理念，率先推行城乡全域规划，开通农民置换进城的政策通道。

首先，苏州市以"工业化、城镇化、农业现代化、信息化"同步发展的高起点规划理念，统筹谋划农民进城的全方位问题。要求各市、区、镇强化规划理念，按照城乡一体化发展要求，编制农村住宅置换商品房的专项规划，并加强与土地利用总体规划、城镇村规划、城乡建设用地增减挂钩规划等的有机衔接，科学安排，通盘考虑。坚持生态优先（包含保护古村落），努力提升"三集中"水平。坚持以土地节约集约利用为导向，确保建设用地总量不增加，耕地（农用地）总量不减少，用地布局更加合理。同时，要求除划定保留以外的村庄，均应按照资源集聚的要求，撤村并镇，建造新型农民安置社区。

以原吴江市为例，吴江市的整体规划思路是形成"双主、双辅、双轴、双廊"的城镇空间结构。按照规划要求，吴江市先后撤并14个乡镇，加快推进以滨湖新城为重点，以松陵、盛泽两主城区和汾湖、震泽两副中心为依托，以6个中心镇区为节点的现代化城市建设，提升城镇对城乡一体化发展要素集聚的承载能力。该市立足"长三角地区先进制造业基地"的区域功能定位，打造"四沿"经济片区，突出三大经济主战场，实施"4+4+1"九大产业振兴计划，保障农民进城充分创业就业。

其次，苏州市以集约、高效、稳妥的政策设计鼓励、吸引和保障农民进城。进入21世纪以来，苏州市按照要素集聚、资源集约的原则，出台多项政策措施引导农民实现居住方式与生活方式的市民化。例如，2009年苏州市市委、市政府出台了《关于印发<苏州市农村住宅置换商品房实施意见>的通知》（苏发〔2009〕48号）；2010年出台了《印发<关于进一步规范农民动迁安置商品房产权证办理工作的意见>的通知》（苏办发〔2010〕103号）、《关于印发<苏州市集体土地房屋拆迁管理暂行办法>的通知》（苏发〔2010〕56号）、《关于转发<苏州市户籍居民城乡一体化户口迁移管理规定>的通知》（苏府办〔2010〕301号）等系列文件，为农村住房置换城镇商品房开辟绿色通道；2013年4月1日市政府还专门出台了《关于鼓励积极盘活存量建设用地促进土地节约集约利用的实施意见》；与此同时，苏州下属各市、区纷纷制定具体的农村住宅置换城镇商品房的实施意见。例如，吴江市制定出台了《关于加快推进农村居民进城入住公寓房的实施意见》和《关于稳妥推进农村集中居住点建设的实施意见》两个政策文件，明确规划控制区外所有政府动拆迁的农户和"分户出宅户"必须实行城镇公寓房安置，鼓励农民自愿"弃宅"置换城镇公寓房进城，适度限制农户在农村集居点上自建房。

2. 加大动迁安置力度，着力推进城乡住宅置换实施

苏州市坚持"依法、惠民、阳光、和谐"的动拆迁原则，按照经济社会发展计划有序有力有度地推进城镇动拆迁改造。苏州明确要求拆迁工作所涉及的镇政府（街道办）应当与农民签订自愿置换的协议，协议内容须符合国家有关法规和政策的规定，明确双方的权利和义务，禁止强制置换、变相强制拆迁。要公开办事程序，主动接受社会监督，确保置换工作的公开、公平和公正。同时鼓励积极创新，充分发挥市场配置资源的基础性作用，寻找绩效与公平的最佳结合点，探索做好保障农民权益、节约集约用地和城乡统筹发展等工作的新机制。

具体来说，第一，置换过程要坚持以项目建设为主体，加快推进城市功能区动迁。第二，置换要坚持以提前进城安置为条件，加大农户预拆迁实施规模。对城镇规划建设控制区、预拆迁拓展区内的农户适度放宽预拆迁安置的条件，尽可能将具备D级以上危房、住宅年久失修、住宅狭小拥挤等情况的农户全部纳入动拆迁范围，确保居住艰苦的农户能率先入住城镇公寓房。第三，要坚持以开设"双赢共享"通道为引导，广泛吸引农户自愿进城。对城镇规划建设区和预拆迁拓展区之外的农业区域内的农户包括已经在城镇居住生活的农村住宅空置户，开通城乡住宅置换渠道。只要拥有农村合法住宅，自愿全家离开农村选择在城镇居住的农户均可向住宅所辖地的镇（区）政府提出置换申请。第四，要坚持以高标准建设安置公寓房为示范，切实增强进城辐射影响力。按照不低于同期城镇商品房开发的设计建设标准，全面建设用于安置动迁农户的城镇公寓房小区。

3. 要坚持先建后拆、先拆后得的原则，做好用地增减规划，有效拓展城乡住宅置换范围

农村住宅置换商品房过程中必须保证耕地（农用地）和建设用地面积的平衡，拆迁以乡镇为单位进行。有关乡镇（街道）必须要在安置商品房建设竣工并已达到入住条件后，方能拆除农户原住宅。安置商品房应选址在城镇规划区范围内，并符合城乡建设用地增减挂钩规划，按挂钩指标（只能在建新地块安排的建设用地指标）使用审批办法办理相关用地手续，所需用地指标可以在宅基地复垦整理后取得的挂钩指标内预支。除安置商品房用地和相关基础设施建设用地指标可以先预支后归还外，用于置换的农村住宅等用地必须先复垦形成耕地和其他农用地取得挂钩指标后，方可安排工业或经营性项目用地，即先拆先复垦，后取得和使用挂钩指标。

各地要开展置换工作前期调研，科学测算农村住宅置换规模，可以选择本镇（街道）辖区范围内若干个拟置换的农村住宅等用地地块（拆旧地块）和拟用于安置等城镇建设的地块（建新地块）组成一个用地面积平衡项目，认真调查和测算项目区内人口和户数、宅基地面积、非宅基地建设用地面积、拟新增耕地面积和农用地面积、拟使用挂钩指标的置换商品房用地面积和工业及经营性项目用地面积等。置换工作的实施要严格控制在

规划范围和核定的规模内，并且严格落实建新面积和复垦新增耕地（农用地）面积的双控目标，做到建新占用的总用地（其中耕地）面积不超过复垦增加的农用地（其中耕地）面积。

农村住宅用地置换的范围应选择在土地利用总体规划所确定的建设用地预留区以外的农户，即农业用地区内农户。在农户将农村住宅置换商品房的过程中，腾出的农村住宅用地必须按照专项规划的要求复垦成耕地或其他农用地。以乡镇、行政村或自然村为单位，开展置换工作应当以农户自愿为前提条件。农村住宅置换面积包括建筑面积和土地面积，以该农户依法取得的有关房产和土地权证上载明的面积为依据。拟置换范围内农户宅基地之外的集体建设用地可以同时置换，土地置换面积以各县级市、区国土部门掌握的土地详查图斑面积为准，若破图斑的以实际勘测面积为准。

同样以吴江市为例，2008年以来，吴江市紧抓国家实行城乡建设用地增减挂钩政策机遇，积极采取"定点整体置换"方式，加大农业用地区域内的农村住房置换城镇公寓房的推进力度，通过"拆旧建新"拓展城市发展新空间。仅仅3年时间，全市就通过城乡建设用地增减挂钩置换，对农业用地区的4800多农户实行住宅置换，减少农村建设用地近5000亩，增加城镇建设用地3000多亩。另外，吴江市还通过市镇两级全面建立城乡一体化投融资建设平台，加强安置公寓房建设的市场化运作；实行建设用地指标全市统筹收购调配政策，对部分土地市场价低于置换成本价的地区，允许按照有偿使用的原则，由市级城乡一体化建设投资公司按100万元/亩的标准收购，在全市范围内统筹调配使用。

4. 加强新型社区建设，巩固提升城乡住宅置换成果

苏州市在推进农村居民实施城乡住宅置换的同时，坚持发展成果均等共享原则，按照城镇新型社区标准，切实加快动迁安置区的社区化改造和农民向市民的身份转变。一是按照融入城市化的定位，统筹规划动迁安置小区建设。坚持按照城镇建设的区域功能布局规划，在城镇的优势地段规划农民动迁安置小区，统筹推进水、电、燃气、电信、公交、有线广播电视"六网"进区，注重周边交通、教育、医疗卫生、文化体育、购物娱乐等公共资源的配套完善。二是按照农民市民化的转型，完善动迁安置小区的公共服务。坚持把社区服务中心作为推进公共服务均等化的有效载体，在农民动迁安置小区全面建设设施齐全、功能完备、办事方便的公共服务平台。三是按照社会保障一体化的要求，落实进城农民社会保障接轨政策。在实现城保、农保、土保、医保、低保五大险种全覆盖的同时，自2009年起，苏州市建立农民基础性养老金自然增长机制，拓展城乡社会保障并轨的6条通道，并在2013年实现了全市范围内城乡之间低保、养老保险、医疗保险的全面并轨。另外，市、区两级财政专门开辟专项预算资金，用于农民就业创业培训和奖励企业吸纳就业。注重对进城农民开展免费就业技能培训，加强就业岗位的优先推荐，保障农民置换进城后的安居乐业。

5. 拆迁安置补偿要公开、公正、公平，避免暗箱操作

对置换农户的拆迁安置补偿执行当地被征地农民同等的拆迁安置补偿标准，对置换农户的安置补偿，可以采用现房安置、货币补偿和全部或部分到工业集中区置换标准厂房三种形式。

对要求现房安置的农户，采取"等价交换、差额结算"的置换办法，即农村住宅交换商品房遵循等价交换原则，在土地使用权互不作价的前提下，镇（街道）要制定对农宅估价的实施细则和原则，按成本价确定安置商品房的价格及楼层差价。对拟置换农宅的面积、质量进行价值评估，镇政府（街道办）给予相等面积（或按家庭人数折算）的商品房，交换的成套商品房价格小于或大于农宅评估价格的，进行差额结算。

对要求货币补偿的农户，在对其原农村住宅进行价值评估后，确定应得的安置商品房补偿面积。货币补偿总额为应得安置商品房面积的市场折算价扣除政府定销价后的差额，并可在此基础上适当提高补偿金。但选择该类补偿形式的农户其前提条件是已有其他住房，或只要求获取安置商品房中的一部分，从而申请全部或者部分采取货币补偿。农户接受货币补偿后，政府不再安排商品房置换。

对要求以原农村住宅全部或部分到工业集中区置换标准厂房的农户，按照应置换商品房的价格和面积，综合折算应置换的标准厂房面积，原则上标准厂房面积应大于商品房面积。置换后标准厂房的所有权和出租产生的收益归农户所有。

6. 对拆迁安置农民的后续保护

对符合规定的出宅条件并已提交出宅申请的置换区（拆旧区）内农民，

自愿放弃宅基地申请的，可安排一套面积约 120m² 的商品房作为政策性补偿，对于独生子女家庭，可以适当增加补偿面积作为奖励，具体标准由各县级市、区视实际情况确定。商品房的销售价格为政府规定的安置商品房价格。

不得假借建设安置商品房的名义，搞房地产项目开发，所建安置商品房必须专门用于参与置换的农民居住用房，不得向社会销售。

安置区内所建的经营性、公益性公共服务设施，其产权归参与置换的农户共有，用于出租的，出租收入要用于安置区的物业管理费用支出，以减轻入住农户的负担。

农村住宅置换后，农户原宅基地使用权由原集体经济组织收回，并由县级市、区政府注销其土地登记，收回相关权证。有关部门应尽快为置换农户办理安置商品房的房地产登记，核发权属证书。取得房地产权证后，安置商品房可以上市流通。

动迁农民的户籍关系迁入社区管理，可以参照被征地农民基本生活保障办法，享受有关政策待遇，符合条件的可以直接纳入城镇社会保障体系，农民转为城镇居民。户籍关系迁入社区的农民继续享受原居住地集体经济组织除申请宅基地以外的权益。

三 土地承包经营权与城镇社会保障的置换

（一）土地承包经营权透视

1. 土地的自然属性与经济属性

土地的特性包括自然属性和经济属性两个方面。前者是指不以人的意志为转移的，仅以其存在为前提由大自然赋予的各种特征；后者是指人们在利用土地进行劳动生产的过程中表现出来的生产力和生产关系两方面的特征。具体而言，土地的自然属性包括以下几点。①土地的定位性：这是土地最大的自然特征，即土地位置不能移动，也不可互换和搬动，这一特性决定了土地交易不能是实物交易，只能是产权的流转。②土地的有限性：是指土地面积是有限的，这决定了人们只能进行土地用途的转变，却不能增加土地面积。③土地的差异性：是指土地由于受到地理位置、自然环境、社会经济条件以及人类活动的影响使得其在质量、结构和功能上表现出巨大的差异性。④土地的永久性：土地是一种非消耗性资源，人类对土地的利用不会导致它的消失或减少；当然，这种永续性是相对的，只有在使用过程中维持其功能，才能实现永续利用，即土地虽然永久存在，但不是绝对的永续利用。土地的经济属性包括：土地的稀缺性、土地的增值性、土地利用的多样性和相对分散性、土地功能的复合性及其利用后果的社会性。任何土地法律制度的构建和完善都必须充分考虑并综合考量土地的自然属性和社会属性。根据土地这两种性质的不同和我国的实际情况，《中华人民共和国土地管理法》将我国的土地分为三类，即农业用地、建设用地和未利用地。

2. 土地承包经营权的性质

（1）土地承包经营权的界定

土地承包经营权（以下简称为"承包经营权"）是反映我国经济体制改革中农村承包经营关系的新型物权。我国《农村土地承包法》第3条规定："国家实行农村土地承包经营制度。农村土地承包采取农村集体经济组织内部的家庭承包方式，不宜采取家庭承包方式的荒山、荒沟、荒丘、荒滩等农村土地，可以采取招标、拍卖、公开协商等方式承包。"该法第9条规定："国家保护集体土地所有者的合法权益，保护承包方的土地经营权，任何组织和个人不得侵犯。"《中华人民共和国民法通则》规定了公民、集体的承包经营权受法律保护（第80条第2款）：国家所有的土地，可以依法由全民所有制单位使用，也可以依法确定由集体所有制单位使用，国家保护它的使用、收益的权利；使用单位有管理、保护、合理利用的义务。《中华人民共和国物权法》第一百二十四条：农村集体经济组织实行家庭承包经营为基础、统分结合的双层经营体制；农民集体所有和国家所有由农民集体使用的耕地、林地、草地以及其他用于农业的土地，依法实行土地承包经营制度。以上法律规定了土地承包经营权的经营制度及对承包人利益的保护。从列举可知，我国多部法律对土地承包经营权均有规范和界定，但权能属性并不一致。

（2）关于土地承包经营权的法律性质

关于土地承包经营权在学术界存在债权说和物权说两种不同的观点。债权说认为，土地承包经营权的内容是由合同确立的，承包经营权本质上是一种联产承包合同关系，它仅仅发生在发包人与承包人之间，因此土地承包经营权不具有对抗第三人的效力，基于联产承包合同取得的农地使用权（即目前的土地承包经营权）属于债权性质，尤其是从土地转包来看，承包人取得的权利都是短期性的，承包人不能自主转让承包权，而须经发包人同意，这种转让方式完全是普通债权的转让方式。

物权说认为，土地承包经营权是对物的占有、使用、收益为内容的权利，性质上只是对物的支配权。"承包经营合同所确立的承包经营权，是对标的物直接占有、使用和收益的权利，因而是物权；承包经营权的作用主要是保障承包人对发包人的物进行使用和收益，所以它应属于用益物权。"

（3）从目前理论与实践发展看，土地承包经营权正在经历由债权向物权的过渡

客观地来看，改革开放之初家庭联产承包经营制的制度设计将土地承包经营权设计为债权性质，对土地承包经营权赋予诸多限制，并且在承包期限、承包权的调整方面多有利于发包方。随着《农村土地承包法》等法律、法规的颁布实施，我国土地承包经营权的权能较改革开放之初有明显加强，土地承包经营权的排他性得到加强。

譬如，《农村土地承包法》第16条规定："承包方享有下列权利：①依法享有承包地使用、收益和土地承包经营权流转的权利，有权自主组织生产经营和处置产品；②承包地被依法征用、占用的，有权依法获得相应的补偿；③法律、行政法规规定的其他权利。"上述权利完全是物权性质的权利。虽然我国《农村土地承包法》仍然规定，当事人可以订立承包合同，但承包合同不能随意剥夺法律规定的承包方依法应享有的上述权利，只能在上述权利范围内确定其具体的权利义务关系，或者使法定的抽象的权利规定具体化，这就意味着我国的土地承包经营权已经由当事人通过合同意定转化为法定，这是权利物权化的突出表现。

该法第54条规定："发包方有下列行为之一的，应当承担停止侵害、返还原物、恢复原状、排除妨害、消除危险、赔偿损失等民事责任：①干涉承包方依法享有的生产经营自主权；②违反本法规定收回、调整承包地；③强迫或者阻碍承包方进行土地承包经营权流转；④假借少数服从多数强迫承包方放弃或者变更土地承包经营权而进行土地承包经营权流转；⑤以划分"口粮田"和"责任田"等为由收回承包地搞招标承包；⑥将承包地收回抵顶欠款；⑦剥夺、侵害妇女依法享有的土地承包经营权；⑧其

他侵害土地承包经营权的行为。"从以上对土地承包经营权的保护方式来看,我国的土地承包经营权已经完全具备了物权保护的特征,具有明显的物权属性。

该法第10条规定:"国家保护承包方依法、自愿、有偿地进行土地承包经营权流转。"根据该法第32条、第33条的规定,通过家庭承包取得的土地承包经营权,在不改变土地所有权的性质和土地的农业用途,且受让方有农业经营能力的情况下,可以依法采取转包、出租、互换、转让或其他方式自由流转。第49条也规定,通过招标、拍卖、公开协商等方式承包农村土地的,经依法登记取得土地承包经营权证或者林权证等证书的,其他承包经营权可以依法采取转让、出租、入股、抵押或者其他方式流转。任何组织和个人不得强迫或者阻碍承包方进行土地承包经营权的流转。土地经营权可以依法、自愿、有偿流转,是土地承包经营权题中应有之义,这说明,土地承包经营权已经具备了物权所具有的财产性和可转让性特征,是物权性质的权利。所以,土地承包经营权正在由债权性质的权利转化为物权性质的权利,是用益物权的一种类型。

3. 土地承包经营权对农民的作用

中国人历来有安土重迁的传统,在集体所有权和承包关系上所形成的土地关系条件下,土地对于农民来说不仅仅是一种简单的劳动对象,更具有广泛的社会功效。在土地承包经营权能扩大的情况下,概括起来主要其功效主要有:生活保障功效、就业机会保障功效、土地产出功效(直接经济收益效用)、子孙对土地的继承权功效、征地后可得补偿功效、避免重新获取时付出高昂成本功效。对于苏南地区的农村来说,由于区域经济发达,农民获得财产性收入、工资性收入的机会很多,因此,其对土地直接产出的依赖程度很低,更多将其视为最基本的生活保障。以苏州市为例,绝大多数农民不愿意将自身禁锢于土地之上,但也不愿意轻易地交出土地承包经营权,因为在前景不确定的条件下,那是他们最后的退路。

(二) 土地承包经营权对土地股份合作社股权的置换

1. 土地承包经营权转换利益分析

对于未被征用为国有土地的农业用地来说,其承包经营权分散在各个农户手中。由于小农经济的局限性,几亩田地只可保证农户温饱,不支持其奔向小康。因此，对于经济社会比较发达的苏州地区绝大多数农户，其手中的土地承包经营权形同鸡肋，食之无味，弃之可惜。在这种背景下，农户以土地承包经营权入股筹建土地股份合作社成为一件对农户、集体、社会都有益的选择。土地股份合作社，是按照农户入社自愿、退社自由和利益共享、风险共担的原则，引导不愿意种田或不想种田的农户自愿将承包土地经营权折股加入土地股份合作社，由土地股份合作社在不改变土地用途的前提下，统一种植水稻、油菜等粮油作物或经济作物。

土地股份合作社是由村集体土地的所有权人联合而成，合作社的社员也就是村集体成员，即村集体成员（社员）将自己所拥有土地的承包经营权量化为股权证书上的股权，而其与村集体（合作社）之间就其所拥有土地的承包关系仍存在，村集体（合作社）仅享有集体土地的经营权。由此可见，在这种土地入股模式中，土地承包经营权并未发生物权性的权属转移，仅仅是土地使用权与土地所有权、土地承包权的分离。

在土地承包经营权置换入股形成土地股份合作社的过程中，涉及农户、集体、政府三方面的利益关系调整。置换要想顺利实施，必须实现三方的共赢。首先，农户必须是受益方。其置换入股的条件是分红收益不小于自我经营时的净收益。农户的利益在于一方面通过股权获得相对稳定的分红收益，另一方面可以摆脱农地对自身劳动力的束缚，农户可以全身心地去投入非农产业获取工资收入或其他经营收入。其次，村集体（合作社的组织方）也应该是受益方。一方面，合作社通过土地集中联片消除过去沟、垄、路、边界占地，一般会使耕地面积增加10%左右，这会产生收益；另一方面，农业实现规模经营之后，在种子、化肥、农机具使用、技术推广等方面会产生规模效益，较之于小农经营模式也会产生20%~30%的增收效益。这两方面效益之和成为合作社的组织效益，成为增加集体福利、服务的利益来源。最后，政府和社会也应该是受益方。通过置换形成土地股份合作社之后，政府会对农业经营形成更加乐观的预期，客观上会增加农业产出，对政府的粮食安全有很大益处。另外，农业不仅有粮食产出的效益，还会有很多的生态效益，对于改善生态环境有很大益处。正因如此，苏州市市、区两级政府会对规范的土地股份合作社进行每亩300~500元的补贴。

可见，相对较小的交易费用和相对较大的农业规模经营效益是土地承包经营权置换成股权形成土地股份合作社的条件。

2. 土地承包经营权置换合作社股权的操作——苏州吴中区上林村土地股份合作社实例

在土地承包经营权置换股权形成土地股份合作社过程中，存在多种模式。有些直接以土地单位"亩"作为计量单位，有些则将土地折算成货币单位计股。虽然核心思想一样，但组织方式略有差异。在此，我们以我国第一个获取工商营业执照的苏州市吴中区上林村土地股份合作社为例，说明置换是怎样进行的。

2006年初，苏州市吴中区上林村遵循"依法、有偿、自愿"原则，上林村117农户和村经济合作社以16公顷土地为股本，自发组建了"上林村土地股份合作社"，经估价，入股土地每亩折一股，每股作价5000元，共计240股，注册资本120万元。合作社依法申请了工商注册登记，领取了营业执照，取得了法人资格，经济性质属于集体所有（股份合作制），经营范围是农产品自产自销，营业期限以第二轮土地承包期限为准，即自登记机关签发营业执照之日起至2028年止，共计22年。

在产权结构、股权设置和收益分配等方面上林村土地股份合作社具有以下特征。

第一，上林村土地股份合作社构建了"三权分离"的产权结构关系。它重新构建了所有权、承包权、经营权"三权分离"的产权结构关系，集体、农户、合作社之间的产权关系得以重新界定。集体拥有的土地所有权坚持不变，农户作为土地承包权的所有者，放弃了直接经营土地的权利，获得承包土地的股权，土地经营权由合作社集中掌握，统筹安排。

第二，在上林村土地股份合作社股权设置中包括集体股和农户个人股两种。上林村土地股份合作社由117户农户和村经济合作社共118位股东自发组成。土地量化折股方式由参股农户自行协商确定，原则上参照前3年土地平均产值，结合土地承包经营权证上的剩余年限，最终确定1公顷土地作价7.5万元，入股16公顷，总作价120万元。合作社股权设置包括村集体股和农户个人股两种，其中农户土地入股15.31公顷，作价114.84万元，占合作社认缴注册资本的95.7%。村经济合作社以机动地入股0.69公顷，作价5.16万元，占认缴注册资本的4.3%，是该合作社的最大股东。

第三，基本建立三会制度。借鉴其他股份合作社的经验做法，上林村土地股份合作社建立了社员代表大会、董事会、监事会三会制度。其中社员代表大会是合作社的最高权力机构，在选举和表决时实行一人一票制度。按照章程规定，合作社实行"自愿入股、利益共享、风险共担、民主管理"的管理制度，日常事务由董事会负责，重大事项由社员代表大会民主决策，村集体只有服务和协调权，村级领导干部不得列入董事长人选，现任董事长是全体股东从普通村民选举产生的，村主要领导作为村经济合作社股东代表经选举后担任合作社普通监事。

第四，上林村土地股份合作社通过招标发包的方式实现农业适度规模经营。合作社以公开、公正、公平的方式，面向全体村民出租合作社的240亩土地，最有经营能力、获利能力的种田大户将获得直接的土地使用权和经营权，并按约定向土地股份合作社缴纳租金等。按照章程的规定和要求，土地股份合作社内部建立了股东代表大会、董事会和监事会等组织，在合作社中扮演不同的角色，形成了稳定的组织结构和相对应的产权结构。置换后的经营方式还有兴办合作农场集体经营、出租给涉农工商企业统一经营等多种方式，这里不一一赘述。

第五，实行保底收益和浮动分红相结合的收益分配方式。由于初创阶段，农户入社积极性不高，因此，苏州的土地股份合作社都采取了保底收益与浮动分红相结合的收益分配方式。按照按股分红的基本原则，上林村土地股份合作社年末税后利润按照弥补亏损、提取法定公积金和公益金、支付股利的先后顺序分配。分配方式采取保底收益和浮动分红相结合的办法，股东除了每年获取每亩600元的土地保底收益分红，再视合作社效益参与二次分配，但基本上无论合作社经营业绩好坏，收益分配只增不减。

3. 政府对土地承包经营权置换股权的支持政策

在土地承包经营权与土地股份合作社股权的转换过程中，苏州市政府承担了引导者、支持者的角色。

首先，苏州市采取了一系列保护耕地措施，严格坚守耕地红线。借助农村土地股份合作为保护耕地增加了一道屏障。过去，没有农村土地股份合作社时，一些农民私下流转农田，由于缺少完善的制度和有效的监管，不少农田在流转过程中改变了用途，变成了建设用地。现在，有了土地股份合作社就不一样了，每一户入社农户都在监督土地的使用，任何人都不能私自改变土地用途，全市28万户入社农户，是一支坚强的耕地保护队伍。

其次，苏州通过地方法规明确规定，土地股份合作社中的农地只能用于发展高效农业，保证农业用地性质不变，明确土地股份合作社土地流转"三个不"，即不改变土地集体所有性质、不改变土地用途、不损害农民土地承包权益。不改变土地集体所有性质，就是在流转中不改变土地所有权属性和权属关系；不改变土地用途，就是农地流转只能用于农业生产，不能用于非农开发和建设；不损害农民土地承包权益，就是土地是否流转和以何种方式流转，完全由农民自己做主，并确保农民的土地流转收益不受侵害。

最后，为鼓励土地股份合作社进行土地规模经营和耕地保护，苏州市要求各区、县设立耕地保护专项资金，农民将耕地流转给合作社，除流转费收入外，财政每年每亩再补贴400元。苏州市还设置规模化门槛，连片种植1000亩以上，才能获得补偿。吴江市规定，只有整村水稻流转给合作社经营，且全部实行机插秧，才能每年每亩补偿300元。2011年，吴江水稻面积比2010年增加了1万多亩。张家港市对流转出土地用于规模经营的农户，粮食种植面积100亩以上、蔬菜种植面积30亩以上的给予每年每亩300元奖励。

通过以上政策措施，苏州在耕地保护、农民收入等方面都取得了很好的成绩。例如，苏州太仓市，近年来，共成立了109个土地股份合作社，农民入股经营的105400亩耕地不仅没有减少，通过土地开发整理，还新增耕地2200多亩。常熟市也与苏州其他市、区一样，在农村土地股份合作社成立之前，由于农村从事种植业的经营收入相对较少，更多的农民流向了第二、第三产业，导致耕地撂荒和半撂荒的现象不断出现，耕地的数量和质量逐年下降。土地股份合作社成立后，既促进了农地规模化经营，又大大提高了农民保护耕地的积极性。常熟市古里镇坞坵村土地股份合作社近3年累计投入6000多万元用于土地开发整理，共整理土地6000多亩，新增耕地面积200多亩，耕地质量、亩产粮食大大提高。常熟市政府出台了《土地开发整理项目和资金管理暂行办法》，明确优先将省返还的新增建设用地有偿使用费等专项资金用于现代农业和高标准农田建设，提高了土地股份合作社土地开发整理的积极性。

土地是农业之本，是农民祖祖辈辈安身立命之本。土地承包经营权与土地股份合作社股权的置换有利于耕地资源的长期、有效保护，有利于发展现代规模农业，有利于增加农民收入，对苏州城乡一体化发展起到良好的促进作用。

（三）土地承包经营权与城镇社会保障的置换

对于一些基于城镇发展规划需要即将面临全部耕地被征用的农户来讲，其承包经营权将因土地被征用而丧失，成为所谓的"失地"农民。土地对于农民来讲不仅是生产对象，而且是最后的保障，拿走农民的土地必须支付相应的对价，或者提供替代土地的社会保障。

苏州从20世纪末期已经在研究如何保障失地农民的正当权益和长久利益。最早的补偿基本都是货币补偿，但是运行过程中遇到一些棘手的问题，譬如，补偿标准的界定可能因级差地租而有所差异，而这种差异又很容易引起低补偿农民的不满。另外，一些缺乏自制能力的农户可能会在极短的时间内挥霍掉征地补偿款，形成新的不稳定因素。渐渐地，苏州摸索出以货币补偿与城镇社会保障相结合的方式来置换农民的土地承包经营权。这一方面出于公平考虑，另一方面也是出于对农民长期利益的考虑。

由于我国社会保障基本上是县级统筹，因此苏州各市、区关于失地农民的社会保障规定略有区分，但原则上大同小异。2014年，苏州市政府办公室印发了《苏州市市区征地补偿和被征地农民社会保障实施细则》，苏州市高新区也印发了《苏州高新区失地（动迁）补偿和失地（动迁）人员社会保障实施意见》，其他各市也均有相应的实施意见。其核心内容如下。

1. 农村集体经济组织成员的认定基本上是以土地承包经营权为依据

由于我国两轮土地承包经营权起止时间各地有所差异，因此，苏州各市、区对失地农民的认定基本上是以第二轮土地承包经营时获得土地承包经营权的人员及其成年子女作为社会保障安置对象。例如《苏州市市区征地补偿和被征地农民社会保障实施细则》规定，下列人员不作为农村集体经济组织成员（不列为安置对象）：在本农村集体经济组织内不享有土地承包经营权，不承担农业义务的人员；历次征地已安置的人员或已按有关安置规定落实安置措施，因本人原因未安置的人员；已按国家规定按月享受城镇退休养老待遇，且于退职、退休时由非农业户口转为农业户口的回迁（含子女顶职后退休回迁）人员；历年来由于进城工作、参军转干、读书等原因而"农转非"和出生报非农业户口，于2003年4月30日《苏州市户籍准入登记暂行办法》公布实施后回迁的人员；本细则第五条第（二）类农村集体经济组织成员以外的婚迁人员；婚迁以外因投资、引进人才、投靠亲戚、挂靠户口、转包（租）他人土地承包经营权等原因迁入的人员；1998年第二轮土地承包后，本细则第五条第（四）类农村集体经济组织成员以外的出生人员；机关事业单位在编人员和离退休人员；其他不可享受征地安置的人员。

另外，因动迁且自愿放弃农村土地承包经营权、退出农村承包地的家庭集体经济组织人员也被纳入安置对象。

2. 补偿标准与安置补助费标准

苏州市市区补偿标准为：按照农用地、建设用地和未利用地确定土地补偿费标准。征收农用地的土地补偿费标准为24000元/亩；征收建设用地的土地补偿费按照征收农用地土地补偿费计算，但建设用地上房屋补偿土地使用权价值的，视同为已补偿土地补偿费；征收未利用地的土地补偿费按照征收农用地土地补偿费的0.5倍计算。

征收农用地的安置补助费，按照需要安置的被征地农民人数计算。需要安置的被征地农民人数，按照被征收的农用地面积除以征地前被征地农村集体经济组织人均农用地面积计算。被征地农民的安置补助费标准为26000元/人。征收建设用地和未利用地的，不支付安置补助费。

3. 社会保障置换

为了更加公平公正地保障全体被征地人员的生活保障，苏州各市区均以征地补偿安置方案批准之日为界限，将被征地农民划分为下列三个年龄段，16周岁以下（未成年年龄段），16周岁以上至60周岁（劳动年龄段），60周岁以上（养老年龄段）。不同年龄阶段，其保障方式不同。

对于16岁以下的人员，一次性给予征地补偿与安置补助费之后，因其尚未成年，故暂不考虑其社会保障问题。

对于16周岁以上的被征地农民，社会保障资金财政专户由被征地农民社会保障个人分账户和统筹账户组成。个人分账户的资金由不低于当地上年度农民人均纯收入20%（按月折算）的1.1倍乘以139以及土地补偿费按比例支付给16周岁以上被征地农民后的余额组成。统筹账户的资金由被征地农民社会保障资金除划入个人分账户以外的资金组成。被征地农民社会保障资金财政专户出现缺口，姑苏区由市级财政承担，工业园区、高新区由原渠道解决。

劳动年龄段被征地农民的个人分账户资金用于置换企业职工基本养老保险缴费年限或逐期代缴其参加城乡社会养老保险的个人缴费部分。养老年龄段被征地农民的个人分账户资金用于逐月发放养老补助金。被征地农民征地时已按月享受职工基本养老保险待遇的，其个人分账户资金一次性支付给本人。被征地农民离境定居并丧失中华人民共和国国籍或死亡的，经本人或其指定受益人、法定继承人书面申请，其个人分账户资金本息余额可以一次性支付给本人或依法继承。

劳动年龄段被征地农民在用人单位就业的，应当参加职工基本养老保险；从事非全日制工作或者自由职业（灵活就业）的，可以按照灵活就业人员的规定参加企业职工基本养老保险；未参加职工基本养老保险的，可以选择参加城乡居民养老保险。

劳动年龄段中征地补偿安置方案批准之日男满46周岁及其以上、女满36周岁及其以上人员（以下简称"大龄人员"）申请纳入企业职工基本养老保险的，其换算的企业职工基本养老保险缴费年限加上本人征地补偿安置方案批准之日前已参保的缴费年限（含视同缴费年限）合计不满15年的，在申请置换企业职工养老保险时允许一次性补足。补足办法由各区确定，给予补贴的，资金由各区财政按照相应财政体制承担。其中，姑苏区补足缴费对应年度按不重复向前推记的办法确定。补足缴纳企业职工基本养老保险费缴费基数可以按征地补偿安置方案批准之日时市区企业职工基本养老保险缴费基数下限确定，补足缴费比例按补缴对应年度企业与职工个人缴费比例之和计算确定。补足缴纳企业职工基本养老保险费中个人缴费比例部分由个人承担，企业缴费比例部分由政府财政给予补贴，财政补贴资金由市、区两级财政各自承担50%。

养老年龄段被征地农民从征地补偿安置方案批准之月起，按照不低于当地上年度农民人均纯收入 20%（按月折算）的 1.1 倍按月领取养老补助金，具体标准由市人力资源和社会保障、民政、国土资源、财政、统计部门测算报市人民政府确定，于每年 7 月 1 日调整。养老补助金先从个人分账户中支付，个人分账户资金不足支付的，从统筹账户中列支。

被征地农民的医疗保障与养老保障类似，此处从略。

四　集体资产所有权、分配权置换成社区股份合作社股权

（一）集体资产所有权置换社区股份合作社股权的意义

早在改革开放之初，得益于观念解放和区位优势，苏州农村就开始大力发展乡镇企业，所以在 20 世纪 80 年代前后集体经济发展比较好。尽管在 20 世纪 90 年代末的股份制改造中，相当一部分乡镇企业转化为股份公司，但与多数农村的空壳集体相比，苏州的乡村都积累了一定的集体资产。在城乡一体化和城镇化的浪潮中，村的建制迟早将被打破，村民变市民也是大势所趋。但集体资产（包括一些经济实体）是全体村民的财富，这些财富有些是不宜分割成实体随着村民流动的。这种情况下，把集体财产从价值上量化分割、在实体上保留发展就成为一种最优的选择。于是，借鉴股份制的思想与操作方法，以集体资产为标的，建立社区股份合作社，将村民对集体资产的所有权置换成社区股份合作社的股权成为苏州城乡一体化区别于其他地区的一大特色。

实践证明，通过改革明晰了农民个人在村集体资产中的权利和义务，保护了城镇化进程中集体和农民个人的合法权益，有利于提高农村集体经济经营管理水平，促进农村集体资产的保值增值；有利于资金、劳动力、土地等农村生产要素的优化组合和合理流动，促进农村劳动力转移，加快农村城镇化进程；有利于实行民主选举、民主决策、民主管理、民主监督，加强农村基层民主政治建设，确保农村社会稳定。因此，在有一定数量集体资产的村推行农村社区股份合作制，不仅有效解决了当前农村经济社会发展中的一些难点、热点问题，而且为农村集体资产保值增值找到了一条适合市场经济发展要求的有效途径。

(二) 集体资产所有权、分配权置换社区股份合作社股权的几个阶段

1. 早期的集体资产股权置换 (2008 年之前)

虽然早在 2002 年，苏州就已经注意到社区股份合作制改革，并出台了《关于农村社区股份合作制改革的实施意见 (试行)》，但真正推开是在 2005~2007 年。2005 年苏州出台《关于加快推进和完善农村社区股份合作制改革的实施意见》(苏办发〔2005〕73 号)，要求用大约三年的时间，在苏州全市农村完成社区股份合作制改革。这一阶段社区股份合作制改革的重点对象是：村级经营性净资产和年经营性收入具有一定规模且比较稳定的村；位于城郊接合部和城镇建成区内的村；目前已"撤村建居"或"村居合一"且具有一定净资产的村；大多数群众有强烈要求的村。2005 年重点抓好村级经营性净资产 200 万元以上、年经营性收入 80 万元以上的村。2006 年，全面推进社区股份合作制改革，到 2007 年全面完成对重点村的全部改革。

这一阶段对股权置换后的合作社形态尚不十分清楚，总体要求是立足于"建立现代企业制度"这一方向和本着"发展集体经济、稳定农村社会、尊重农民意愿"的原则，做到目标要高、设想要远、起点要实，在实践中逐步规范和完善改革措施。

在这一阶段，由于各村情况差异较大，资产情况、人员构成情况等都有明显的不同。在实施社区股份合作制改革过程中，要求各村应根据各村具体情况制定切合村情的改革方案，做到"一村一策"，确保改革顺利实施。改革中要充分发扬民主，发挥村民的智慧才智。譬如，对于股权置换分配对象的认定、对于收益分配的比例、债权债务的确认等问题，都交由村民充分讨论，民主决策。

在权能性质方面，这一阶段苏州市的管理文件明确认为，社区股份合作制是社会主义市场经济条件下集体经济的一种新的组织形式。集体经营性净资产折股量化到人，所有权仍属村 (社区) 股份合作社集体所有，量化到人的集体经营性净资产股权，只作为享受集体经济收益分配的依据，不得提现退股。

经过几年实践，通过股权置换形成的社区股份合作社形式主要有三

种。一是资产保护型。即在撤村建居过程中,组建新的社区经济合作社,明确集体资产和收益归原村集体组织成员所有。二是存量折股型。即把村级集体经营性净资产按一定的标准折股量化给村民,村民按所得的股份享有收益分配。三是增量扩股型。即在量化集体存量资产的同时,吸纳村民现金入股,增加股本总额,提高村民投资收益。资产保护型改革是股份合作制改革的一种过渡形式,仅适合于个别地方。绝大部分村原则上都应推行存量折股型的社区股份合作制改革。鼓励和引导有条件的地方,通过村民现金配股的方式实现增资扩股,促进社区股份合作社的发展壮大。

2. 集体资产所有权置换社区股份合作社股权的发展完善阶段（2009年至今）

经过7年多的稳步推进,到2008年底,苏州全市已经有1086个村相继完成社区股份合作制改革工作,占到全市村级单位总数75.6%;入社农户累计达到89.1万户,涉及农民279万人,分别占全市农户及农民总数81.4%和76.6%;合作社累计涉及集体经营性净资产96.7亿元,占全市村级集体经营性资产的81.2%。当时,除张家港市永联村、长江村等少数几个村,由于资产总量大、改革复杂等尚未进行改革外,其他符合条件的村（年村级可支配收入200万元以上和撤村建居的村）都已经基本完成了农村社区股份合作社改革。可以说,改革工作已经处于巩固提高阶段。通过改革,集体经济实现了新发展,农民增收找到了新路径,民主管理进一步加强,农民分享到了农村经济发展的成果。

但是,在初期的股权置换快速发展之后,改革的深层次矛盾将显现出来。一些村无法推动集体资产对社区股份合作社的股权转换,一些村在已经置换并组织社区股份合作社的运行中也出现了问题,概括起来主要有以下几点。一是部分村村级收入偏低,村级资产偏小,不符合社区股份制改革条件。二是部分撤村建居村的村级资产资不抵债,部分村级收入仅能维持日常开支,即使改革以后也难以实现分配。三是有些村虽然符合改革条件,但由于种种原因在人员界定和股权量化等方面尚还存在一些困难,所以未能及时进行社区股份合作社改革。四是一些社区股份合作社分红太少,集体股一股独大,村干部把社区股份合作社视作村里的小金库,支取随意,社员无力监督等。因此,股权置换进入了一个新的完善和发展阶段。

为了更好地促进农村股份合作社健康发展，苏州市在这一阶段主要采取了三类措施。其一，为了扶持贫弱村发展集体经济，在集中、置换、拆迁的过程中，有意地给集体经济薄弱的村置换出一些优质的经营性资产，例如，新社区附近的商业地产、工业园区的标准厂房等，使过去的薄弱村通过置换获得一些马上能见效益的资产，从而推动股权置换改革。其二，进行"政社分离"的改革试点。以枫桥经验为参考依据，在部分社区股份合作社推行中赋予社区股份合作社真正的经济组织职能，剥离行政权对社区股份合作社的干预。社区股份合作社独立自主依据市场规则经营，通过提取公积金、公益金的方式，向社区做贡献。其三，实施股权固化改革。取消集体股，强化个人股权权能。目前，除了合作社的股权流转尚未实现实质性改革外，其他如收益权、继承权、质押权等权能已基本得到保证。

（三）集体资产所有权、分配权置换社区股份合作社股权的程序与方法

1. 清产核资

清产核资工作，按照农业部、财政部有关农村集体资产清产核资的文件精神，由市（区）、镇农经部门和村民主理财小组等组成专门的清产核资小组，对村办企业转制回收资金、留村的土地征用补偿资金、各业承包租赁金、投资收益、村级资金出借和经济担保等项目进行分项清理，核实集体资金的回收情况和质量状况，对应收款项、固定资产、在建工程、对外投资、资源性资产及负债等核实占用情况和实际存量，依法界定所有权归属关系。经大多数村民同意，清产核资工作也可以委托有资质的中介评估机构进行。集体资产清查核实和产权界定的结果，由原村集体经济组织召开村民大会或村民代表大会予以确认，并在村务公开栏中张榜公布，报镇农经部门审核鉴证备案。

2. 股权设置

在清产核资的基础上，经村民大会或村民代表大会讨论通过，合理确定折股量化的范围和股权设置的类型。折股的资产范围，原则上是村集体的经营性净资产。公益性资产和资源性资产（含集体土地），暂不列入折股量化的范围。股份量化的基本原则是，村集体经济组织成员人人有股，

按贡献大小适当体现差距。股权类型一般设置人口基本股和劳动贡献股两种。在试行期间，可设集体股，集体股比例不高于总股本的30%。个人股主要有基本股和干部岗位股两种，干部岗位股设置对象必须是非本村户口的跨村干部，其量化的股份需经镇党委批准确认，如果离开现职岗位，就不再保留。在股权设置中，也可根据股份经济合作社发展的需要，增设现金增量股，但严禁强制要求社员现金入股。

2011年之前有些村设立了集体股，有些村没有设，实践证明设立集体股虽然有利于集体对于合作社的控制，有利于利用合作社收入为村民增加集体福利，但集体股总体上会助长新的"政社不分"，并带来新的村民集体权责不清。因此，在2011年之后，苏州市明确规定所有社区股份合作社不得再设集体股，已有集体股的应重新分配固化到村民个人。

3. 股东身份界定及股份量化

股东身份办公室与股份量化是一项最敏感、最复杂的工作，一个村集体经济的发展和积累是历史形成的，各村的情况不一样，因此也很难有一个统一的标准套用和衡量，必须充分发扬民主，发挥村民大会的作用予以确认。

例如，在吴中区的社区股份合作社中，农村社区股份合作组织的股东是指，社区股份合作改革章程通过时点的在册本集体经济组织人员。人口基本股量化，凡符合条件的集体经济组织成员，不论年龄大小，一律按人口平等享有股份。劳动贡献股量化，主要根据村民的贡献大小（一般以农龄为依据）确定股份（已在机关事业单位的工作人员不再享有劳动贡献份额），两者量化的比例，原则上贡献股要略大于基本股；股份持有人对该股份享有所有权，股份可以继承、馈赠，但不得抽回。股份量化由村民委员会根据上述办法提出初步方案，经村民代表大会或村民会议讨论决定后，报镇人民政府备案。量化到人的股份，由社区股份合作组织向持股成员出具有董事长签名的记名股权证书，作为享受收益分配的凭证。股权管理实行"增人不增股、减人不减股"的静态管理，今后不随人口的增减而变动。初期的股权权能大小不一，有些合作社规定置换后的股权可以继承，有些则规定不能。关于股权的流动多数合作社没有加以明确确定，默认为不可转让。

相城区对股权的认定与吴中区有所不同。以相城区沙家浜镇为例，它对股东的认定是："集体经营性净资产折股量化到人的个人股，可分为基本股和享受股，取得基本股的为本社社员。下列对象可以确定基本股：一是至改制截止日年满18周岁的户口在册的农业人员；二是至改制截止日年满18周岁的原本村就地农转非人员（包括户改、上学、义务兵服役、因买房户口迁出、服刑等），但服刑人员在服刑期满间只量化其股权，不享受分红。下列对象不可以确定基本股（或享受股）：一是国家机关工作的公务员和参公人员及离退休人员；二是事业单位在职工作人员及离退休人员；三是金融机构工作人员及离退休人员；四是军队干部、志愿兵及离退休人员，其他对象是否确定为基本股（即社员）和享受股以及享受股如何设置由村视村情确定，但必须提交村集体经济组织成员民主讨论，并经三分之二以上人数同意方能通过。集体资产量化坚持男女平等原则。个人股以户为单位记入由市委农村工作办公室统一印刷的《股权证书》作为领取红利的依据。"

从2011年之后，苏州社区股份合作社股权基本上明确为可以继承，可以内部转让，但不能对外流转。

4. 收益分配

农村社区股份合作组织的收益在依法缴纳国家税金和有关规费后，可以按规定提取一定的公积公益金，再按同股同利的原则进行股份分红。股份合作组织发生亏损时，应相应降低股份价值，直至价值为零，社员只承担有限责任。未设集体股的股份合作组织，村级行政开支和社区公益事业建设资金主要从股份合作社年终可分配净收益中提取解决。对设有集体股的社区股份合作组织，其集体股的收益应用于村级行政开支和社区公益事业建设，结余部分可作为集体经济发展资金，列入公积公益金管理。

5. 制定章程

实行改革的村应拟订股份合作组织章程草案，主要包括组织的名称、性质和职能；股东确认、股东的权利义务以及股东代表的产生办法；股权的设置和具体量化方案；管理机构设置、产生办法及职责；资产的经营管理与保值增值责任考核办法；财务管理与收益分配办法等内容。章程草案必须广泛征求意见，报镇农经部门审核后，提交股东（代表）大会讨论通过。

6. 管理机构

农村社区股份合作组织要按照章程，参考股份合作制企业，设立法人治理机构，主要包括股东（代表）大会、董事会、监事会。股东（代表）大会是合作经济组织的最高权力机构，每个股东（代表）享受平等权利，实行"一人一票"表决制度。股份合作经济组织的投资决策、经营方针、年度计划及执行情况，须经股东（代表）大会讨论决定。董事会作为股东（代表）大会的执行机构和日常工作机构，由股东（代表）大会选举产生，对股东（代表）大会负责并报告工作，主要负责制定股份合作组织的发展规划和资产经营方案。董事必须是所在股份合作组织的股东，董事长是股份组织的法人代表，由董事会选举产生。监事会由股东（代表）大会选举产生，对股东（代表）大会负责，对集体资产的投资、经营、收益分配等实行有效监督。董事会、监事会成员不能相互交叉兼职。

从苏州实践的情况看，多数社区股份合作社的股东大会、股东代表大会、董事会由本届村民大会、村民代表大会和村委会兼任，监事会由本届村民理财小组成员组成。绝大多数农村社区股份合作社董（理）事长由村党组织书记或村主任兼任。但苏州市枫桥镇探索"政社分开"的改革，让村两委负责行政，社区股份合作社独立负责经济经营，取得了不俗的成绩，是未来苏州农村社区股份合作改革的方向。

五 集体产权置换的理论解读与创新

"三置换"是苏州市在农村集体经济改革中的一个重要内容，它与"三集中"等改革是密切配合、环环相扣的，所要解决的现实问题，既为农村土地集中和实现规模经营提供了一种机制，同时也为深化农村集体经济改革提供了一种途径，破解了长期以来困扰我们的集体经济发展中的产权不清等现实问题。而其中的两大置换即土地承包经营权置换土地股份，集体资产所有权置换资产股份是股权改革的两大实践，都是集体产权的置换。置换完成之后，农民以股权形式实现其在集体经济中的所有权，并以分红形式实现其作为所有者的经济收入，或者以获取社会保障权利实现其补偿。

如前所述，在家庭联产承包经营制下，存在着发展现代农业与超小规模经营之间的矛盾。在一段时期内，国家曾经寄希望于通过农民依法、自愿和有偿地流转土地承包权来解决这一问题。但是实践证明，土地自发流转不规范，随意性大，效果有限，迫切需要有一种更好的途径来深化这一改革。正是在这一背景下，近年来，苏州市在学习借鉴其他地区经验的基础上，探索出把农民土地承包经营权置换成土地股份的成功做法，实现了土地承包经营权的集中，然后由一些种田能手或者家庭农场集中承包，规模为几十亩到几百亩，这就有效解决了土地经营规模偏小的问题，有利于农业统一规划和统一种植，有利于发展现代农业和提高农业的经济效益。通过把农民的集体资产所有权置换成资产股份，同样有利于集体资产的流动和重组，能够妥善解决这一过程中的复杂利益关系，为农村集体经济寻找到一个合理的实现形式。

以上两种置换在实践上都是对农村集体经济的改革，在理论上极大地丰富了我们对集体经济历史使命、实现形式和发展趋势的认识。应该说，在人类社会的发展历史中，农业集体经济的出现并不是偶然的，它是生产的社会化与生产资料的分散占有和使用的矛盾演变的必然结果。在资本主义国家的发展过程中，解决这一矛盾的途径是在土地私有制的基础上，通过土地出租，建立大农场或者家庭农场。对于资本主义大农业中的生产关系，马克思在《资本论》中的地租部分，进行了深入透彻的分析。实践证明，这种制度安排是成功的，它促进了西方国家农业的健康稳定发展，以5%左右的农业人口，保证了全国人口的农产品供应需要，还有大量剩余部分用于出口。但是，建立大农场并不是解决这一矛盾的唯一途径，1894年，恩格斯在《法德农民问题》中，论述了小农经济的历史局限性以及其必然灭亡的命运，并提出了建立农业合作社来解决这一矛盾的设想。恩格斯肯定了丹麦社会党人所提出的计划：把个体农户结合为一个大田庄，共同出力耕种，并按土地入股、预付资金和所出劳力的比例分配收入。这里的农业合作社，本质上就是集体所有制经济。

所以，无论是从理论推演上看，还是从实践上看，集体经济的产生和存在确实有它的必然性，对集体经济应该有一个客观公正的分析和评价，不能采取全盘否定的态度，简单地把它和大锅饭、低效率划等号。但是，集体经济要想显示出它的优越性和生命力，不断生存、发展和壮大，承担起自己的历史使命，就必须与时俱进，进行改革和创新，特别是要选择一个科学合理的实现形式。作为一种好的形式，它应该有利于明晰产权，实现所有者的权益，最终达到提高资源配置效率的目的。可以说，人民公社体制不是集体所有制的好的实现形式，它的最大弊病在于，即使在"队为基础"的生产小队内部，财产权利也是模糊不清的，没有量化到人，从理论上讲，所有生产队社员都是它的主人，对生产队财产拥有所有权，但是无法准确知道自己到底拥有多少财产。这种模糊性在社员流动时就充分表现出来，例如，一个姑娘嫁入某生产队，尽管她没有为这个生产队带来任何财产，但是自然而然地成为这个生产队的一员，拥有财产权，可以参加劳动和分配。反过来，该生产队一个姑娘出嫁到其他生产队，尽管她以前也曾经为这个生产队积累了一定财产，但是不能带走分文。如同《再别康桥》所云："悄悄的我走了，正如我悄悄的来；我挥一挥衣袖，不带走一片云彩。"加上集中劳动、统一分配下劳动考核的困难性，必然会出现社员对集体财产不关心、干活"磨洋工""大呼隆"等问题，也就注定了它缺乏效率和解体的命运。

苏州市的"双置换"改革，有效地解决了上述问题，通过股份化，使资产资本化，资本股份化，股份量化到人，按股分红，把集体资产落实到每一个人的名下，每个农民可以确切地知道自己在集体经济中有多少份额，他也可以按照自己拥有的资产多少，获得相应的收益，从而真正实现了自己对集体资产的所有权和收益权。这样，每个农民才既有权利，又有兴趣去关心和提高集体资产的使用效率，杜绝浪费和流失。可见，"双置换"成功地解决了长期以来困扰我们的集体经济产权不清、使用效率不高的老大难问题，为我们寻找到了更加高效的集体经济实现形式。

"双置换"是苏州等地区的广大农民群众在家庭联产承包经营制的基础上，深化农村集体经济改革的大胆创新，在实践和理论上都颠覆了传统的集体经济观念和做法。它既为农村集体土地承包权流转提供了一种重要和高效的体制保证，也对于我们在理论上正确认识集体经济的实现形式具有重要价值。1997年，中共十五大曾经提出国有经济可以有多种实现形式，由此推动了国有经济从长期以来的独资产权结构向股份制和混合经济的转变，实践证明是成功的。而集体经济同样应该有多种实现形式，人民公社时期的集体经济形式和家庭联产承包经营制下的集体经济形式，并不是集体经济的唯一形式或者最终形式，我们也可以在新的形势下，探寻更加有效的实现形式，而苏州市的"双置换"在这方面做出了可贵的探索，有力地证明了这一点，这对深化农村集体经济改革是具有重要意义的。

六 土地换社保的理论解读与创新

"土地换社保"是"三置换"中的另一个置换，是苏州市等地近年来在城乡一体化实践中创造出的另一个成功经验，它所涉及的问题与前两个置换不尽相同。"土地换社保"曾经受到一些人的批评，认为它侵犯了农民的公民权，其理由在于，土地承包权是农民的财产权，应该有偿让渡，而享受社会保障是农民的公民权，理应由国家提供，不应该让农民用自己的财产权去换取公民权，那样做等于是侵犯了农民的利益，而国家则逃避了应尽的责任与义务。对此，我们需要在理论上进行解读和辨析。

（一）"土地换社保"是农村土地征用补偿和构建农村社会保障制度的创新形式

"土地换社保"是政府和农民群众在长期探索对被征地农民补偿形式和构建农村社会保障制度的过程中形成的。一方面，在改革开放初期，各地对被征地农民主要采取就业安置补偿形式，只要农民放弃土地，政府和企业就可以向其提供一份工作，使他们有一份稳定的收入，以维持失去土地后的生计问题。应该说，这种方式使工业化与城镇化、土地城镇化与人口城镇化同步推进，有一定的合理性与优越性。但是在实践中，由于被征地农民的文化科技素质较低，不能完全适应安置企业的需要，加之随着我国就业制度改革的深入，市场化程度越来越高，劳动者的下岗和流动成为常态，因此，要想让安置的劳动者稳定地在一个企业长期就业，不仅对企业是一个沉重的负担，而且对劳动者也未必有利。后来，这种补偿方式越来越少，渐渐消失，代之以货币补偿形式。在货币补偿形式下，政府向被征地农民一次性支付一定数量的货币，作为其以后的生活来源，而不再无限期地承担其他义务和责任。这种方式的优点在于简便易行，但是其问题在于：一是各地规定的补偿标准过低，与土地出让金之间形成巨大落差，造成农民的收益流失，而且无法保证失地农民今后的生计需要；二是有些失地农民拿到货币补偿后，或者投资失败，或者短期内挥霍浪费，坐吃山空，今后生计同样没有着落，形成新的社会问题。因此，迫切需要探索一种新的能够保证农民权益不受侵害，特别是有利于维持他们长远生计的补偿形式。另一方面，中共十七大后，党和国家按照实现城乡基本公共服务均等化的战略部署，加快在农村构建社会保障制度，在加大国家财政投入的同时，参保农民也必须缴纳一部分费用，而在有些地区和有些家庭，农民无力缴纳这部分费用。于是，就需要探索统筹解决这些问题的新思路。

正是在上述双重背景下，"土地换社保"应运而生，它同时化解了土地征用补偿和构建社会保障制度的两大难题，一举两得，既能够为农民今后提供长期而有保障的生活来源，同时又可以减轻一次性货币补偿方式下政府和企业的巨大资金压力，从而实现多方共赢，因而受到各方的普遍欢迎，在实践中表现出很大的优越性。

（二）"土地换社保"中农民公民权与财产权的交换

我们认为，"土地换社保"对认识农民与国家之间的权利与义务划分，以及农村社会保障的改革途径，都做出了大胆的探索，提供了有益的启示。

的确，在"土地换社保"中，涉及被征地农民的公民权与财产权，存在着农民两种权利的交换，对此应该正确认识和处理，以确保农民的合法权益不受侵害。就农民享受社会保障的权利而言，它是基于农民的公民权而产生的一种社会权利，社会保障制度是以政府为主体，通过国民收入的分配和再分配，对全体社会成员的基本生活需要给予保障的一种制度安排。社会保障制度的一个基本特征是公平性，对所有社会成员应该一视同仁。我国广大农民群众自然也应该有权利要求政府向他们提供社会保障。从全世界大多数国家的情况来看，社会保障的资金源于财政投入、用人单位缴纳和参保者个人缴纳三部分，各方的缴纳比例对所有社会成员应该是统一的。对农民来说，如果他要享受社会保障，也必须预先缴纳一部分费用，例如在我国的"新农保"和"新农合"中，农民都要缴纳一定的费用，然后才能享受社会保障的相应权利。

"土地换社保"同时涉及农民的财产权。按照我国有关法律规定，农村土地属于农民集体所有，国家虽然有权力为了社会公共需要征用农民土地，但是必须进行合理补偿，补偿费用由土地补偿费、安置补助费、青苗费和土地上的附着建筑物补偿费构成。农民的这种财产权应该得到保护和兑现。"土地换社保"则把农民的这两种权利有机地糅合在一起，互相交换和抵消。也就是说，农民实际上是用放弃土地补偿费作为代价，换取和冲抵其参加和享受社会保障待遇时应该缴纳的费用。这种做法并非不合理和不可行。

(三)"土地换社保"中农民权益的保护

"土地换社保"的问题并不在于侵犯了农民的财产权，而在于，在两种权利的交换和冲抵过程中的数量比较，以及农民与城镇居民在享受社会保障时的缴费比较。

就第一个问题而言，应该说，在相当一部分地区的"土地换社保"中，农民权益受到损害，其应该得到的补偿费用远远大于其应该缴纳的社保费用。长期以来，我国对农民征地补偿标准过低，严重侵犯了广大农民的利益，引起农民的强烈不满和抵触。近年来，各地正在逐步较大幅度提高补偿标准。所以，在"土地换社保"中，不应该笼统地讲二者互换，而应该车是车，炮是炮，各走各的道，各算各的账。首先根据农民被征用土地的面积和补偿标准，计算出他们应该得到的补偿费用，其次再参照"新农保"和"新农合"中的标准，计算出农民应该缴纳的费用。二者相抵之后，如果前者大于后者，多余部分应该退还给农民，或者应该提高其今后的社会保障待遇标准。当然，如果后者大于前者，农民也要补足差额部分。

就第二个问题而言，的确，在我国的二元社会结构下，农民与城镇居民在社会保障上存在着巨大差距，城镇居民只要缴纳一部分较少的费用，就可以享受较高水平的社会保障待遇，他们没有条件，也没有必要用土地或者其他财产权去交换社会保障权。广大农民群众长期以来基本没有社会保障。中共十七大以来，国家加快在农村构建社会保障制度，以消除农民与城镇居民在基本公共服务上的差别，尽快形成城乡一体化发展新格局。在这个过程中，应该比照城镇居民社会保障制度的做法和缴费标准，建立农村的社会保障制度，例如在"新农保"和"新农合"中，中央财政和地方财政要承担较大的投入责任，而不能在"土地换社保"的名义下，侵犯农民应有的合法权益。而且，就全国广大农村而言，被征地农民毕竟只是一小部分，如果非要强调"土地换社保"，那么那些未被征地的农民群众，又何年何月才能享受到社会保障的普照之光呢？又如何能够尽快形成基本公共服务均等化和城乡一体化发展新格局呢？

总之，"土地换社保"作为具有中国特色的一种制度安排，既有很大的合理性，又有一定的局限性与过渡性，它能够化解我国农村改革和发展中的许多问题，值得肯定和推广，但是，随着时间的推移，我国农村土地征用和农村社会保障制度不断健全，就不一定非要再采取这种置换形式，要两笔账分开算，该给农民的土地征用补偿就全额补偿给农民，而该农民缴纳的社保费用，农民也应该全额缴纳，孰多孰少清清楚楚。然而，目前的当务之急是，在农民两种权利的交换过程中，应该构建科学合理的机制，妥善处理其中涉及的各方面利益关系，特别是要加强保护农民这个弱势群体的利益，最终有利于形成城乡一体化发展新格局。

"三置换"是一个机制创新，它成功化解了长期以来困扰各级地方政府的土地征用与房屋拆迁这个"天下第一难"问题，实现了各方共赢，保证了城乡一体化进程中的土地征用、房屋拆迁、资产重组等顺利进行，同时也为农村土地流转提供了合理可行的机制，是农地流转和房屋拆迁制度改革的可贵探索。在这个过程中，苏州市较少发生大的群体性或恶性事件，这在全国范围内都属少见。

第七章
苏州城乡一体化中的社会管理与公共服务

城乡一体化不仅是经济的一体化，也是社会治理与公共服务的一体化。长期以来，我国的城乡差距不仅表现在货币收入差距上，而且表现在非货币收入差距上，农民不能享受城镇居民的公共服务。苏州市在推进城乡一体化过程中，着力缩小这一方面的城乡差距，率先实现城乡并轨，使农民也同城镇居民一样，享受基本的公共服务，包括义务教育、养老保险、医疗保险、失业保险、最低生活保障，以及道路交通、绿化环保、文化娱乐、自来水、商场超市、体育健身等方面。本章就苏州在教育资源配置、医疗卫生、户籍管理等公共服务方面一体化的实践创新进行介绍和分析。

一 城乡教育服务一体化创新

教育领域的城乡二元分置是一种客观存在，教育资源、条件的城乡差距是社会不公的一种体现。打破教育领域的城乡二元结构是苏州城乡一体化的题中之义。

在2008年苏州被列为城乡一体化综合配套改革试验区之后，苏州教育行业雷厉风行，积极开展教育领域的城乡一体化改革试点，并于2010年初以苏州市政府的名义发布《中共苏州市委、苏州市人民政府关于加快实现城乡教育一体化现代化的意见》（苏发〔2010〕55号），明确要求坚持面向现代化、面向世界、面向未来，以促进教育公平为基本政策，以办好每一所学校、教好每一个学生、发展好每一位教师为总体目标，以实现城乡教育一体化为主要任务，率先全面实现教育现代化。

(一) 苏州教育城乡一体化的目标和原则

1. 苏州教育城乡一体化的总体目标

各市、区政府（管委会）依法履行教育管理职责，全面形成"以县为主、城乡一体"的教育管理体制，即由各市、区政府（管委会）统筹规划、建设和管理学前教育、义务教育、高中段教育，实现城乡学校校园环境一样美、教学设施一样全、公用经费一样多、教师素质一样好、管理水平一样高、学生个性一样得到弘扬，率先实现教育现代化。

2. 苏州教育城乡一体化的基本原则

第一，优先发展，率先推进。坚持把教育摆在优先发展的战略地位，切实保证经济社会发展规划优先安排教育发展，财政资金优先保障教育投入，公共资源优先满足教育需求。

第二，以县为主，城乡一体。落实各市、区政府（管委会）对区域内城乡学校统一管理体制、统一规划布局、统一办学标准、统一办学经费、统一教师配置、统一办学水平等责任。各市、区政府（管委会）全面形成"以县为主、城乡一体"的教育管理体制。苏州市推行的城乡学校教师轮岗制度改变了传统意义上的短期交流模式，实现了实际的交流任职。交流任职的教师在一定的任职期结束后，不再属于某一个学校，而是由县里统一安排工作。

第三，科学规划，合理布局。根据区域经济社会城乡一体化发展总体规划，科学规划教育布局，使学校配置与受教育群体的总量、聚居结构变化相适应，与经济结构调整相衔接，与区域功能定位布局相匹配，充分发挥教育服务经济社会的功能。

第四，育人为本，提高质量。尊重教育规律，把提高学生的综合素质作为教育工作的根本宗旨，在推进城乡教育一体化和现代化进程中实现"学有所教"向"学有优教"的跨越。

3. 制定苏州城乡教育一体化的阶段性任务

第一阶段（2010～2012年），城乡学校统一管理体制、统一规划布局。在这一阶段，苏州市要求全市范围内公办幼儿园、小学、初中、高中段学校和特殊教育学校由各市、区教育行政部门统一管理。教师和校长全部由各市、区教育行政部门统一录用、统一直接调配和统一任免。区域内的教师专业培训进修（校本培训除外）由各市、区教育行政部门统一规划、统一实施和统一考核。所有公办幼儿园、小学、初中、高中段学校的撤并、新建、迁建、改扩建均由各市、区教育行政部门会同相关部门决定。这一阶段的任务基本上都能够提前完成。

第二阶段（2013~2015年），城乡学校统一办学标准、统一办学经费、统一教师配置、统一办学水平。在此阶段，苏州市要求市域范围内85%以上的幼儿园达到苏州市优质幼儿园建设标准；70%以上的义务教育学校达到苏州市高水平现代化学校建设标准，基本消除单轨及双轨制小学；90%以上的镇（街道）成人教育中心校和老年大学达到苏州市现代化建设标准。同时要求建立完善各市、区教育公共财政保障体系、教育财政统筹和运行机制。对区域内城乡中小学的人员经费、建设经费、校舍维护经费、设备购置经费、日常公用经费、师资培训经费等实行统一标准，由各市、区财政统一拨付。形成区域内中小学生人均公用经费和校舍维修经费逐年增长的长效机制。城乡社区教育专项经费不低于人均每年2元。幼儿园、小学教师本科及以上学历均达65%以上，初中教师本科及以上学历达98%以上。城乡各级各类学校骨干教师比例和职称水平大致相当。城乡教育发展主要指标均达到发达国家21世纪初平均水平，教育综合竞争力位居发达地区同类城市前列。0~3岁婴幼儿早期教育覆盖率达90%以上，学前三年教育毛入园率、义务教育巩固率、高中段教育毛入学率保持100%。城乡社会教育水平进一步提高，老年教育普及率达30%。城乡全面实施素质教育的体制机制更加优化，促进学生全面发展的人才培养模式更加多元，人力资源开发水平持续提升。

（二）苏州城乡教育一体化的保障政策和措施

第一，苏州要求各市（区）结合编制区域城乡经济社会一体化总体规划，及时修订完善区域教育资源专项规划。要根据农村"三集中"带来的社会成员聚居结构的新变化，科学规划并及时调整教育布局，合理配置城乡教育资源，推动优质教育资源要素向农村流动。农村居民集中居住区的配套幼儿园、中小学规划，要依据城市居住区的有关指标，并与居住区统一规划、同步实施、同步交付使用。

第二，苏州要求各市（区）依法保障教育经费"三增长"。各地教育财政拨款的增长应当高于财政经常性收入的增长,保证在校学生人均教育费用逐步增长,保证教师工资和学生人均公用经费逐步增长,并向农村学校倾斜。创新体制机制,加大教育公共财政的保障力度,改变现有教育财政运行机制中不适合教育经费统一标准、统一拨付的方式和环节。

第三,苏州要求各市(区)在核定的教职工编制总量内,合理调剂区域内城乡学校之间的编制,编制逐步向农村学校倾斜,确保区域内中小学教职工按统一编制标准实现统一配置。要求各地教育行政部门可在区域教师绩效工资总额的框架内统筹安排,设立扶持农村义务教育专项资金,为到镇学校进行支教和交流的教师发放相关补贴。

第四,苏州要求各市(区)加大义务教育学校校长、教师的轮岗交流力度。教育管理体制统一后,苏州市从乡镇手上收回了教师的人事任免和教育经费的财政调拨权,得以从市区层面统筹规划,统一办学标准和办学经费,并通过教育经费和教师、校长考核政策的倾斜来促进城乡学校教师和校长的均衡配置。苏州明确要求城乡教师之间的交流比例每年不低于专任教师总数的15%。同时,各地还实行相应的政策倾斜和奖励激励制度,如参评骨干教师者必须具有一定年限的农村学校工作经历,开通农村教师公交专线,为农村骨干教师发放更多的岗位津贴和补贴,在众多人性化的教师待遇保障基础上,采取"走出去""请进来""手拉手"等形式,实现师资流动、资源共享,从根本上提升城乡教育一体化的内涵。教育城乡一体化的推进,带来了优质教育资源的均衡配置,让乡镇农村的孩子在家门口就能享受到优质的教育。

第五,加大对农村义务教育教师的培养培训力度,制定轮训规划,落实保障经费。各地财政要按不低于中小学教师工资总额1.5%的标准设立教师培训专款,并优先保证农村义务教育教师免费专项培训。各农村中小学按不低于学校年度公用经费预算总额的5%安排教师培训经费。

第六,切实保障城乡教育资源配置,加强城乡教育一体化的评估与指导。各地要顺应教育管理体制的改革需要,加强区域教育行政机构建设,合理配置教育行政部门管理编制,进一步理顺区域教育管理职能。各镇政府、街道办事处优先保证教育所需用地,继续支持学校增加办学经费、改善办学条件,继续做好资助困难学生、奖励优秀教师等工作。按照"属地化管理"原则,切实履行维护所在地学校的治安、安全和正常教学秩序等职责,确保学校教育有一个良好的环境。完善对各市、区政府(管委会)教育工作的督导评估制度,重点督查"以县为主、城乡一体"教育管理体制的落实情况、城乡教育一体化的进展情况,并将督导评估结果作为考核领导干部政绩的重要内容和表彰奖励或责任追究的重要依据。苏州市市教育局、市政府教育督导室要制定苏州市城乡教育一体化市、区评估标准,并从2011年起在全市开展"城乡教育一体化先进市、区"的评估工作。到2015年,所有市、区通过城乡教育发展一体化评估验收。对推进城乡教育一体化成效显著的地区,市政府将给予表彰奖励。

第七,为城乡居民提供免费的教育培训服务。不论是本地户籍居民还是外来农民工,均可以到苏州市就业管理服务中心接受免费的教育培训。培训经费由市财政负担,培训内容按照市场需要确定清单,接受城乡居民自主选择。另外,苏州市就业管理服务中心改变了过去的农民工培训仅仅重视单纯生产技术培训等方式,注重为农民工提供市民社会公共知识的培训,为进城农民尽快适应城市社会提供保障。

(三) 苏州城乡教育一体化的评估考核体系

为了加强苏州教育城乡一体化的支持和引导工作,苏州市教育行政部门还出台了苏州市城乡教育一体化示范区评估标准及其实施细则,见表7-1。

表7-1 苏州市城乡教育一体化示范区评估标准

评估重点	评估内容	分值	自评	评估
组织领导 (12分)	①教育摆在优先发展的战略地位,经济社会发展优先安排教育发展,财政资金优先保障教育投入,公共资源优先满足教育需求	4		
	②城乡教育发展一体化工作列入政府重要议事日程。有专题会议研究,有切实推进措施	4		
	③目标任务明确,责任主体落实,配套措施到位。有关部门定期向政府常务会议汇报城乡教育发展一体化情况	4		

续表

评估重点	评估内容	分值	自评	评估
规划布局 (12分)	④教育规划布局纳入区域城乡一体化发展总体规划	4		
	⑤城乡教育发展一体化列入当地教育中长期发展规划纲要重点	4		
	⑥教育布局科学合理,与受教育群体的总量、聚居结构变化相适应,与经济结构调整相适应,与区域功能定位布局相匹配	4		
管理体制 (16分)	⑦区域内公办幼儿园、小学、初中、高中段学校和特殊教育学校均由各市、区教育行政部门统一管理	4		
	⑧区域内公办教师和校长全部由各市、区教育行政部门统一录用、统一直接调配和统一任免	4		
	⑨区域内的公办教师专业培训进修(校本培训除外)由各市、区教育行政部门统一规划、统一实施和统一考核	4		
	⑩所有公办幼儿园、小学、初中和高中段学校的撤并、新建、迁建、改扩建均由各市、区教育行政部门会同相关部门决定	4		
办学条件 (12分)	⑪区域内85%以上的幼儿园达到苏州市优质幼儿园建设标准	4		
	⑫70%以上的义务教育学校达到苏州市高水平现代化学校建设标准,基本消除单轨及双轨制小学	4		
	⑬90%以上的镇(街道)成人教育中心学校和老年大学达到苏州市现代化建设标准	4		
教育水平 (12分)	⑭城乡全面实施素质教育的体制机制更加优化,促进学生全面发展的人才培养模式更加多元,人力资源开发水平持续提升	4		
	⑮0~3岁婴幼儿早期教育覆盖率达90%以上,学前三年教育毛入园率、义务教育巩固率、高中段教育毛入学率达100%	4		
	⑯城乡社会教育水平较高,老年教育普及率达30%	4		

续表

评估重点	评估内容	分值	自评	评估
教育经费 （18分）	⑰依法保障教育经费"三增长"：教育财政拨款应当高于财政经常性收入的增长，在校学生人均教育经费逐步增长，教师工资和学生人均公用经费逐步增长，并向农村学校倾斜	7		
	⑱建立完善教育公共财政保障体系、教育财政统筹和运行机制	3		
	⑲区域内城乡中小学校的人员经费、建设经费、校舍维护经费、设备购置经费、日常公用经费、师资培训经费等实行统一标准，由市、区财政统一拨付	5		
	⑳城乡社区教育专项经费不低于人均每年2元的标准	3		
师资队伍 （18分）	㉑幼儿园、小学教师本科及以上学历达65%以上，初中教师本科及以上学历达98%以上。城乡各级各类学校骨干教师比例和职称水平大致相当	3		
	㉒实行义务教育学校校长、教师交流制度。校长交流情况列入当地教育行政部门对学校和校长的考核体系，并作为进一步任用、提拔的条件	3		
	㉓教师交流比例每年不低于15%。对镇及以下学校教师、有支教经历的城区教师实行职称评定、评优评先等倾斜政策。对晋升中级以上职务和参加县级以上评优、评先的教师，必须有在镇学校一年以上的工作经历	3		
	㉔区域内中小学教职工按统一编制标准进行配置，并逐步向农村学校倾斜	3		
	㉕在区域教师绩效工资总额的框架内统筹安排、设立扶持农村义务教育专项资金，用于教师到农村学校支教和交流的补贴	3		
	㉖当地财政按照不低于中小学教师工资总额的1.5%标准设立教师培训专款，优先保证农村义务教育教师免费专项培训。农村中小学按不低于学校年度公用经费预算总额的5%安排教师培训经费	3		
总分（100分）		100		

(四) 苏州城乡教育事业一体化的成绩

经过 6 年的不懈努力，苏州城乡教育一体化取得了很大的成绩，初步实现了"六个统一"（统一管理体制、统一规划布局、统一办学标准、统一办学经费、统一教师配置、统一办学水平），达成了"六个一样"（学校校园环境一样美、教学设施一样全、公用经费一样多、教师素质一样好、管理水平一样高、学生个性一样得到弘扬），基本实现了城乡基本公共教育服务均等化。2015 年底，苏州城乡学校办学条件大致相当，城乡师资队伍质量和学校教育管理水平趋于一致，其中工业园区已率先在苏州突破"两级办学、两级管理"体制，全面实现了城乡教育一体化管理，苏州教育"城乡一体化"水平领跑江苏、领先全国。

2015 年底，全市 317 所小学、192 所初中学校专用教室齐全，实验设备和活动器材到位，标准体育运动场地俱全，师资水平满足要求，硬软件全部达到苏州市现代化学校标准；各市、区 100% 的区域教育局直管小学和初中、98% 以上的农村小学和初中全部达到省教育技术装备二类及以上标准，基本形成了城乡学校办学条件大致相当的新局面。2015 年全市新建或迁建的城乡 15 所幼儿园全部达到省优质幼儿园标准，8 所小学、6 所初中全部执行苏州市高水平教育现代化办学标准。城乡学校教育质量明显提高，例如，多年前，高考李政道奖学金得主一般都集中在苏州中学等少数高中，近年来这一奖项的得主分散到了城乡 10 多所学校。

在教育城乡一体化的进程中，各区域都有自己的亮点。张家港市实现了"6 个 100%"：100% 的幼儿园为苏州市市级以上优质园，100% 的小学、初中为苏州市教育现代化学校，100% 的普通高中为省三星以上高中，100% 的职业高中为国家级重点职业学校，100% 的初高中学生在城镇、街道就读，100% 的外来人员子女实现了就近入学。在此进程中，苏州工业园区的变化尤为惊人。2007 年，园区高水平通过了省教育现代化先进县（区）的验收，紧接着就启动了乡镇学校"达标升级"工程，经过 3 年的"硬件提升，软件攻坚"，到 2015 年，园区 15 所乡镇学校全部"升级"为"区直管"，在全区统一了办学标准、办学经费和教师的收入待遇，全区各校"校园环境一样美、教学设施一样全"，率先在全市实现了城乡教育的一体化管理。

(五) 苏州城乡教育一体化的思考与启示

1. 城乡教育一体化不等于城乡教育均等化

反思苏州城乡教育一体化的实践，发现其中有一种倾向，就是将城乡教育一体化等同于城乡教育均等化，其实这是一种误区。农村教育所具有的城市教育不具备的优势与特色，正是实行城乡教育一体化战略的基本条件。城乡教育一体化不是消灭农村教育的优势与特色，而是要充分肯定、增进、利用这些优势和特色。否则，"城乡教育资源共享、优势互补"和"推动城乡教育相互支持、相互促进"等就无从谈起，"构建良性互动的教育体系和机制"则既无可能，也无必要。城乡教育一体化、统筹城乡教育发展，不是城市中心主义，不是一般意义上的通过城区给予农村资金、人才等简单做法来支持农村教育加快发展，而是通过加大城乡资源整合和对接力度，充分发挥城乡教育双方的优势，实现城乡教育"双强共荣"。

从理论上讲，即便城乡老死不相往来，如果政府和社会给予农村教育充分的资源支持，也可以实现城乡教育均衡发展的目标，亦即城乡教育"隔离但平等"。但城乡教育一体化追求的不是城乡分割、分离、分治下的城乡教育均衡发展，而是要求"融合且平等"，通过"统筹城乡发展"的方式，通过城乡教育的双向沟通、良性互动，实现城乡教育均衡发展、缩小城乡教育差距的目标。因此，城乡教育一体化不仅提出了城乡教育均衡发展的目标，更重要的是提出了实现目标的新模式和新战略。正是在此意义上，城乡教育一体化比"城乡教育均衡发展""缩小城乡教育差距"有更多的内涵，有更高的要求。

2. 城乡一体化的教育体系应该为城乡共同发展服务

当前我国农村教育在价值选择上存在"离农"与"为农"的悖论，悖论的存在既源于城乡二元对立的社会结构，又源于非此即彼的二元对立思维方式。苏州的实践说明，消解农村教育"离农"和"为农"悖论的逻辑前提是进行城乡一体化建设和确立系统化思维方式。走出"离农"和"为农"逻辑困境后，农村教育的价值选择应该定位在为城乡共同发展服务上，定位在培养合格公民而不是局限在培养"新型农民"上。此外，城乡一体化的教育体系还有一个更重要的目的，就是为人的发展服务，保障农民及其子女的受教育权利，保障城乡弱势群体的受教育权利，这就要求建立一个覆盖城乡、学有所教的终身教育体系。总之，应该把"尊重基本人权、促进城乡发展"作为建构城乡一体化教育体系的基本定位。

3. 城乡教育一体化要在功能区划上着手

我国在长期的城乡教育发展中，既没有运用城乡一体化的策略建设教育体系，也没有建成城乡一体化的教育体系，没有从功能区划上、空间布局上统筹规划城乡教育体系，而是分开规划、区别对待，把城乡教育作为两个分离的子系统。这种教育体制必然会扩大城乡差距。苏州的实践则表明，如同必须用民主的方式建设民主社会一样，建构城乡一体化的教育体系必须运用城乡一体化的策略。一体化既是目的，也是手段。只有运用城乡一体化的策略建设教育体系，才能均衡布局，充分利用城乡教育优势，建成结构合理、形式多样、特色鲜明的教育体系，才有助于均衡发展、提升效率、提高质量。

教育规划要服从于建立健全"公平高效"的城乡一体化教育体系，进而促进人的发展和城乡经济社会发展的总目标。规划主要关注区域内各级各类教育的结构比例、空间布局、资源配置、规模速度等，是在一个较长的时间跨度中、在一个更大的空间范围（城乡一体）内，从战略高度统筹区域内城乡教育的协调发展与可持续发展。科学合理的规划是政府顺利推进城乡教育一体化工作的基本保证，规划的合理性体现在：规划是否与城乡一体化教育的总目标相匹配，是否发挥了本区域社会发展和教育发展的比较优势，是否有利于各子区域之间实现优势互补、公平配置资源。要做到合理规划，必须对当地和周边地区经济社会发展状况、人口变化趋势、教育发展现状进行深入细致的描述和分析。科学的规划必须以全面系统的高质量数据为基础，应该在区域层面建立城乡一体的教育数据库和教育管理信息系统（EMIS）。

4. 农民工子女的教育问题应该成为城乡教育一体化的优先着眼点

苏州拥有大量的农民工群体，他们的子女如何实现教育资源共享是应优先解决的问题。流动人口子女就学问题产生的根本原因是市场经济进程中人口的社会流动性日益增强与教育接纳性不足之间的矛盾，以流动人口为代表的弱势群体的教育边缘化问题凸显。因此，现行的教育体系必须主动做出调整，建立适应社会人口流动的接纳性教育。

与全国的情况基本一致，在农村剩余劳动力向城市转移的初期，苏州对进城务工农民的子女教育、妇幼保健、社会保障等还存在着制度性歧视，一些公办学校对义务教育年龄的进城务工农民子女要收取更多的借读费、赞助费，或者干脆将进城务工农民子弟推向市场，或是条件简陋的民办简易学校。苏州在2000年前后也建立了一些专门打工子弟学校。尽管这些措施在一定程度上解决了流动人口子女就学问题，但形成了"分而教之"的城市内部教育二元分割现象，传统的城乡教育二元结构在城市内部被复制和强化。

2003年，国家六部委出台的《关于进一步做好进城务工就业农民子女义务教育工作的意见》提出了"两个为主"，亦即，以流入地政府为主负担流动人口子女入学，以全日制公办中小学为主进行接收。但是实际上，"两个为主"的规定，对于双方政府主、次职责的划分并不明晰；流入地政府由于资金有限，在一定程度上存在着对流动人口子女教育投资不足的现象；二元户籍制度对于学籍管理制度的束缚有所松动，但不彻底，因为"两个为主"的规定只是涉及义务教育，在一定程度上解决了进城务工农民子女义务教育的入口问题，但没有解决出口问题，因此，即便一些城市地区的高中和中职生源严重不足，进城务工农民子女在城市接受完义务教育后也必须回原籍参加中考，不能在城市报考高中和中职学校。总之，"两个为主"的规定并没有较好地解决城市内部教育二元分割问题。政府的职责和相关的户籍、学籍管理制度需要进一步明确和完善。

从近年来的实践看，苏州在对待农民工子女入学接受教育方面做了比较多的工作。过去条件简陋的农民工子弟学校基本被淘汰，拥有居住证的农民工的子女可以就近选择一些公办学校就读。苏州目前基本能做到来苏务工农民子弟可以有公办学校上，但在优质教育资源的共享上还存在一定的差距。农民工子女可以就读的公办学校大多处于城乡接合部，目前这些学校的基础设施、教学条件是非常不错，但在办学经验、师资配备上与名校相比还存在一些不足。

5. 对农民工的培训教育应该引起重视

农民进城务工，是对传统城乡二元结构的突破，是农民摆脱土地的束缚走向城市化的重要通道，它解决了农村大量剩余劳动力的就业问题，为城市补充了大量劳动力，促进了城乡经济发展。但进城务工农民的职业技能素养远远不能满足城市化和产业结构升级的需要，亟待通过继续教育予以提升。我国进城务工农民的培训问题有很多，主要表现为五个方面：培训的投入不足，培训的规模较小，培训的质量不高，培训的时间难以保障，女性进城务工农民的职业发展培训极为薄弱。这种状况不利于农村劳动力向城市地区的有序转移和有效转移，苏州实践表明，在建构城乡一体化教育体系时，应该把非正规的继续教育作为一个重要板块重点建设，摈弃那种重视学历教育、轻视非学历教育的传统做法，建立起学历教育与非学历教育并重的城乡新教育体系。

6．"以县为主"的教育统筹层次有助于城乡教育资源一体化

从苏州的实践看，"以县为主"新体制把教育的城乡一体化提高到县域层面，在县域范围内调配城乡教育资源，具有一定的可行性与合理性。苏州下设的各市区经济发展水平都比较高，各市区的教育水平基本相当。有人提出要将教育资源的统筹水平提高到大市层面，这是不妥的。因为在大市范围内调配教育资源可能会再次出现计划经济时代的错误，使基层教育自主权受损。目前在县区层次统筹既有助于县区的经济社会发展规划落地执行，同时，又不至于犯脱离实际的主观主义错误。

在城乡教育人力资源的规划上，要建立起农村教育和农村教师发展动态监测系统；修改教师编制方法，使其标准多元化、弹性化；建立有利于城乡教师定期交流的考评机制，打破教师的区县归属、单位归属制度；创造条件扩大农村教师培训机会，建立费用全免、内容实践、体系下移、形式多元的农村教师培训机制；实行教师双向流动机制，农村教师流失补偿机制；薪酬分配和职称评定"补偿性"地倾向农村教师等。应该建立城乡一体的学校办学条件标准、人员编制标准、课程标准、学生学业成绩标准、校长资格标准、学校办学质量评估标准，强化教育督导中的"督政"环节，实行严格的问责制度，把推进城乡教育一体化纳入政府绩效考核、官员施政约束的评价体系。

二 苏州城乡医疗卫生一体化创新

医疗卫生是关系城乡居民生活品质的重要公共服务，如何在城乡之间建立资源效率最优、资源配置均衡的医疗卫生服务，是苏州城乡一体化综合配套改革的重要内容。苏州在整体推进城乡一体化快速发展的同时，也在同步推进苏州城乡医疗卫生事业与基本医疗保障的协调发展，着力推进

公共卫生服务均衡化和医疗服务优质化建设,坚持城乡统筹,加快城乡医疗卫生资源配置一体化建设。

(一) 苏州城乡医疗卫生事业的发展现状

1. 苏州城乡医疗卫生资源的总体情况

随着苏州城乡一体化事业的推进,基层医疗卫生机构人员素质有了很大提高,居民群众在基层医疗卫生机构真正享受到安全、有效、方便、价廉的基本医疗卫生服务。截至 2015 年底,苏州全市登记注册的卫生机构 3121 个(含医院、卫生院、诊所、医务室、卫生所、社区卫生服务中心),其中,医院 194 家,综合医院 95 家。2015 年新设置 3 家二级医院、复核评价 11 家医院,全市共有 19 家三级医院、45 家二级医院。2015 年末全市实际开放床位 59304 张,其中,医院 52809 张,卫生院 4085 张,社区卫生服务中心 2144 张,分别比 2014 年增加 8.02%、2.10%、2.53%。按常住人口计算,2015 年每千人卫生机构床位数 5.59 张,每千人医院床位数 4.97 张。

按经济类型划分,全市 3121 个医疗机构中,公立机构 1870 个,民营机构 1251 个。公立医院有 62 家,占整个医院 31.96%;民营医院有 132 家,占整个医院 68.04%。医院按床位(实有)数分,79 家医院在 100 张以下;90 家医院床位数 100~500 张;25 家医院在 500 张以上。

2015 年末全市卫生机构人员总数 83997 人,其中,卫生技术人员 68179 人,占 81.17%。按常住人口计算,每千人卫生技术人员 6.42 人,执业(助理)医师 2.47 人,注册护士 2.66 人。

2. 苏州城乡医疗卫生事业的一体化情况

苏州在城乡医疗卫生服务一体化建设方面成效显著。截至 2015 年底,全市医疗卫生在城乡之间的分布总体上是均匀和便捷的,与人口的集中程度相适宜。目前,苏州已经构建起医疗卫生服务的 15 分钟服务圈,构建起从市三甲医院到社区卫生服务站的医疗体系;加强了以公立社区卫生服务中心为主、以社区卫生服务站为补充的城乡基层医疗卫生服务体系建设;开展社区卫生服务机构运行机制改革,要求全科医生与辖区居民签约服务。

苏州不仅实现了户籍人口的城乡医疗卫生服务一体化,而且已经在着手推进流动人口基本公共卫生计生服务均等化。2015年全市建立了常住居民电子健康档案880.41万份，健康档案电子化率达98.19%，档案使用率进一步提高，健康档案正在成为记录群众诊疗、保健信息的"活档"。

在推进城乡医疗卫生事业一体化的过程中，基层社区（尤以新建成的农民集中居住社区为重点）卫生服务水平不断提高。一是强化优质医疗资源共享。积极利用信息化手段，先后建立社区影像远程诊断中心和社区卫生临床检验集中检测中心。2015年，苏州已经将姑苏区所有具有CR的公立社区卫生服务中心和所有公立的社区卫生服务机构纳入两个中心。二是大力开展基层中医药服务能力提升工程。强化中医人才和中医科室建设，遴选了16种常见病的适宜技术，在基层重点推行。截至目前，全市社区卫生服务中心和乡镇卫生院中98%开设了中医科室，95%设置了中药房（含集中配送），95%的社区卫生服务站能够提供中医药服务。三是开展特色科室建设。各基层医疗卫生机构在开展基本医疗服务的同时，积极利用各自的优势形成22个基层特色科室，为基层发展提供支撑。

（二）苏州城乡医疗卫生事业一体化的具体做法

苏州自"十一五"规划以来，非常重视根据城乡一体化发展的战略需要，对全市医疗资源在城乡之间进行均衡配置。苏州市对医疗卫生事业在城乡之间进行科学合理的布局，收到了明显成效。

1. 建立规划合理、设施先进的城乡医疗卫生事业网点体系

随着城乡一体化的推进与长三角地区的经济社会发展，医疗服务体系面临许多新的发展空间，医疗机构布局应与城市发展同步规划、同步建设，根据行政区划调整确定新城区及新的人口聚居地规划医疗卫生用地，及时设置相应的医疗卫生服务机构。城乡医疗卫生事业是一个具有受益长期性、投资公益性的行业，一旦投入将长期发挥作用。为了实现既定投入收获最大效益，城乡医疗卫生事业需要有着眼长远、服务全局的合理规划。

考虑自身发展实际，苏州在2012年制定了包括流动人口集聚地公共卫生、基本医疗服务在内的新一轮基层医疗卫生机构发展规划，夯实城乡15分钟健康圈基础。每个街道、建制镇或者5万人左右设置1所社区卫生服务中心（卫生院），规定业务用房的使用面积不低于3000平方米，卫生院建筑面积不低于4000平方米，设置床位30~50张。按居民步行15分钟就能得到便捷的基本公共卫生和基本医疗服务为目标，人口规模5万人以上的街道，可在社区卫生服务中心覆盖不到的地方设置社区卫生服务站，每个社区卫生服务站的业务用房使用面积不少于200~300平方米。每个行政村或5000人左右设置1个社区卫生服务站（服务室），业务用房的使用面积不低于200平方米。城乡千人以上的企事业单位，内部设立职工医疗机构，或与相关医院建立服务外包关系。大中型港口码头、经济技术开发区、大型度假区、重点古镇旅游区等外来人口聚居区域设立相应的医疗卫生服务机构。在老新村和街区改造中，将社区卫生服务机构的用地和房屋纳入整治改造统一方案。规范与鼓励并重，扶持民营医疗机构发展。

2. 以公立医院为主，加强城乡各级医疗卫生体系的服务联系与支持

公立医院在服务能力与服务质量上占主导地位，在服务项目上充分体现其公益性与公平性。积极扶持发展其他经济性质的医疗机构，积极探索民资参与公立医院建设与发展的机制，兼顾满足不同医疗需求，提供分层次、差别化服务。2015年底，苏州市已建成1家国家级优质医院，2家区域优质医院，5个国家临床重点专科，2个长三角地区的区域性专科医疗中心，5家三级甲等综合医院，5家三级甲等专科医院。各县级市（副中心城市）均拥有达到三级标准的综合医院和中医医院1~2家，每20万常住人口的中心镇均至少有1家二级医院。每个镇和街道由政府建设1家镇卫生院（社区卫生服务中心）。为使各个区域三甲医院、三乙医院能够真正发挥对居民的服务辐射作用，对二甲医院、二乙医院以及镇卫生站的服务指导作用，苏州运用现代通信技术优化各等级医院之间的技术联系和服务联系，建立起响应支持机制。这一方面减轻了高等级医院的业务负担，另一方面方便了老百姓的就近医疗，最大限度地发挥了基层医疗资源的服务作用。

3. 促进医疗卫生服务供给主体多元化，提供差异化医疗卫生服务

苏州在充分发挥政府主导作用的同时，引入多元化供给主体。城乡医疗卫生资源的非竞争性和非排他性特征，决定了私人不愿意提供城乡医疗卫生资源，因此，政府供给主导模式自然成为城乡医疗卫生资源供给的必然选择。然而，在现实中，由于公共政策的倾斜而衍生出基层财政能力的不足，最终导致地方政府公共物品供给效能的低下，单一的政府供给模式更加重了这种现状，所以应对城乡医疗卫生资源种类进行梳理与归类。基本的医疗卫生服务属于纯粹公共物品类，适合于政府统一财政供给；而对高档次的卫生保健与医疗服务的供给，可以推进多元化供给主体建设，甚至是充分引入市场机制，整合农村社区、私人、地方企业和非营利性民间组织的资源，强化公开供给主体、合同签单认可、协同监管的运作方式，在城乡医疗卫生资源与服务的供给上，破除政府垄断供给模式，鼓励多元供给主体参与服务。

4. 建立分级诊疗制度，下沉医疗资源

对于苏州来说，解决城乡民生问题，首先要解决好公共服务均等化和城乡一体化这两个问题。显然，促进医疗资源特别是优质医疗资源的均等化是应有之义。2016年初，苏州市下发了《苏州市推进分级诊疗制度建设实施方案》，着手建立"基层首诊、双向转诊、急慢分治、上下联动"的分级诊疗制度，基层诊疗量将超过60%。

苏州积极推动分级诊疗，明确了双向转诊转入医院和转入社区的对象、转诊的程序、转诊通道等。为双向转诊开辟绿色通道，并将双向转诊流程纳入区域卫生信息平台，三级综合医院每周下派知名专家，到协议对口社区卫生服务中心开展专家门诊。苏州还着手试验推进家庭医生制度，全市共组建1030个全科服务团队，469个全科医生工作室，设立家庭病床3066张，累计130459床日。在全市医疗卫生系统，开展"比绩效、优服务、促医改"活动，围绕以服务质量、服务效率、服务数量和群众满意度为维度的20大绩效指标开展绩效比拼活动，促进医院转变办院理念，从注重外延规模扩张转向注重内涵质量。

建立分级诊疗的意义在于，确实实现"小病进社区、大病进医院"，让大小医院各司其职，使分布于城乡的医疗资源各得其所。借力"互联网+"，做到"在社区卫生服务机构拍片、抽血、做心电图，由大医院专家统一诊疗，然后再传回社区"等医疗资源流动。

在"十一五"和"十二五"期间，苏州分级诊疗推进迅速，远程会诊中心与社区临床检验取得实质性进展。至2015年底，苏州市社区卫生服务中心151家，社区卫生服务站1153家，社区卫生服务人口覆盖率达到了100%；完成门急诊总量3442.04万人次；全市基层医疗卫生机构完成门急诊总量4104.68万人次，按同口径统计，占全市各级各类医疗卫生机构门急诊总量的 48.4%；出院病人 19.82 万人次，比 2014 年上升 13.66%。苏州市社区影像远程会诊中心和社区临床检验集中检测中心运行稳定，2015年，完成影像 4.6084 万人次，临检 7.8732 万人次。落实 12 大类 45 项基本公共卫生服务项目，累计建立健康档案 831.36 万份，居民建档率达78.4%，规范管理高血压病人 675611 人、糖尿病病人 152332 人。

无论是资源共享，还是资源直接下沉，它力促实现的是公共服务的均衡化。按照规划，苏州有望在不久的将来，做到所有基层医疗机构均与区域内一家或一家以上医院组成专业联合体；基层医疗能够提供与上级医院相适应的用药要求；上级医院专家门诊号提前 3 天向基层医疗机构转诊平台有限开放；等等。分级诊疗的路径清晰可见，基层医疗也会在被寄予重任中不断地提质增效。这些配套举措的跟进，能起到撬动资源的作用，并以此恢复患者对基层医疗的信心，从而真正改变就诊的习惯。

5. 构建城乡一体的老龄医疗保健模式

苏州根据人口老龄化的发展趋势，制定颁布了《苏州市老龄医疗保健服务指导意见》（以下简称《意见》），以此为指导，构建起苏州的老年人医疗保健服务体系。《意见》要求各有条件的二级甲等综合医院应逐步开设老年病专科与老年病区。积极引导和扶持老年护理院，适时设置公立的苏州市老年病医院（护理院），制定相应建设标准与服务模式，确保拥有适宜技术与优质服务。加强社区卫生服务家庭医生队伍建设，积极探索居家养老的医疗保健服务方式方法，鼓励有条件的镇村特别是新农村试点地区率先实施居家养老服务模式。

6. 推动城乡卫生信息化管理体系建设

首先，加强城乡卫生信息规划总体设计，加快建设市、县两级卫生信息中心，科学规划卫生信息网络，建成各级各类卫生行政、医疗单位、监管相对人之间互联互通的区域卫生信息网络；开发一批基础数据库，充分整合各类卫生信息资源。其次，加强卫生信息服务能力建设。建设集约式预约挂号平台，提供预约诊疗、政策咨询、健康保健、投诉监督等服务；完善"一卡通"工程，全面推广"挂号、诊疗、检查、结算、取单、取药"自助式服务；优化 MPDS 医疗急救信息系统，建成运转协调、反应迅捷、机制顺畅的 120 医疗急救网络；建立市级远程会诊中心和双向转诊便捷机制；建设城乡居民健康档案信息系统，构建终身电子健康档案。最后，加强卫生信息管理效能建设。加快区域卫生信息综合管理平台建设，完成机构、人员、设备、服务等基础数据管理系统建设；整合卫生行政、公共卫生、医疗单位信息系统，实现医疗卫生信息的互联互通与资源共享；构建决策、服务、监管、绩效的综合评价体系。

三 苏州城乡户籍管理一体化创新

长期以来，我国的城乡二元结构和差距主要是靠户籍制度维系的，不破除这道障碍，就不能去除笼罩在农民心头上的阴影，也不能真正实现法律上的城乡一体化。苏州市在城乡一体化过程中，对农村户籍制度改革进行了有益的探索和创新。

（一）2003年颁布的《苏州市户籍准入登记暂行办法》松动了户籍管理的坚冰

2003年4月，《苏州市户籍准入登记暂行办法》出台，取消了农业户口与城镇户口的称谓，统称为居民户口，规定苏州申请户口迁移实行条件准入制，申请的基本前提是在本市具有合法固定住所、稳定职业或生活来源。

当时规定，单身人员购买市区成套商品房，在50平方米以上、已婚人员在75平方米以上，且被单位合法聘录用，参加社保、医保、公积金，具有合法稳定的经济收入的，即允许其本人、配偶及其未成年或待业未婚子女整户迁入。对于投资纳税者来说，在苏州市市区投资人民币50万元以上或累计纳税5万元以上，并拥有合法固定住所的人员，即允许其本人、配偶及其未成年或待业未婚子女整户迁入。同时《苏州市户籍准入登记暂行办法》对投靠人员没有做任何限制。

此办法实施之后，加大了苏州对外来人口的吸引力，也促进了苏州本地城乡之间的人口流动，苏州常住人口进入快速增长期。

（二）2007年修订后的《苏州市户籍准入登记暂行办法》

2007年9月，苏州市公布了修订后的《苏州市户籍准入登记暂行办法》，其主要变化体现在以下方面。对于买房入户者来说，政策调整后，购买市区成套商品房面积须超过75平方米，取得房屋所有权证3年以上，且被单位合法录用 3 年以上，按规定参加社保 3 年以上，才可迁入。对于投资纳税入户者来说，新政策调整为在市区个人投资实收资本 100 万元以上，并合法经营 3 年以上，或近 3 年累计纳税 20 万元以上，按规定参加社保 3 年以上，并拥有合法固定住所的人员方能获准整户迁入。对于投靠落户者来说，需投靠子女的限城镇退休父母或农村男 60 周岁以上、女 50 周岁以上的父母；符合准入迁移后的人员自迁入后满 5 年以上，方可为父母提出投靠子女的申请迁移。且迁入后人均住房面积和生活保障水平不低于苏州最低标准。

可以看出，2007 年的《苏州市户籍准入登记暂行办法》仅仅是提高了外地人入迁苏州的门槛。《苏州市户籍准入登记暂行办法》是规范外地人员获得苏州市户籍的基本原则办法，是增加苏州本地与外地人力资源配置的有效途径，但它对于苏州本地城乡居民的户籍管理与人力资源流动并无涉及。

（三）2010 年《苏州市户籍居民城乡一体化户口迁移管理规定》及其影响

为了破除苏州本地城乡居民在苏州内部流动的户籍障碍，提高人力资源配置效率，2010 年苏州颁布《苏州市户籍居民城乡一体化户口迁移管理规定》（苏府办〔2010〕301 号），决定从 2011 年 1 月 1 日起，在全市范围内实行城乡统一的、以拥有合法固定住所为基本条件的户口迁移户籍登记管理制度，进一步调整和放宽苏州市城乡户籍居民户口迁移政策。其中，有苏州户口、有住房，就可在大市范围自由迁移；落户苏州，不再受购房年限、工作地域、参保关系等限制。该规定适用地域范围为苏州市市区、张家港市、常熟市、太仓市、昆山市、吴江市，主要针对苏州市大市范围内即苏州市市区和五县市户籍居民的户口迁移，也就是现已具有苏州户口的城乡居民。

首先，苏州大市内户籍管理的一体化主要体现在：全市范围内实行城乡统一的以拥有合法固定住所为基本条件，办理户口迁移的户籍登记管理制度；统一了苏州市市区和五县市城乡居民户口迁移准入政策，取消了以往户籍居民户口迁移所需要的房屋产权证年限、工作地域、参保关系等限制。其次，苏州市对农村居民户口迁移进行放宽，明确只要在城镇就业并在城镇拥有合法固定住所的农户、动迁安置在城镇和开发区的农户、实行"三置换"进城进镇的农户，以及城中村和失地的农户、符合城乡一体化规范要求的新农村建设的农户、其他具有进城进镇愿望的农户六种情形的农村居民都可迁移户口。最后，这项规定开始实施后，在苏州全市范围内，实施网上户口迁移一地办理制，实行一站式服务，户籍居民迁移户口不再需要往返奔波于两地行政服务中心和派出所之间，只需在户口迁入地公安机关办理，户口审批办理时间将从以前的20个工作日缩减为3个工作日；在全市范围内跨市户口迁移，不再使用"户口迁移证""准予迁入证明"，进一步简化手续，方便市民。

需要特别说明的是，这项规定还明确苏州居民在城乡间的户口迁移，其户籍登记内容依法只登记公民身份信息，不作为享受有关政策待遇的唯一依据。户口迁移后，涉及社会保障、土地承包、宅基地、计划生育等事宜，由苏州市相关部门按规定办理。

这项改革应该说是对苏州城乡本地户籍管理一体化的重大突破。它旨在通过取消以往居民户口迁移所需要的房屋产权证年限、工作地域、参保关系等条件限制，鼓励农民进城安家。对于那些确实已经进入城镇、有固定住所与收入的农民，可以为其办理与城镇居民相同的户口或居住证，使他们成为名副其实的市民。农民的安置房可以办理土地证与房产证，具有完整的产权。由于在上述过程中，特别在"三置换"过程中，农村户口含金量陡升，甚至超过城市户口，反而出现了部分城镇居民要补办农村户口的逆向流动，这使得用农村户口置换城市户口的改革阻力出奇的小，得以顺利推进。该规定实施以来，到2014年7月，全市范围内共迁移人口18659人，其中由县级市迁入市区的10381人，由市区迁往县级市的3445人。

（四）2011年《苏州市居住证管理暂行办法》及其影响

1. 苏州市实行的居住证制度

如何对待外来人口是户籍制度改革的关键内容。在苏州，工业化的快速推进，创造了大量的就业岗位，除了吸收本市农村转移的劳动力以外，还吸引了大量的全国各地劳动力前来就业，于是外来人口急剧增加。2000年，苏州市外来人口与本地人口之比为2∶8，到2010年变为4∶6，其中，昆山市、苏州工业园区、吴中区和相城区的外来人口已经超过了本地人口，在木渎、玉山等镇，外来人口甚至是本地人口的数倍以上。2011年以后，外来人口进一步增加，与本地人口各占一半，并且还在呈现迅速上升势头。

2011年4月1日，苏州市在江苏省率先试点居住证制度，并颁布《苏州市居住证管理暂行办法》。按照此办法，凡是年满16周岁，在苏州有固定住所、生活相对稳定的流动人口均可以申请居住证。居住证内记录了个人基础身份信息以及社保、计生等信息。居住证持有人基本上享有本地居民所享有的市民待遇。经过两年的完善，居住证已在苏州市公安、教育、人社、计生、园林、城管等9个政府部门得到应用，持证人享受按规定参加社保并享受相关待遇、子女入学接受义务教育、计划生育、优生优育、儿童按规定享有计划免疫保健等24项基本公共服务。为方便流动人口办证，全市到目前为止共建立1271个居住证受理点。

2. 张家港市的积分落户管理试点

张家港市的市民积分制户籍制度改革探索特别值得一提：2011年，张家港市公安局发动全市社区民警、户籍协管员，对在居住、工作3年以上的24998名新市民开展了专项调查。据统计，超过50%的新市民希望子女能加入张家港城市居民医疗保险，81.5%的新市民希望子女能入读张家港公办学校，38.2%的新市民希望将户口转入张家港。张家港市公安局从满足新市民的实际需求出发，出台了新市民同城待遇实施办法，即突出教育公平、突出健康权益、突出社会保障。

为解决流动人口的上学、就医问题，张家港市从2012年5月开始对流动人口实行"积分管理"。按照《张家港市新市民积分管理暂行办法》，个人积分达到一定分值时，就可获取家庭入户、子女入公办学校和参加当地居民基本医疗保险等同城待遇。积分管理引导激励新市民"本土化"，受到外来人员热议和广泛赞赏。具体做法为，凡是已经办理居住证（或暂住证）的非张家港市户籍人口，在当地连续工作或居住一年（含一年）以上，经本人申请，就可以纳入新市民积分管理范围。由公安、人社、教育等17个部门根据积分标准计分，由基础分、附加分、扣减分三部分组成。其中，基础分指标包括年龄、文化程度、职业资格。附加分指标包括是否紧缺适用人才、有无专利创新、表彰奖励及卫生防疫等11项内容。扣减分指标包括违反计划生育政策和违法犯罪等内容。比如，初中文化计10分，高级工计50分，省级以上比赛前三名加50分，每投资10万元加2分，受刑事处罚扣100分等。

新市民可以选择积分入户、积分入学、积分入医等待遇，既可以"通盘全上"，也可以"单独零点"。这项改革为外来人口融入本市打开了一扇希望的大门。从2012年政策出台至2015年3月，张家港市累计受理积分入医申请56431例，22000名新市民子女获得参加居民基本医疗保险资格；累计受理积分入学申请28810例，19796名新市民子女获得入读公办学校资格；累计受理积分入户申请1057例，813名新市民获得户口准入资格。这个办法的施行，不仅稳定现有外来人员，与企业签订劳动合同，规范用工，而且吸引了更多的高素质外来人员来到张家港，特别是一些企业的大批中层骨干和技术工人。但是，从实践来看，条件过严、门槛过高、效果有限，只有少数外来人口达到要求，大多数外来人口还是被拒之门外。

（五）2015年以来苏州城乡户籍制度改革新政策

1. 户籍居民的大市范围内通迁制度

2015年6月12日，苏州市公安局结合江苏省政府出台的《关于进一步推进户籍制度改革的意见》，以及省公安厅下发的《关于印发〈江苏公安机关改革惠民5项措施〉的通知》等文件精神，经请示苏州市人民政府批准，公布了《关于在大市范围内实施本地居民户口通迁制度的通知》，决定从2015年7月1日起，在苏州大市范围内的本地居民，可以凭合法稳定住所自由迁移户口，其中"合法稳定住所"指"购买、自建、继承、受赠的产权房和政府提供的保障性住房"，而且对合法稳定住所的面积不做要求。本地居民户口通迁制度的适用范围，指的是苏州大市范围，包括苏州市市区、吴江区、常熟市、张家港市、昆山市、太仓市，针对的群体是苏州大市范围内的户籍居民。

2. 非苏州户籍居民的积分管理制度

为了保障流动人口合法权益，提高政府公共服务能力和水平，促进人口与经济、社会、资源、环境的协调发展，2015年12月11日，苏州市政府颁布《苏州市流动人口积分管理办法》。该办法规定从2016年1月15日起，在苏州全市市区范围内实行流动人口积分管理，即通过设置积分指标体系，对符合条件的人员，根据其个人情况、诚信记录、实际贡献和社会融合度等转化为相应的分值，积分达到一定分值的，可以享受相应的户籍准入、子女入学、子女参加苏州城乡居民医疗保险（以下简称"入医"）等公共服务待遇。计分标准由基础分、附加分、扣减分三部分构成。其中基础分指标包括个人基本情况、参加社会保险情况和居住情况三项内容，附加分指标包括计划生育情况、发明创造、表彰奖励、社会贡献、投资纳税、公共卫生六项内容，扣减分指标包括违反计划生育政策、违法犯罪、失信行为三项内容。

该办法规定，申请时在本市市区范围内、参加社会保险、已办理居住证且连续合法居住一年以上（含一年）的流动人口均可参加苏州市流动人口积分管理。其中，在市区范围内拥有合法稳定住所且人均住房面积达到市区住房保障准入标准的流动人口可以参加积分管理。合法稳定住所是指：属于自己的房屋所有权的成套住宅房，租住的属公有产权房并领取使用权的房屋。共有产权房（配偶及未成年子女共有除外）、非居住房、商业用房不得申请迁移。另外，市区住房保障准入标准以上一年苏州市住建部门公布的数据为准。实行流动人口积分管理后，每年由公安机关会同人力资源和社会保障部门拟定当年的入户指标数，报市人民政府批准后，于每年5月底和11月底前，分两次统一向社会公布上半年"入户指标数"和下半年"入户指标数"。市流动人口积分管理办公室于每年6月上旬和12月上旬根据入户指标数，按申请人积分高低进行排名，经市公安机关确认后，在本市有关媒体上进行公示，公示期不得少于5个工作日。公示前，居住地公安机关将对申请人相关情况进行复查，发现申请人不在申请地实际居住、居住的房屋存在群租现象等不符合申请条件的，将取消申请人本次积分资格。

实行流动人口积分管理后，流动人口的子女入学、入医将直接受益。各区流动人口积分管理办公室分镇（街道）按学校对申请人积分高低进行排名，结合学位空余数进行公开、公平、公正的管理。排名结果经区各镇人民政府（街道办事处）和教育行政部门确认后，由区流动人口积分管理办公室于6月15日前将符合积分入学分值要求的入学对象进行公示。市流动人口积分管理办公室根据当年流动人口子女首次参加城乡居民医疗保险指标数，按申请人积分高低进行排名，经市人力资源和社会保障部门确认后，于每年 9 月份统一向社会公示流动人口子女入医名单。

四　其他公共服务的一体化

除了以上社会保障、教育、医疗、户籍管理等类型公共服务外，农村基础设施也是公共服务的一个重要方面。

苏州市在城乡一体化进程中，大力推进农村基础设施建设，农村的改水、改路、改厕全覆盖，公共交通实现了村村通，所有乡镇都可以实现在 15 分钟内上高速公路。农村生活污水处理和燃气全面推进，近 60% 的村开展了生活污水集中处理。90% 以上的村纳入"户集、村收镇运、县处理"的垃圾无害化处理体系之中。2013 年，全市用于农村配电网建设投资 4940 万元，完成新建和改造农村台片 450 个，使农村电网供电能力和质量得到很大提高，实现了新农村电气化全覆盖。太仓市早在 1992 年就成为江苏省第一批、苏州市第一个农村用电标准化县。此后，太仓市继续不断加大对农村电网的改造投资，2006 年成为国家电网公司首批"新农村电气化建设示范县"。

在城乡基本公共服务均等化方面，苏州市还延伸到社区服务体系建设领域。2012 年 11 月，苏州市颁布和实施《苏州市城乡社区服务体系建设"十二五"规划》。据此，到 2015 年，苏州市基本建立起 15 分钟公共服务圈，为城乡居民平等提供劳动就业、社会保障、养老和医疗、人口计生等全方位服务。为了实现这些目标，苏州在公共服务方面重点推进 5 大工程，即社区服务三级设施完善工程、社区服务人才提升工程、社区扁平化网络化服务推进工程、社区服务管理信息化整合工程和"三社联动"发展创新工程。这些工程的实施，把城乡基本公共服务均等化目标落到实处，有力保证农民确实能够像城镇居民那样，享受到均等化的公共服务。

第八章
苏州城乡一体化示范区的特色与借鉴

苏州市作为我国东部发达地区的一个典型代表，作为一个探路者，经过十多年来的实践（虽然苏州只是2008年获批江苏省城乡一体化综合配套改革试验区的，但苏州在城乡一体化改革的实践在21世纪初就起步了），城乡一体化发展道路越来越清晰，特色越来越明显。总结苏州道路的特色和经验，对于全国其他地区具有重要的借鉴价值。

一 重视发挥集体经济的重要作用

（一）强势的集体经济影响力是苏州农村社会的重要特征

重视发挥集体经济在城乡一体化发展中的作用，是苏州市城乡一体化发展道路有别于其他地区的一个明显特色。目前，苏州市的农村集体经济发展水平在全国明显处于领先地位，尽管苏州市的外资经济、民营经济发展规模很大，档次很高，但是，集体经济仍然找到了自己的生存和发展空间，与其他经济形式相互补充、合作共赢。

按照制度经济学的"路径依赖"理论，无论是一个国家，还是一个地区的改革与发展道路，总是要植根于自己以前的发展基础和制度背景，因而必然会打上具有自己特色的烙印。在城乡一体化发展中重视发挥集体经济的作用，既是"苏南模式"的"路径依赖"和延续，同时又是"苏南模式"在新的历史时期的改革与创新。

城乡一体化发展过程中首先面临的一个问题是：谁是发展的主体？所谓发展主体，不仅是发展的组织者，而且是发展的投资者和管理者。发展主体的确定，取决于当时当地的所有制结构，凡是存在于所有制结构中的每一种经济成分，都有可能成为发展主体，承担相应的责任。就城乡一体化发展而言，毫无疑问，农民应该是第一位的发展主体，但是，我国农村经济制度下的农民财产形式，决定着农民参与和承担发展主体的具体形式。

新中国成立以后，我国农村经济制度经历了一个复杂的变迁过程。在20世纪50年代的农村社会主义改造过程中，小私有制经济被改造为公有制经济，即集体所有制经济。1958年以后，在人民公社体制下，集体经济采取"三级所有、队为基础"的具体形式。其后20年的实践证明，这种形式并不利于农村生产力的发展。1978年以后，在农村经济改革过程中，废除了人民公社体制，转而实行家庭联产承包经营制。从理论上讲，家庭联产承包经营制仍然是集体经济，不过是把生产队集中统一经营改变为以家庭为单位的分散经营。但是实际上，从全国各地区的情况看，在相当多的地区，特别是西部地区，在实行家庭联产承包经营制以后，集体经济名存实亡，除了土地在法律上还是集体所有制以外，其他集体财产已经荡然无存，成为名副其实的"空壳村"，由此也就没有集体收入，在新农村建设和城乡一体化发展中，集体组织就无法成为发展主体，很难发挥集体的力量，承担一定的投资和管理责任，只能单纯依靠农民个人力量和政府帮助。即使如浙江省这样的发达省份，也一直以发展民营经济见长，集体经济的发展则是短板。在个人和政府力量有限的情况下，必然会出现资金缺乏、管理不到位等问题，城乡一体化发展步履维艰。

苏州市集体经济的发展有着悠久的历史和深厚的基础，一直是地区发展的一大亮点和优势。早在20世纪80年代，在发展乡镇企业的过程中，苏州市作为"苏南模式"的主要发源地和代表，它区别于"温州模式""珠三角模式"等其他区域发展模式的主要特点，采用集体经济形式，由村、乡（镇）集体经济组织投资兴办乡镇企业。这一时期的乡镇企业发展对于当时的整个国民经济发展和解决"三农"问题发挥了重要作用。这种模式固然有许多弊病，但也不是一无是处。在20世纪90年代的乡镇企业改制过程中，苏州市并没有对集体资产完全一卖了之，在近年来的城乡一体化发展过程中，集体经济更是得到了长足发展，取得了很大成就。

在新的历史时期，要探索农村集体经济的有效实现形式，充分吸取人民公社模式的教训，不能走回头路，重蹈覆辙。苏州市在近年来发展集体经济的过程中，并没有简单复制传统的人民公社模式，而是大胆创新和探索，把股份合作社作为一种新的更加有效的集体经济实现形式。这些股份合作社的内容、经营领域和功能不尽相同，但是其本质都是集体经济，集合了农民群众的各种要素，农民群众能够参与民主管理，并且通过分红的形式实现农民群众的收益权。股份合作制充分体现了集体所有制下农户的权利、利益和责任，每个农户都像爱护自己的财产一样，爱护股份合作社的财产，也完全落实了农户作为所有者与劳动者应该承担的责任。如果股份合作社经营失败，出现亏损，农户也要承担相应的责任与损失。

股份合作社类似和接近于有限责任公司，随着它的发展壮大，应该因势利导，推动它向高级形式转变。随着股份合作社的发展壮大，木渎镇、湖桥村等地已经成立了集团公司，按照现代企业制度进行管理和运作。所有这些，都是顺应生产力发展要求、尊重农民意愿、自然而然发展和演变的。这就为我国农村的产权制度改革积累了有益的经验。

苏州市现有的农村集体资产，一部分源于集体土地和乡镇企业转制过程中的保留部分，在当年的乡镇企业转制过程中，有些村镇顶住压力，并没有把集体资产全部卖光，而是保留了一部分，作为集体股份，随着资产增值，这部分资产越来越大，分红也越来越多。2013年，全市仅社区股份合作经济组织分红总额达到12.07亿元。另一部分则来自转制以后新形成的部分。在工业化、城镇化和农业现代化过程中，许多村集体组织集资成立了大批社区股份合作社，兴办产业，实现多元化经营，包括开发商业地产、建设标准厂房和集宿楼出售或者出租等，同时大力发展现代农业、物业管理等产业，由此形成了一批优质集体资产，可以获得稳定的收入。例如，张家港市南丰镇发展集体经济的经验是：建造集体厂房、商铺用于出租，成立物业公司、劳务公司，为政府、企业和居民提供服务，获得收入；成立资产经营公司，获得经营收入等。而黄家溪村发展集体经济的经验则是：建设标准厂房和集宿楼、门面房，用于出租；同时建设农贸市场，既方便农产品销售，又可以增加集体收入；利用集体收入，村子建设了剧院、体育中心和其他公共服务设施，同时整治环境，美化村容村貌，提高群众的生活水平和居住环境。

为了探寻集体经济的有效经营管理体制，苏州市吸取过去乡镇企业时期"政企不分"的弊病，解决"两块牌子、一套班子、一本账"问题，积极开展"政经分离"探索。例如，2005年以来，苏州市枫桥镇在原有24个行政村的基础上，组建了7个社区和24个村级股份合作社，把农村集体经济组织承担的社会管理和公共支出职能剥离开来，把集体资产经营管理职能交给集体经济组织，使其真正按照市场规律独立运营，而把社会管理职能则交给街道和社区，管理费用由街道财政负担，不再向集体经济组织摊派。这一改革试点取得了良好效果。2014年5月，苏州市借鉴枫桥镇的经验，决定在更大范围内开展集体经济"政经分离"试点，以便进一步发展新型集体经济，更加注重提升集体经济质量，加强集体经济资产监督管理，保护农民利益。

(二) 集体经济发展对苏州城乡一体化发展的推动作用

通过近年来的实践，可以看出，集体经济在苏州市城乡一体化发展中发挥了以下重要作用。

第一，增加农民收入。不断提高农民收入是城乡一体化发展的重要目标。在工业化和城镇化过程中，许多农民的土地被征用，失去了祖祖辈辈赖以谋生的收入来源，虽然他们也曾经一次性地得到了政府的补偿，但是这部分补偿无法保证他们今后的长期生活需要。有些农民虽然还有一些土地，但是面积很小，不能形成规模效益。通过各种股份合作社，一方面促进了农民土地承包权的顺利流转，实现了农业规模经营；另一方面又可以为农民分红，形成财产性收入，还为农民提供了大量的就业岗位，使他们获得工资收入，从而为农民提供了长期而稳定的收入来源，保证了农民收入的稳定增长。

第二，改善农村基础设施。在城乡一体化和新农村建设中，农村基础设施建设是一个重要方面，包括道路、河道、供水、供电、文化、绿化、环保等项目的建设。为此需要大量投资，这些投资不可能全靠上级财政拨款和银行贷款，也较难引进其他社会投资。集体经济的发展，可以有效解决这一问题。在苏州市，集体经济组织每年从其收入中拿出一部分，用于本村这些方面的建设。可以发现，凡是集体经济发展得好的村子，基础设施建设也搞得较好，道路通畅，河水清澈，环境优美，村容整洁；而凡是集体经济发展得较差的村子，基础设施建设都比较落后，不是不想建设，而是心有余而力不足，没有资金。

第三，为农民提供福利。2012年底，苏州市已经实现了城乡养老、医疗和低保三大社会保障项目的并轨，这些资金主要依靠财政投入。除此之外，在农村其他社会福利方面，财政资金显得力不从心，这就需要村集体经济投入。那些集体经济发展得好的村子，兴建了公园、俱乐部、养老院等娱乐、休闲场地和设施，还组织农民去外地免费旅游，为他们免费体检，建立健康档案，在统一的医疗保险报销以外再报销剩余部分等，大大缩小了与城镇居民在这些方面的差距，甚至超过了城镇居民。例如蒋巷村、湖桥村等，农民的居住生活环境和福利水平，连许多城镇居民也羡慕不已，这都得益于集体经济的发展和投入，村集体有能力拿出钱来办这些社区福利事业。

第四，组织农民走向共同富裕。通过各种形式的集体经济组织，把农民有效组织起来，解决了分散的小农户与大市场之间的矛盾，降低了农户的经营风险与成本，而且帮助了那些能力较低、资源较少的农户，带动他们共同富裕，缩小了农村内部的收入差距。股份合作社一般都要尽可能地吸收绝大多数村民参加，而且对入股有上限规定，尽量缩小各户的持股和分红差距。在这方面，富民合作社的作用尤为明显。

（三）苏州市发展集体经济的经验与启示和借鉴价值

首先，要充分重视发挥集体经济的作用，使其独当一面。在计划经济体制下，我国在集体经济发展方面确实有许多教训。改革开放以后，全国各地农村都实行家庭联产承包经营制，这是正确的。但是，一些人对集体经济缺乏客观公正的分析和评价，存在认识上的误区，采取了全盘否定的态度，简单地把它和大锅饭、低效率画等号。在全国许多地区，集体经济已经名存实亡，除了保留土地名义上的集体所有制以外，几乎再没有其他集体资产，也没有集体收入。我们认为，目前我国农业的发展，仍然面临发展现代农业、建立市场经济体制与小农户分散和超小规模经营之间的矛盾。解决这个矛盾的办法和出路，就是要大力培育、发展和壮大集体经济。从宏观层面看，在社会主义初级阶段，我国的所有制结构仍然强调要坚持以公有制为主体，而农村的公有制主要是集体所有制，如果完全否定集体经济，那么农村的公有制为主体就会成为一句空话。所以，对于农村集体经济不能简单地予以否定，而要辩证看待其发展。只有这样，才能适应农村生产力的发展要求，也才能解决城乡一体化发展中遇到的诸多难题。全国其他地区可以根据本地实际，除了对农民承包土地建立土地股份合作社以外，还可以量力而行，新建一些集体经济组织，形成集体资产，使其成为推动城乡一体化发展的一支重要力量，解决城乡一体化发展中遇到的诸多难题。

其次，集体经济应该以行政村级层次为宜，要自主经营。人民公社模式下的集体经济，实行"三级所有、队为基础"。在20世纪80年代的乡镇企业发展中，集体经济也主要采用乡（镇）和村两级。这两种形式都存在着政经不分问题。随着农村行政管理体制的改革，生产大队和生产小队已经变为行政村和村民小组。在这种情况下，农村集体经济应该以行政村级层次为宜，因为作为乡镇一级，它是国家的基层行政组织，而非农民集体或者自治组织，而且其范围过大，管理有难度，容易导致大锅饭等问题。而村民小组则层次太低，范围太小，不仅动员和筹集要素的能力有限，而且不利于农村基础设施的统一规划和建设，也不利于共同富裕。行政村介于二者之间，可以有效克服这些问题，兼顾各方面的需求。在此基础上，应该实行"政经分离"，集体经济组织应该自主经营，以利润为主要经营目标，不应该把社会管理的任务或者经费强加给它们。通过利润分配，镇、街道或者社区组织获得自己的收入，并且承担社会管理任务。

最后，要完善股份合作社内部管理制度，实行民主管理。在股份量化到户的基础上，股份合作社内部应该强化民主管理。要制定股份合作社章程，按照同股同权原则，每个股民都应该有平等的发表意见的权利和机会，遇到意见分歧，应该进行表决，少数服从多数，做出决策。股份合作社应该做到财务公开，接受股民监督。这样，就真正实现了集体经济的民主管理。再加上村民代表大会制度、党员代表大会制度、村规民约等，就构建了一套完整的乡村治理制度框架，能切实推进农村民主政治建设。

二 重视发挥政府的强力推动作用

政府强力推动是苏州市城乡一体化发展道路的一个明显特色，在各级党委和政府的强力推动下，苏州市依靠雄厚的地方经济和财政实力，统筹城乡发展，引导各种资源和利益从城市向农村流动，最终实现从城乡二元结构向一体化发展的转变，使广大农民群众能够真正分享工业化和城市化的成果。

(一) 正确看待政府在苏州城乡一体化发展进程中的作用

从整体上讲，改革开放以来，我国在逐步由计划经济体制向市场经济体制转变。毫无疑问，在这个过程中，市场对资源的配置作用在不断加大，而政府的作用则不断缩小。从中共十四届三中全会《关于建立社会主义市场经济体制若干问题的决定》提出的让市场在资源配置中发挥基础性作用，到中共十八届三中全会《关于全面深化改革若干重大问题的决定》提出的让市场在资源配置中起决定性作用和更好发挥政府作用，都彰显了这种改革取向。

在社会主义市场经济体制背景下，城乡一体化发展中市场和政府分工是一个需要认真处理的问题。从一般意义上看，当然应该由市场起决定性作用，但是，政府也是责无旁贷，应该发挥重要作用。这是因为以下几个方面。第一，城乡一体化发展中的资源配置涉及许多农村公共产品和服务的提供，需要由政府承担。第二，城乡一体化发展本身就是对过去几十年间我国在计划经济体制下由于政府的作用以及在改革过程中由于市场和政府双重力量所导致的城乡发展差距的一种矫正，我国的城乡二元结构本来就是在过去的工业化和城镇化过程中由政府决策所形成和维系的，解铃还须系铃人，要打破这种二元结构，自然也应该由政府来推动。如果过分依赖市场调节，城乡发展差距只会越来越大，因此必须重视发挥政府的调控作用。这是在城乡一体化发展领域中市场与政府作用划分的特殊性，与整个市场经济体制并不矛盾。第三，城乡一体化发展作为一场伟大的经济社会变迁工程，其中必然涉及不同利益集团的利益关系调整，由此也就必然引起它们之间的博弈。不同的利益集团从自己的利益得失出发，或者支持，或者反对。作为其中的受益者，广大农民自然非常拥护这场变革运动。但是，在我国现行政治体制下，农民还无法直接在各种决策机构中发挥作用。第四，经过30多年的改革，我国政府仍然在资源配置中具有重要作用，因此，政府从经济社会全局出发，不仅有必要，也有条件成为这场社会变革运动的发动机，由此也就注定了这场社会变革是以广大农民群众为社会基础、由政府所发动、上下配合的运动。

检视苏州市的城乡一体化发展道路，可以看出，由于历史的和现实的原因，城乡一体化发展具有来自政府强力推动的明显优势与特色。苏州能够走出一条城乡一体化发展的成功道路，并不是偶然的，当年的"苏南模式"应该是它的起点。"苏南模式"的重要特点就是依靠地方政府的强力推动，推进区域工业化和城镇化。按照"路径依赖"理论，苏州市政府在城乡一体化发展中的强力推动作用，既是"苏南模式"的"路径依赖"与延续，又是"苏南模式"中"强政府＋弱市场"体制在新时期的嬗变与创新，具有一定的必然性。在改革的大潮中，尽管苏州市的政府职能有所弱化，作用有所减少，但是，相比全国其他地区，苏州市的政府作用依然较大，相对而言，苏州市是"弱市场"与"强政府"的组合。这种体制不仅保证了苏州市在兴办工业园区、开发区、引进外资方面的优势竞争地位，而且在城乡一体化发展中也表现出明显的优势。苏州市市委、市政府是城乡一体化发展的最大动力，正是由于市委、市政府的组织、决策、实施和强力推动，苏州市的城乡一体化发展才会如此有声有色，快速推进。本书在关于苏州市城乡一体化发展历程的回顾中，详细梳理了苏州市市委、市政府2009年以来关于城乡一体化发展的决策与推进过程，从中可以看出，如果没有政府推动，就不会有今天的城乡一体化发展成就。

（二）政府在城乡一体化发展中重点发挥规划引导和财政支持的作用

政府的作用不仅表现在它是城乡一体化发展的发动者和决策者，而且是组织者、引导者和支持者。政府不仅要制定颁布城乡一体化发展的方针政策和方案，更要组织落实这些方针政策，饬令下级组织不折不扣地贯彻实施。政府要带头加大各级财政的投入力度，承担较大的投资责任，特别是在社会事业发展和公共产品及服务领域，以作为对"三农"的回报与反哺。城乡一体化发展是一场社会财富的重新分配过程，无论是"三形态"建设，还是"三集中"过程，以及公共服务均等化，无不需要财政的巨大投入，其中，各级财政必须拿出足够的资金用于支持"三农"的发展。套用毛泽东同志在《论十大关系》中的语言风格与逻辑：政府对城乡一体化发展是真想，就要高度重视，强力推动，财政就必须加大投入；政府对城乡一体化发展是假想，就只是谈谈而已，不去推动，财政就不投入或少投入。

首先，苏州在城乡一体化发展过程中，要注意规划的引领作用。苏州将要建设一个怎样的城乡一体化的示范区，这需要从区域发展的顶层进行设计。苏州的规划引领主要通过"一张图"来彰显，在23个城乡一体化改革试验先导区按城乡一体化的要求开展村镇建设规划的编制或修编，将有关城乡一体化发展的主要规划相互衔接，有机叠合在一张图上；通过"一张图"的规划，确定城乡空间布局和区域主体功能定位，合理配置资源，促进城乡区域协调发展。

其次，苏州政府对城乡一体化发展要从财政资金运用上进行引导和支持。按照我国现行的财政管理体制，中央财政和地方财政之间实行分权管理。对于各地区城乡一体化发展中的政府投资，有些需要由中央财政承担，大量的则需要由地方财政承担。因此，每一个地区经济发展水平和财政实力的大小，就在很大程度上决定着这个地区城乡一体化发展速度的快慢和水平的高低。广大中西部地区，经济发展水平较低，财政实力有限，农民收入水平也低，因此不仅来自农民个人、集体经济组织的投入有限，而且来自政府的投入也很有限，所以，它们的城乡一体化发展速度就比较慢，水平就比较低。而东部发达地区，政府财政实力较强，可以在城乡一体化发展中发挥更大的作用。

苏州市政府对于城乡一体化发展的推动，除了决策和组织以外，还表现在巨大的财政资金投入上。只有凭借雄厚的经济与财政实力，才能保证城乡一体化发展中巨大的资金需求，才能化解各方矛盾。改革开放30多年来，苏州市历届市委、市政府领导，带领广大人民群众，因地制宜，审时度势，走出了一条成功的跨越式发展道路，经济和财政实力急剧增强，使苏州市成为最有条件率先实现城乡一体化发展的地区。在开始大规模推进城乡一体化发展的2009年，全市地区生产总值达7400亿元，三次产业构成比为1.8∶58.8∶39.4，地方一般预算收入745亿元，按户籍人口计算的城镇化率为46%，城镇居民人均可支配收入26320元，农民人均纯收入12969元，远远高于全国及全省平均水平。所辖昆山、常熟、张家港、吴江、太仓5市均连年进入全国百强县前10名，其中昆山市更是高居榜首，成为"华夏第一县"。财政收入超过10亿元的镇比比皆是。工业园区和开发区更是闻名全国。2015年，苏州市地区生产总值达到1.45万亿元，其中，第三产业增加值为7170亿元，占地区生产总值的比重达49.5%，比

"十一五"末提高7.9个百分点,形成"三二一"发展格局,全年实现地方公共财政预算收入1560.8亿元。正是由于拥有如此雄厚的经济与财政实力,在城乡一体化发展中,苏州市市、区、镇各级财政投入了大量资金。政府财政资金的投入领域,主要包括农村社会保障体系的建立、现代农业体系的建设、农民集中居住区的建设、农村道路等基础设施和农村公共服务设施的建设等方面。正是由于政府的巨额投入,苏州市才能在这些方面取得快速进展。也正因为如此,"苏州道路"对于那些经济较为落后、财政实力较弱的地区,尚不具有可复制性。

从苏州市的经济社会发展实践来看,也许政府在经济领域的作用不尽如人意,应该限制和退出,但是在城乡一体化发展过程中,特别是在农村社会事业领域,政府的介入和调控作用仍是利大于弊,不可或缺。在这些领域,政府还有很大的作用空间,应该更多更好地发挥政府的作用。只有这样,才能为经济社会协调发展和城乡一体化发展提供科学合理的体制机制保证。

三 注重以体制机制创新推动城乡融合

在苏州城乡一体化发展实践过程中,基层干部群众的发明创造是苏州城乡一体化发展经验的核心内容。在促进城乡融合发展的过程中,基层干部群众发明创造了"三集中""三置换""三大合作"等具体的推进措施,这些具体的操作办法不是在办公室想出来的,也不是某一位领导发明出来的,而是在具体的实践过程中摸索出来的,是重要的体制机制创新。

(一) 以"三集中"为特征的利益形成机制

城乡鸿沟不在于城市太强,而在于农村太弱,促进城乡一体化发展重在扶弱。扶弱怎么扶?"三集中"!苏州通过大力促进城乡工业向产业园区集中、农业用地向规模经营集中、农民居住向新型社区集中,节约了大量生产性资源,产生了集聚效应,使乡村工业和农业实现规模经营成为可能,也使为城乡提供均等的公共服务成为可能。"三集中"是对农村自身潜力的深入发掘,是城乡一体化得以顺利推进的动力源泉。推进"三集中"要特别注意使"三集中"后的利益留在"三农",否则就是对"三农"的二次伤害。近年来,苏州在新型农民社区建设、城乡社会保障体系建设、农民转移支付等方面的投入不断增加，其中很大一部分源于"三集中"的利益。苏州建设用地占陆地面积已超过40%，土地调控指标以及自身生态承载能力使粗放式增量扩张的路子难以为继。苏州通过推进"三集中"，引导乡村工业和农业实现规模经营以获取规模效益，引导农民集中居住以节约土地资源。借力"三集中"将散布在规划区外的村办工业企业"退二进三"或"退二还一"，将现有农业用地集中整理，将农村居民点调整优化，收到提升产业品质、拓展发展空间、壮大集体经济、增加农民收入、便利公共服务等显著的成效。"三集中"是对农村自身潜力的深入发掘，是城乡一体化发展的利益源泉。

为了顺利推进"三集中"，苏州市相应进行了土地流转、农村宅基地和股份合作社等方面的体制机制创新。

一是推进农村土地方面的改革，主要包括三个方面。①建立适合现代农业发展的农用土地流转机制，保证农民通过土地流转获得稳定收益。积极鼓励和引导农户将集体土地承包经营权置换成股份合作社股权，进一步加快土地股份合作改革步伐，促进土地承包经营权流转，提高农业规模化经营和组织化水平。②完善集体非农建设用地使用权流转机制。在严格执行土地利用总体规划和用途管制的前提下，进一步明确农村非农集体用地使用权流转范围、程序和方式，建立和完善城乡统一的建设用地市场，将非农集体建设用地使用权全面纳入土地有形市场。积极探索建立和完善集体经济组织、农民参与和共享集体建设用地收益合理分配机制。③开展城乡建设用地增减挂钩试点。在实现项目区内建设用地不增加、耕地面积不减少、质量不降低前提下，加快农民居住向中心村镇集中、工业向园区集中、土地向适度规模经营集中的步伐，节约集约利用建设用地，促进城乡用地布局更加合理。

二是推进农村宅基地流转的改革。积极鼓励和引导农户将宅基地及住房置换成社会保障和城镇住房，通过建立置换机制，探索宅基地退出机制，促进城乡之间土地要素的流动，改善村镇用地结构，优化各类用地布局，提高土地集约利用水平。

三是探索农村股份合作改革。探索推进资源资产化、资产资本化、资本股份化，大力发展农村社区股份合作、土地股份合作、农民专业合作等"三大合作"经济组织，使之不仅成为增加农民财产投资性收入的重要途径，形成集体经济发展与农民持续增收的长效机制，而且要促进农民变市民和土地适度规模经营，进一步创新、丰富和发展"苏南模式"。苏州市在全国率先完成了农村集体资产确权发证工作，探索建立了农村产权交易市场。

（二）以"三置换"为特征的利益交换机制

引导农户把集体资产所有权、土地承包经营权、宅基地及农村住房置换成股份合作社股权、城镇社会保障和社区住房，是遵循市场原则而形成的利益交换机制，是苏州平稳推进"三集中"及城乡一体化发展的前提条件。这种机制使农民摆脱了土地、农村住房、集体资产的牵绊，使农村资源的"动能"有所提升。问卷调查显示，96.3%以上通过置换实现集中居住的农户对现状是满意和基本满意的，"三置换"符合绝大多数农民的根本利益。在市场经济条件下，农民首先是具有强烈利己动机的经济人。"三置换"必须保证农民的眼前利益和长期利益，必须尊重农民的真实意愿。"通安事件"是个偶然事件，是初期政策不透明、不连贯的结果，这不能否定"三置换"在城镇化、工业化、农业现代化方面的作用，应该相信绝大多数农民会做出理性的抉择。

（三）以"三大合作"为驱动力的农民增收机制

农村"三大合作"组织是发展现代农业、增加农民收入的基础制度和关键举措。一是围绕发展现代农业和转变农业生产方式，加快发展土地股份合作组织和农民专业合作组织。创新土地股份合作模式，探索建立跨区域的土地合作总社或联社，重点在合作规模上取得重大进展。以县（市、区）为单元，以产品为纽带，探索建立专业合作联社，提高产品的市场竞争力和农民的话语权。围绕农业特色优势产业，重点发展壮大一批专业合作组织，促进农业产业化和高效农业规模化。二是围绕构建农民增收长效机制，创新社区股份合作组织。把发展社区股份合作组织作为重点，通过明晰产权主体，让农民享有集体资产股权，建立健全利益共享、风险共担的管理运行机制。按照"资源资产化、资产资本化、资本股份化"的思路，探索农村集体资产运作的有效形式，鼓励发展新型合作经济组织，促进资产保值增值。允许和鼓励社区股份合作组织预留一定面积的建设用地，统一使用、建设和经营，重点支持农民创业就业、增加财产性收入。允许和鼓励社区股份合作组织对其拥有的经营性用房进行翻建和改造，对废弃地、边角地整合利用，增加集体经济的资产。允许和鼓励社区股份合作组织采取增量扩股、现金配股等方式，充实壮大集体经济实力。三是围绕做大做强"三大合作"，营造良好的发展环境。充分发挥财政政策的激励导向作用，通过各种方式，加大财政对合作组织经营和发展的支持力度。建立和完善财税政策支持体系，逐步改变合作组织越规范、税费负担越重、发展代价越大的矛盾，支持具备条件的合作组织向企业化、公司化方向发展。加快公共服务平台建设，进一步拓宽服务领域。推进合作组织法规建设，促进合作组织规范发展。

苏州农村正在构建起以工资性收入为支柱、经营性收入为潜在增长点、财产性收入为新增长点、转移性收入为必要补充的多元增收机制。其中，以社区股份合作社、土地股份合作社、农民专业合作社为代表的"三大合作"为增收机制提供着内生动力。"三大合作"按照现代企业制度架构实现对农民及其资源的社会联合，提高了工业、农业、副业生产效率，深化了农村社会分工，使工资性、经营性、财产性收入都有明显增长。单个农民是弱小的，小农经济是简单的，以股权为基础的农民合作是保护农民免受社会变革冲击的"缓冲器"，是实现传统农民向现代公民有组织过渡的良好载体。"三大合作"按照契约精神和现代企业制度架构实现了对农民的社会联合，提高了农民的组织化程度，培育了适应社会主义市场经济环境的新农民；通过扩大生产经营规模，提升了资源集聚能力和资源配置效率，提升了农村产业层次，延长了农业产业链条；通过公平合理的股权安排，构建了农民持续增收的长效机制，缩小了城乡差距，推动了城乡一体化发展。以"三大合作"为代表的新型合作经济已经逐步成为苏州农民参与市场经济的基本组织形式，成为苏州城乡一体化发展过程中最具创新意义的本质特征。

（四）以农业"三化"为特征的现代农业发展机制

苏州坚持以生产、生活、生态、生物作为农业的基本功能定位，通过粮种、农机、化肥补贴、生态补偿等手段，逐步形成"园区化、合作化、农场化"的现代农业发展机制。其中，农业园区的重要特点是融第一、第

二、第三产业为一体，具体包括科技型农业园区、基地型农业园区（特色农产品、种子繁育）、外向型农业园区（农副产品生产、加工和出口）、旅游型农业园区四种类型。目前，苏州已建成各级各类现代农业园区 100 多个（万亩以上农业园区 23 个）。为促进"园区化、合作化、农场化"，苏州还配套形成由大型商业银行、农村小额贷款公司、村镇银行、农村担保公司组成的多层次、多渠道的融资机制，以及具有典型示范意义的农村生态补偿机制。"十一五"期间，全市新增林地绿地 60 万亩，森林资源总量达 173.4 万亩，陆地森林覆盖率达 23.7%，建成太湖湿地公园等 7 个国家级、省级湿地公园，形成以"绿色苏州"为标志的生态环境建设机制。

四　注重社会管理体制创新

苏州在城乡一体化发展实践中，在户籍制度、土地使用制度、城乡社保并轨以及社会管理体制等方面的改革尤其值得我国其他地区参考借鉴。

（一）实行以居住地管理的户籍通迁制度，促进人口向城镇聚集流动

加强户籍人口统计管理的职能，探索实施在市范围内实现以合法固定住所为依据的，包括外来流动人口的新型户籍登记管理制度。从制度上逐步消除长期依附于户籍的城乡权利不平等，鼓励引导更多农民进城进镇落户，并全面享受与城镇居民同等的权益保障和公共服务，劳动就业、社会保障、教育、医疗等逐步与户籍脱钩，为进一步推进以常住人口为对象的公共服务均等化改革奠定基础。前面章节已有论述，在此不再赘述。

（二）统一城乡社会保障体系

2012 年，苏州市在全国率先实现了城乡居民医疗、养老和低保的并轨，这是其城乡一体化发展的一个重要特色与创新。

在我国的二元社会结构下，城乡居民之间的差距，不仅表现在收入差距上，而且表现在不能够享受平等的公共服务上，其中社会保障方面的差距尤其明显。相对而言，我国城镇居民可以享受到较好的社会保障，而农民几乎没有任何社会保障。中共十七大后，按照统筹城乡发展的指导思想，国家提出要让广大农民群众能够享受基本平等的公共服务，包括社会

保障待遇。社会保障改革涉及复杂的社会利益关系调整，而且需要巨额的资金投入，是制约我国改革与发展事业的重大难题，时至今日，仍然存在着巨大的分歧和困难，亟待破解。

苏州市在城乡一体化发展中，把城乡社会保障一体化作为一个重要内容，不仅取得了重大进展，而且在体制创新方面，做出了可贵的探索，积累了有价值的经验。苏州在该领域的改革主要分为三个阶段。第一个阶段是按照"广覆盖、低水平"的原则建立完善社会保障制度，主要是对现行农村社会保障制度进行规范和完善，形成统一的农村社会保障制度框架。第二个阶段实质上是过渡阶段，即按照"一个体系、两种制度"的思路，把农村从业人员与城镇企业职工统一纳入一个社会保障体系中，但仍实行不同的管理办法。第三个阶段是在城乡社保体系之间建立衔接与转换通道，首先统一城乡标准，再分领域、分地区逐步形成统一的社会保障制度。目前，最低生活保障标准已实现城乡统一，养老保障制度和医疗保险制度的并轨正在推进。医疗保险已建立了城乡居民医疗保险与城镇职工医疗保险接轨互换的通道。所有参保人员随时都可以根据自己的就业状态办理转移手续，实现在两个险种之间通过个人账户转移衔接，这使农民进入各类企业就业时，能顺利转入城镇职工社会医疗保险。

城乡社会保障和社会管理的并轨，具有重要而深远的历史意义。它使农民摆脱了几千年来祖祖辈辈、世世代代依靠土地和儿子养老、依靠家庭的微薄力量应对疾病和灾害的艰难局面，使农民可以从容应对工业化、城镇化进程和市场经济发展中的失地、失业等风险，彻底免除他们的后顾之忧，为农民向市民的转变打下了坚实基础，也为农村的计划生育等工作的顺利开展提供了切实保证。如有些农民所言："过去为了防老，孩子越养越多，生活越来越苦；现在，老了不仅有养老金、医保，政府还出钱让我们旅游，进行体检，有健康档案。老年农民与城里企业退休职工一样，晚年都能享清福。"农民从内心里感到满意。

苏州市在城乡社会保障一体化方面取得的成绩，受到政府有关方面和专家的广泛好评，人力资源和社会保障部研究所对此推出了专门的研究报告，充分肯定了苏州市在全国率先实现城乡社会保障一体的成绩，系统总结"苏州模式"的经验，供全国其他地区借鉴。

在借鉴太仓医疗保险模式的基础上，2012年8月30日，国家发改委、卫生部、财政部、人力资源和社会保障部、民政部和保险监督管理委员会6部委发布《关于开展城乡居民大病保险工作的指导意见》，这就把苏州市的医保经验推向全国，从而产生了广泛的示范效应。按照国家部署，2012年，将首先全面推行尿毒症等8类大病保障，在1/3的统筹地区，把肺癌等12类大病纳入保障和救助试点。另外，新农合使重特大疾病的补偿水平达到90%。而在苏州市，这些大病的补偿水平已经达到甚至超过了90%，另外，苏州市还把商业保险引入医保体系，进行大病再保险，这些在全国都明显处于领先水平。

（三）积极开展社会管理创新，为城乡一体化发展创造和谐氛围

苏州市外来流动人口的数量与本地人口的比例约为1∶1，本地真正从事农业的农业户籍人口所占比重已不足1/10。人口结构的新变化，再加上城市新区的扩张以及产业结构的变化等都对本地的社会管理提出了新的挑战。苏州在该领域主要进行了以下四个方面的探索实践。

一是加强基层社区社会管理体制创新。2006年，苏州市制定实施了《关于推进社区管理体制改革和创新的若干意见》，构建了以"社区党组织、居民委员会、社区工作站、社区民间组织"为核心的"四位一体"的社区管理体制，按照地域相近、规模适度、有利于整合公共资源的原则，稳步推进镇、村体制向街道、社区体制转变。

二是加强城乡一体化的城市社会管理体制创新。苏州市按照城乡一体化的创新思维，将城市管理的理念和方法逐步引向乡镇、农村，从有利于提高城市整体功能、有利于为城乡生产生活服务出发，建立高效运行的"大城管"机制；构建了"建管分开、建管平行、管理实体"以及"二级政府、三级管理、四级网络"的城市社会管理体制。

三是加强农村集中居住社区的管理创新。苏州市按照统筹城乡发展的理念，建立了"城乡联动、结对挂钩、共驻共享、社会化运作"的机制，积极开展面向农村、面向农民的社会管理和社会服务工作，把社区服务延伸到自然村落。按照城市社区型、集中居住型、整治改造型、生态自然型、古村保护型5种模式，推进农民集中居住区的建设。同时，以社区服务中心为载体，加快建设和完善社区服务中心，不断拓展服务领域，丰富服务内容，强化城乡公共服务体系一体化的建设。

四是深度开发自律管理资源。推进社会组织管理体制改革，规范准入"门槛"，为社会组织的健康成长开辟广阔空间；制定多项扶持政策，为增强社会组织自我发展能力提供良好环境；坚持寓管理监督于优良服务之中，把社会组织引入规范、健康发展的轨道。

五 重视现代农业的供给侧改革

工业化与城镇化是改革开放以来我国经济和社会发展的主线索，在这个过程中，如何处理好它们与现代农业发展之间的关系，以及如何运用信息化等新兴科学技术，实现工业化、城镇化、农业现代化和信息化之间的协调发展，是一个事关我国发展全局的重大问题。在这方面，苏州市进行了全面系统的探索与创新，不仅其工业化、城镇化水平在全国名列前茅，而且依靠信息化和其他科学技术，对传统农业进行改造，发展现代农业，在全国也处于领先水平，这是苏州市城乡一体化发展道路的又一个特色。

苏州市地处江南地区，发展农业生产的条件优越，素为鱼米之乡，古有"苏湖熟、天下足"之说。改革开放以来，随着工业化和城镇化的快速推进，苏州市人均耕地急剧减少，农业在整个区域经济中所占的比重不断下降，目前仅占1%左右，粮食自给率也很低，仅为30%左右。但是，苏州市并没有放弃农业，坚持"四化"协调推进，以信息化和其他现代科学技术改造传统农业，发展现代农业，把它作为城乡一体化发展的一个重要内容。在苏州市城乡一体化发展中，现代农业发展得有声有色，成功地走出了一条与"四化"结合、协调发展的道路。

在苏州市发展现代农业的过程中，政府发挥了重要作用，表现在高度重视、科学决策、有效实施以及巨额投入等方面。根据《苏州市"十二五"现代农业发展规划》，苏州现代农业发展的总体目标是：坚持在工业化、城镇化深入发展中同步推进农业现代化，全市农业产业规模化、设施标准化、生态永续化、科技集约化、营销现代化、服务社会化、农民职业化水平显著提高，率先建设农业现代化体系，形成以生态优美、生物集聚、产业融合、文化传承为主要标志的现代农业新格局，使现代农业成为城乡一体化的重要标志。2011~2012年为苏州市的农业现代化"重点突破年"，全面确立"率先基本实现农业现代化"目标导向，全面掀起农业现代化建设高潮，有条件的市区，率先达到农业现代化指标体系要求。2013~2014年为农业现代化"整体推进年"，要全面达到江苏省确定的农业现代化指标体系要求，在全省率先基本实现农业现代化。2015年为农业现代化"成果巩固年"，进一步提升农业现代化水平，为进一步发展奠定坚实基础。为了实现这些目标，苏州市实施了农业现代化十大工程："米袋子、菜篮子"建设工程、生态环境改善工程、农业基础装备建设改造工程、农业产业园区建设拓展工程、农业科技创新工程、农产品质量安全工程、农产品现代营销工程、社会化服务体系改善工程、农业信息化推进工程和职业农民培育工程。

苏州市发展现代农业、确保粮食安全的做法和经验，受到国家有关部门的充分肯定和表彰。2012年以来，国务院发展研究中心、农业部和中国农业经济学会等单位发起和主持，在苏州市吴中区、太仓市、常熟市等地，多次召开现代农业发展的现场研讨会，总结、交流和推广苏州市在这些方面的成功经验，产生了强烈反响。2014年7月，国家粮食局局长在苏州考察粮食工作，认为苏州市在经济和社会快速发展的同时，把农业作为重中之重，特别是把粮食安全放在很重要的位置上，"四个百万亩"落地上图，生态建设取得可喜成果，人与自然和谐相处。鉴于此，国家粮食局授予苏州市"国家粮食安全工程建设试点示范市"，并且双方合作，打造现代仓储物流新体系、粮食安全保障新体系、粮食质量安全监管新体系、新型粮食流通业态和"智慧粮食"等。

苏州市发展现代农业的做法和经验，有力地验证了在新的历史条件下，在工业化与城镇化过程中，农业仍然具有非常重要的作用，但是，必须拓展农业功能以及发展现代农业的思路。从一般意义上讲，农业是国民经济的基础产业，承担着为全社会提供生活资料、为部分工业品提供市场、为工业化和城镇化积累资金、提供劳动力、换取外汇等重要职能，其中前两项职能是永远不可能改变的。费景汉和拉尼斯对刘易斯模型的补充中即强调了农业对工业和城市的这种制约作用。我国在过去长期的经济发展过程中，也从反面证明了农业的这种重要作用。

农业的上述功能，是它最原始、最基本的功能，也就是传统农业的功能，不可谓之不重要。这些功能从大的方面看，一是满足全社会的消费需要，特别是在工农城乡分工的背景下，满足城市居民的消费需要更重要；

二是满足其他产业发展对农业的需要。以此而论，在农业和其他产业以及城市发展的关系上，农业以外的经济社会发展是自变量，而农业是因变量，但是，辩证地看，当农业的发展受到忽视、不能满足其他产业和城市发展需要时，农业也会表现出自己的自变量地位。随着时代的发展，传统农业向现代农业嬗变，农业的功能也与时俱进，有了新的拓展。所谓现代农业，既包括新的农业科学技术的运用、农业的规模化和社会化程度的提高，又包括它的功能拓展，即在传统农业功能之外，拓展出了一些新的，甚至更重要的功能。

从苏州市发展现代农业的经验可以看出，现代农业功能拓展的依据和内容在于以下几点。第一，在市场经济条件下，对于农民而言，农业不仅有自然经济条件下为其提供生活资料的简单功能，而且背负着为农民提供就业、货币收入等的重要功能。目前，即使对于苏州市这样的发达地区，农业经济收入仍然是农民收入的四大来源之一。第二，此时，市民的消费水平和消费结构也在不断提高，由此必然引起农业的功能及其内部结构的变化。无论是按照恩格斯关于需求三个层次的划分，还是按照马斯洛关于需求五个层次的划分，都可以看出，人们的需求从整体上是从低级向高级演进、从物质性向精神性演进的。对高级需求和精神需求来说，休闲、观光和体验都是非常重要的内容，特别是在工业化和城镇化过程中，随着城市中生态环境的退化，市民更渴望到山清水秀的农业和农村中去，体验和享受田园诗般的美好生活，由此也就赋予现代农业在这一领域的重要功能。近年来全国各地，特别是东部发达地区蓬勃兴起的乡村游、农家乐就是为了满足城镇居民这一方面的需求，其市场潜力巨大。苏州市在现代农业的发展中，把农业发展和旅游业发展有机地结合在一起，特别是吴中区，依托太湖东山、西山的优越山水资源，大力发展乡村游和农家乐，成效显著，每当周末和长假期间，环太湖几十公里道路挤得水泄不通，以致不得不修建太湖第二座大桥，以满足游客需要。当然农民也从中收获颇多。第三，就全社会而言，生态环境平衡和保护的重要性是不言而喻的。从三次产业的特点看，第二、第三产业更多的是向自然环境中排放废气、废水、废渣等污染物，扮演着环境破坏者的角色。而农业中植物的光合作用，对降水、蓄水和气候的调节作用，对第二、第三产业废弃物的接纳与消解，使其更容易扮演垃圾"清道夫"与生态环境保护者的角色，从而农业也就被赋予平衡和保护生态环境的功能。根据测算，一亩水稻田对温度的调节作用，相当于125台5匹空调的效用，而且水稻田还可以行洪蓄洪，防止洪涝灾害，是城市的"绿肺"和"蓄水池"。霍华德的"田园城市"理念就主张在不同的城市部分之间，要有适当的绿化带，以调节和改善城市环境。在这方面，苏州市由于农田面积的减少，生态功能有所弱化，近年来的太湖流域洪水和城市气温明显上升、雾霾天气增多都与此有一定关系，由此也证明了保护农田和"四个百万亩"决策的正确性和必要性。

现代农业对于农民、市民和全社会的这三大功能，是传统农业所不具有，或者表现不突出的功能，由此也就使现代农业与传统农业相比，有了本质的区别与提升。当然，这种分析更多的是一种理论思辨，也是从需求角度的分析。为了满足这种需求，实现其功能拓展，就必须要有供给，要进行农业供给侧改革，在城乡一体化发展过程中，既重视农业的发展，又要对现代农业进行功能再造和结构调整。从苏州市发展现代农业的实践和经验来看，主要应该抓好以下几方面的工作。

第一，要大力发展优质、高产、高效和高就业的农业。对于农民而言，农业发展不仅要满足自己的生活需要，而且要有利于提高他们的货币收入水平，解决就业问题。所以，要对传统农业进行脱胎换骨式的改造，在农业技术、农业形态、农业组织、农业结构、农业与其他产业及全社会的关系上有一个质的飞跃与提升。

第二，要大力发展休闲观光农业。为了满足市民的休闲观光需要，农业需要开辟这一新的领域，健全这一方面的设施与组织，特别是在靠近城市的周边农村地区，可以建设更多的休闲观光园区和景区，发展"农家乐"旅游项目，让市民参与采摘水果、蔬菜、花卉等体验活动，愉悦其身心，陶冶其情操，实现农民与市民的双赢。

第三，大力发展生态环保农业。为了净化和保护生态环境，农业不仅要解决其内部环境污染问题，例如通过循环经济模式，解决养殖业中的家畜粪便污染，通过绿色农业，向全社会提供安全放心的农产品，而且要通过保留足够大的农田面积，充当全社会的"绿肺"和"蓄水池"，来涵养水源、调节气候、净化空气、蓄洪调洪。

第四，必须要有一套科学合理的机制。要让市场与政府有一个合理的分工与配合。市场的作用表现在：它作为一种自发力量，通过农业传统功能与新功能的收益比较，对农民利益产生影响，进而引导农民自觉拓展和转变农业功能，既改造农业自身，调整内部结构，采用先进技术与管理方式降低成本、增加收入，同时又及时捕捉新功能带来的市场机会，及时提供供给，满足市民需求，并为提高自己的收入水平开辟新的领域与途径。因此，要给农民充分的经营自主权，在家庭经营的基础上，允许和鼓励农民发展各种合作经济组织。而政府的作用表现在：一方面，要从宏观上把握现代农业的发展趋势，自觉适应农业的功能拓展，在功能再造中充当规划与组织者、引导者的角色。政府要高度重视农业，无论什么时候，也不能丢掉农业这个基础产业。要及时制定新的农业发展规划，反映农业新功能的需求，通过相应的政策，引导全社会参与农业新功能的再造。另一方面，对于农业的生态环境保护功能，市场机制往往失效，无论企业、农民还是市民，都更多地自发倾向于污染，而不是保护环境，由此就需要政府在这方面独当一面，通过严格的法律法规，保留足够多的农田面积，综合运用多种手段，督促企业、农民和市民保护生态环境，对污染者给予严厉处罚。

六　保护改造古镇古村落

重视保护好古镇和古村落，是苏州市城乡一体化发展的又一大特色，苏州市在这方面也进行了卓有成效的探索与创新。

城乡一体化并不是要城乡一个面孔，而是要深化和优化城乡分工。如何处理好城镇化和新农村建设以及农民集中居住与保护原有村落之间的关系，是城乡一体化发展过程中需要处理好的一个十分重要的问题。一段时期以来，全国一些地方在城镇化的过程中，片面强调"三集中"，迁村并居，甚至强迫农民进城上楼，最后效果并不理想，造成千镇一面、千村一面，失去了弥足珍贵的传统文化、风俗习惯和地方特色。这一问题近年来引起了广泛关注，中共十八大以来，在新型城镇化道路中，政府强调要重视就地城镇化，要保留农村，让子孙后代记得住乡愁。苏州市在保护古镇、古村落方面的做法和经验，与中央提出的新型城镇化道路是契合的，对于全国其他类似地区具有一定的借鉴价值。

苏州市地处我国江南地区，具有2500多年的历史，小桥流水、粉墙黛瓦、沿河而居和古典园林是村镇建设的基本布局和风格，加上在几千年的历史发展过程中，人文荟萃，形成了众多的集自然景观与人文历史于一体的古镇和古村落，星罗棋布，遍布全市各地，极具地方特色。这些古村镇中有大量文物，包括名人故居、古建筑，记载着苏州古老的历史与文明。在"文化大革命"的"破四旧"过程中，大批古镇、古村落遭到严重破坏，只有在一些交通不便的地方，少数古镇和古村落才幸免于难，弥足珍贵。改革开放以后，机缘巧合，它们才逐步为世人所知，闻名中外，成为推动苏州市文化事业和旅游业发展的重要资源。目前，苏州市共有周庄、同里、甪直、沙溪、千灯、锦溪、沙家浜、东山、凤凰等10个中国历史文化名镇，光福、金庭、震泽、汾湖4个省级历史文化名镇，以及陆巷、明月湾2个中国历史文化名村，陆巷、杨湾、三山岛、明月湾、东村、堂里、甪里、东西蔡、植里、后埠、徐湾、恬庄、金村、南库14处市级控制保护古村落。

在农民集中居住和村落整治中，苏州市十分重视保护这些古镇和古村落，坚持按照"三形态"优化城乡空间布局，城市、农村和园区三者之间，不仅有明确的空间边界，而且有明确的功能定位与分工。苏州市在加快推进城乡一体化的过程中，同步推进老镇区改造、新城区开发和古镇区保护"三位一体工程"，抢救、保护和修复了一大批具有重要历史文化价值和旅游价值的古镇和古村落，在旅游开发、经济发展的同时，很好地保留了原有风貌。2013年4月，苏州市公布了《苏州市古村落保护条例》，将陆巷、杨湾、三山岛、明月湾、东村、堂里、甪里、东西蔡、徐湾、植里、后埠、恬庄、金村、南库和已经确定为苏州市历史文化名村的李市村、龙泉嘴村、溪港村17个村一起确认和公布为苏州市古村落。这样，苏州市就在全省率先公布了古镇、古村保护名录，它们在农民集中居住中，受到严格保护，成为弘扬和发展苏州历史文化的重要平台和载体。

为了解决古镇、古村落保护中的有关问题，苏州市较早地进行了体制与机制创新。例如，改变对古镇的政绩考核指标，放弃GDP指标，代之以古建筑、风貌、环境保护指标，以调动基层政府与组织投入保护的积极性；吸引社会资金进入古村落、古建筑保护领域，让投资者在物质和精神上都有一定收获，以此调动全社会投入保护的积极性。这些措施都收到了良好效果。

除过上述几个方面以外,苏州市在其他一些方面也有自己的特色与经验,这里不再一一列举。需要指出的是,苏州市在城乡一体化进程中的上述成就、特色与创新,植根于苏州市的历史文化和经济社会发展基础之上,其中既反映了我国城乡一体化发展中某些共性的规律,又具有自己的特殊性。这些创新和经验,我国其他地区可以灵活和有选择地借鉴,但是切忌简单地照搬照抄,否则,就会产生"橘生淮南则为橘,生于淮北则为枳"的水土不服问题,甚至事倍功半、事与愿违。

第九章
苏州城乡一体化发展的问题与对策

经过长期不懈的努力，苏州市的城乡一体化发展取得了巨大的成就。但是，其中也存在着许多问题，需要化解。目前，苏州市的城乡一体化发展到了关键时刻，常言"行百里者半九十"，突破一些"瓶颈"制约因素，走好最后"十里"路程，圆满"收官"，对于苏州市同样十分重要。本章主要从宏观层面，探讨苏州市城乡一体化发展中所存在的问题和原因，并寻找解决这些问题的对策。

一　苏州城乡一体化发展的问题与制约因素

（一）城乡一体化发展速度过快，质量有待提高

目前，苏州市的城镇化率、农民收入、"三集中"水平等指标远远高于江苏省和全国平均水平，城乡差距也大大低于江苏省和全国平均水平。而且，按照苏州市的近期和中期发展规划，在未来一段时期内，城乡一体化发展速度还会更快，这些指标还会有更大、更快的变化。但是，问题在于以下方面。

（1）城乡一体化的每一步发展，所有这些指标的任何一点变化，都需要有巨额的资源投入与支持，在过去，为了推进城乡一体化发展，苏州市已经投入和耗费了大量资源，目前的成绩确实来之不易，有些资源甚至已经透支到了难以为继的地步，无法做到可持续发展。今后，为了完成新的任务和指标，势必需要新的更多的投入。而且，随着要素投入边际收益率的下降和要素价格所引起的成本上升，投入产出比在提高，单位指标的提高，需要更大的投入。那么，从苏州市未来相应时段内的资源供应能力来看，能否保证和支持如此快的发展速度，完成如此艰巨的任务，应该说，并不是完全心中有数。如果没有相应的资源供应，这些规划有可能无法完成；如果非要勉为其难，就势必要进一步透支资源，例如大量举债，扩大地方政府债务规模。而这样做只能是加剧政府债务危机，形成更大的政府债务风险。对此，本书将在下面做进一步分析。

（2）上述城乡一体化发展的指标变化，更多反映的是城乡一体化发展的数量，说明苏州市过去一段时期内的城乡一体化发展轨迹与全国的城镇化和城乡一体化外延式发展轨迹是吻合的。但是，同全国一样，苏州市的城乡一体化发展质量也不尽如人意。例如，存在着严重的资源浪费现象，包括土地资源的浪费、资金的浪费、劳动力的浪费，有些建设项目标准过高，是样板项目、面子项目，如广遭诟病的工业园区"秋裤楼"等地标建筑；在环境整体质量有所改善和提高的同时，局部地区的环境质量改善缓慢，甚至有所恶化；农民工的市民化问题也没有得到很好解决，在现有的户籍制度下，仍然有大量外来人员及其子女不能与当地市民一样享受平等待遇；在土地征用和房屋拆迁过程中，同样存在由于补偿安置问题引发的社会矛盾，甚至群体性事件；等等。在如此巨大、如此快的经济和社会变迁过程中，上述问题的产生固然有一定的必然性，不能完全避免，但是，在经过前一段时期的数量提升后，有必要进行消化和完善，化解这些问题，免除后顾之忧，在新的起点上进一步发展，而不是带病前行，不能持续，使矛盾进一步激化。

（二）资金供应不足，缺口巨大

虽然苏州市是经济发达地区，是经济大市和强市，地区生产总值、财政收入等指标在全国处于第一方阵，但是，与城乡一体化发展中的巨大资金需求相比，仍然是供不应求，存在严重缺口。2014年7月，据来自苏州市重大项目推进会的信息，全市2014年210项市级重点项目完成投资2100亿元，确保政府性投资1200亿元，带动全社会投资3500亿元。2016年全市春季集中开工的重大项目共有230个，累计总投资达2274亿元。因此，可见苏州重大项目建设规模之大和投资之巨大。有些投资项目，动辄数亿元、数十亿元甚至上百亿元，例如吴江太湖新城项目、高铁新城项目、多条地铁项目、苏相合作区项目、一些老旧小区改造项目等，都是大手笔、巨投资。对于如此大的资金需求，我们曾经提出过构建多元化融资体系的建议，但是现实情况是，截至目前，资金问题并没有得到很好解决。由于城乡一体化进程中的许多项目属于社会公益类项目，银行信贷资金和社会资金介入的积极性并不高，这些项目仍然主要依靠财政资金，因此，各级财政都面临巨大的资金压力和债务危机。地方政府债务在我国是一个普遍性的现象，其原因主要是为了满足经济快速增长和城镇化、城乡一体化的需要，但是，地方政府债务也是地方政府的秘密，是一笔糊涂账，来自国家审计署、财政部和地方政府的数据并不相同，存在着巨大的差额。苏州市的政府债务同样没有一个非常权威和准确的数据，从来自金融部门等方面的资料估计，已经达到1万亿元左右，在全国同样名列前茅。另外根据对一些市、区和镇、村的抽样调查，一些中等镇的债务就为数十亿元，每年仅仅支付利息就要5亿元左右，这些镇只能通过借新债还旧债的方式拖延，而且借新债规模大于还旧债规模，债务规模仍然在扩大。

随着形势的发展，苏州市城乡一体化发展中的资金短缺问题有进一步加剧的趋势。这是因为以下几点。

第一，在我国的行政管理体制和财政体制改革中，"省管县"是一个必然趋势，特别是江苏省、浙江省等发达省份已经先行一步，例如苏州市的常熟市早在20世纪80年代，财政就已经直接归江苏省管理，财政收入分成中，苏州市本级财政所得甚少。长期以来，苏州市经济发展的空间格局特点是：市（县）强而区弱，特别是老城区（原沧浪区、平江区和金阊区，现合并为姑苏区）最弱。所辖各市（县）均实力强大，进入全国百强县，在全市经济发展中举足轻重，而老城区由于多种原因，发展相对滞后，对市本级财政贡献有限，甚至无法自求平衡。经过多次行政区划调整，目前，苏州市下辖昆山、张家港、常熟、太仓4市和工业园区等6区，若4市在下一步改革中直接归江苏省管理，那么苏州市来自这些市的财政分成势必会丧失或者大幅度减少，市级财政收入和可支配财力必将大幅度下降。当然，按照"财权与事权统一"的改革原则，苏州市对这些市（县）城乡一体化中的资金供应责任也会减少，但是总体估算，还是"失大于得"，产生不利影响。而国家关于农村土地征用体制的改革，将给农民更多的增值分配份额，加上房地产市场的变化，都会使多年来的地方政府土地财政状况发生改变，政府来自这方面的收入也会大大减少，甚至完全丧失。这必将进一步恶化苏州市的财政状况，降低其财政渠道筹集资金和供应资金的能力。

第二，随着我国改革与发展事业的进一步推进，城乡一体化发展的成本在大幅度上升，从而导致资金需求增长更快。例如，在城乡一体化发展中，需要有大量的工程项目，包括居民集中居住区的建设、道路建设、文化娱乐设施建设、学校建设等。虽然我国并没有发生严重的通货膨胀，但是，近年来以及未来可预见的一段时期内，建材价格、劳动力价格、土地价格都呈现上涨趋势，这必将大幅度提高建设成本。再如，在城乡一体化发展中，用于土地征用和农民安置的费用是一个重要组成部分，在过去一段时期内，这些成本都比较低，但是损害了农民的利益，引起农民的抵制，产生了许多社会矛盾，影响到社会的安定团结。为此，近年来，国家改革和调整了土地征用和拆迁补偿政策，大幅度提高征用和补偿标准，由此引起这部分成本急剧增加。在农民的集中居住过程中，虽然通过房屋置换，农民可以腾出宅基地，交给政府，然后政府通过拍卖，获得一部分收入，用于补偿上述征用和拆迁成本，但是二者之间有一段时间差，起码有3~5年时间，在这段时间内，政府必须先垫付这部分资金，然后才能够通过土地拍卖获得补偿，那么在这段时间内，政府就面临巨大的融资和垫付资金的压力。另外，随着整个经济和社会事业的发展，道路、房屋和其他生活设施的标准也在提高，环境标准也在提高，养老、医疗、低保、失业保险的标准也在提高，从而导致在城乡一体化发展中，每一件事情的投入都在增加，投入系数在提高，与过去相比，办同样的事情，资金需求却要大量增加。

第三，在多元融资体系中，财政以外的融资渠道作用有限。城乡一体化过程中的资金需求构成，主要包括基础设施建设资金需求、产业发展资金需求、民生工程资金需求和环境保护资金需求。从中可以看出，只有产业发展领域，资金投入具有营利性，因而可以动员和吸引银行、社会资金进入，而其他的方面资金投入都具有较大的社会公益性，没有盈利或者盈利水平较低，对银行和社会资金的吸引力有限。从苏州市近年来的实践看，这些公益性项目确实主要依靠各级财政投入，国家开发银行由于其特殊性和较低的融资成本，对这些公益性项目有较大的支持力度，其他商业银行更多的是介入有盈利能力的项目。因此，城乡一体化的多元化融资体系建设就面临严峻的市场检验和挑战。

（三）土地资源短缺，面临无地可用的危机

苏州市地处江南地区，人口稠密，本来人地矛盾就十分突出，改革开放初期，人均耕地仅有0.8亩。改革开放以来，工业化和城镇化过程中占用了大量农地，用于兴办各类园区、道路、住宅等，耕地面积快速下降。据不完全统计，1990年，全市尚有水稻面积451万亩，到1995年减少到391万亩，年均减少12万亩；2000年，进一步减少到280万亩，年均减少22万亩；2005年，减少到180万亩，年均减少20万亩。此后，在全国确保18亿亩耕地红线的大背景下，苏州市实行了严格的土地保护政策，但是由于工业化和城镇化的需要，耕地面积实际上仍然在减少，目前，大致维持在130万亩的水平上，使"四个百万亩"规划中的"100万亩水稻"勉强能够实现。2013年，苏州市的户籍人口和外来常住人口各为650多万人，即使加上丘陵等茶地、水果地在内，人均耕地也不足半亩。根据测算，如果不对非农业用地严格限制，到2020年，苏州市将面临无地可用的危机。土地资源的减少和短缺对苏州市的城乡一体化发展形成了严重制约。

第一，粮食、农副产品供应存在潜在危机。尽管苏州市农业条件好，农作物单产水平高，但是由于种植面积太少，粮食产量已经无法满足全市人口的消费需要，而需要大量从东北、苏北及其他地区调入，目前苏州市的粮食自给率只有30%左右；蔬菜、肉、蛋、奶等农副产品也需要大量从山东，甚至海南等省长途调入，不仅成本和价格上升，而且在遇到自然灾害时，会发生供应危机。近年来，由于政府重视，加上国家统一调度，苏州市粮食和农副产品供应还没有发生大的问题，粮食储备和供应工作也受到了国家粮食局的肯定和表彰。但是，对此丝毫不能松懈大意，否则，就会产生严重后果。

第二，城乡一体化发展的用地没有保证。在城乡一体化进程中，有大量建设项目需要土地供应，例如道路建设、"三集中"中的工业园区和农民集中居住区建设等。目前，所有这些工作和任务还没有完成，在下一阶段，还需要大量用地，特别是在全国18亿亩耕地红线和苏州市"四个百万亩"红线的硬性约束下，如何为城乡一体化发展提供建设用地，是一个十分棘手的问题。农民集中居住可以部分缓解这一问题,但是并不能完全解决。

第三,环境自我净化能力下降。如前所述,农业用地和农作物种植的功能并不仅仅是提供农产品,它的另一个重要功能是生态功能,例如,调蓄洪水、调节气候、改善空气等。由于耕地、湖泊和农作物面积的减少,苏州市农业的上述功能都在严重弱化甚至消失,由此造成全市生态环境的恶化。例如,苏州市抗御洪水的能力下降,1999年以来,多次在降雨量并不是很大的情况下,河流和湖泊水位迅速上涨,造成部分市区被淹,上演到市区看海的现象;2013年,连续出现52天高温天气,达到41摄氏度,创历史极值,为有气象记录以来所仅见;近年来,苏州市雾霾加剧,成为常态。所有这些问题的重要原因是土地面积下降、人口和经济总量过快增长,造成环境自我净化能力赶不上排泄物增长。如果在下一阶段的城乡一体化进程中,这些问题得不到有效解决,苏州市就不是宜居之地,再多的财富增长、再高的收入,都无法抵消这些方面的损失,可谓得不偿失。

(四)环境保护工作任重道远

环境是一个整体,环境问题影响整个城乡居民,自然也是城乡一体化发展中的重要内容。环境压力除了上述由于土地减少所造成的环境自我净化能力下降以外,还有来自城乡一体化进程中废弃物增加方面的因素,例如生产废弃物和生活废弃物的增加导致垃圾处理能力和设施的增加赶不上垃圾的增加。同全国其他许多城市一样,苏州市也面临垃圾围城问题,其中仅建筑垃圾一项,每年就有近1000万吨,由于缺乏填埋场所,垃圾到处偷排乱倒,312国道沿线堆有上千万吨垃圾,2014年7月,政府下决心建成首座建筑材料再生资源利用中心,年处理建筑垃圾100万吨,但是仍然是杯水车薪,不能满足需要。至于生活垃圾,1993年,苏州市生活垃圾填埋量为23万吨,到2013年增加到180万吨,增加了近7倍,其处理方式仍然以填埋为主,1993年,苏州市建成了占地380亩的七子山垃圾填埋场,到2009年全部填满封场,最深处达到60米,共填满470万立方米、780万吨生活垃圾。于是,不得不另建一个占地300多亩、可以填埋800万吨的填埋场。根据现有填埋场地容量及每天垃圾产生量5000吨计算,预计到2020年前后,这个填埋场也将被填满,届时生活垃圾将无处可埋。苏州也和全国其他地区一样，在垃圾处理问题上面临局部利益与整体利益之间的矛盾，即每一个人都希望政府能够处理好垃圾，但是也都希望垃圾处理设施与场所，例如公共厕所、垃圾房、垃圾分类场、垃圾填埋场、垃圾发电站等不要建在自己居住区边上，如果建在自己边上，就会反对抗议，甚至酿成群体性事件。几年前，吴江市投资数亿元的一个垃圾发电厂就是因为周围居民的反对而不得不废弃，损失巨大，由此弄得政府左右为难，不知所措。这几乎是一个死结，无法解开，更加加大了垃圾处理和整个环境保护工作的难度。

在空气污染方面，苏州市也和全国其他一些大中城市一样，不断加剧。虽然全市在过去10年间在生活能源方面，通过改造，实现了由煤炭向煤气、天然气的转换，但是，由于近年来私家车快速增加，苏州市成为全国地级市中私家车最多的城市，排放的尾气随之大量增加，再加上建筑项目的增加所导致的扬尘增加等因素，尽管苏州市的年降雨量在1200毫米左右，空气自我净化能力较强，但是苏州市的空气质量依然迅速恶化，雾霾天数增多，由过去的秋末冬初的阶段性气候变为一年四季常态化。2015年，苏州市空气质量虽然有所好转，但是形势依然严峻，市区环境空气质量优良率为66.9%，同比上升3.3%，其中，优25天，良215天，超标天数比例为33.1%，其中，轻度污染93天，中度污染14天，重度污染12天，市区空气质量指数（AQI）年均值为79，影响环境空气质量的首要污染物为细颗粒物（PM2.5），占全年超标天数的比例为57.2%。

还有水污染，苏州市号称"东方威尼斯""水上天堂"，水是苏州市的灵魂，但是，改革开放以来，苏州市的水质每况愈下。在20世纪八九十年代，乡镇企业发展过程中对环境保护的忽视，造成太湖和其他湖泊、河流的严重污染。进入21世纪以来，随着环境污染的加剧以及危害的加重，政府环保意识才有所加强，发展理念发生转变，实现从"只要金山，不要青山"向"既要金山，又要青山"，再向"先要青山，再要金山""环保一票否决制"转变，但是治理的力度赶不上污染的速度，环境状况依然在恶化。2007年发生了"太湖蓝藻事件"，事件虽然发生在临近的无锡，但是其中也有苏州市的责任，这给苏州市敲响了最严厉的警钟。此后，在国务院和江苏省的严厉督查下，苏州市也以壮士断腕的勇气和决心，大力推进产业结构调整和环境保护工作，为此出台了一系列大力度的措施。应该说，这些措施是有力和有效的，为了治理太湖蓝藻，政府投入了 1000 多亿元，近年来，太湖、阳澄湖、金鸡湖等重要湖泊的水质状况有所改善。但是，2014 年 7 月，在气温并不是很高的情况下，太湖局部地区再次出现蓝藻，而且，在老城区内以及郊区、农村一些边远死角地区，一些河流和湖泊污染状况仍然没有明显改善，甚至进一步加剧，不时有一些水污染事件发生，游客以及周围居民仍然颇有怨言。

(五) 制度创新需要深化

制度创新是城乡一体化发展的重要动力和内容。尽管苏州市在过去一段时期内进行了多方面的制度创新，也收到了明显效果。但是，制度创新本身是一个"摸着石头过河"、不断纠错、完善和深化的过程，从苏州市目前的制度创新阶段和程度来看，只能说开了一个头，刚刚破题，还远远没有完成。举其要者，有户籍制度改革、农村土地制度改革、公共产品和服务制度改革、政府职能改革等。

关于户籍制度改革，近年来，苏州市曾经出台了户籍制度改革意见和文件，重点是解决本地失地农民、拆迁农民以及随子女进城农民的进城落户问题，这是必要的。但是，这一部分农民人数较少，而且落户成本较低，因而工作难度相对较小，容易操作，基本上都已经落实。困难主要在于外地来苏州务工人员的落户问题，这部分人员人数多，达到 650 万人左右，与苏州市现有户籍人口数相同，并且还有增长趋势，加上拖家带口，还要解决子女入托、入学、社会保障等问题。还有素质参差不齐、对地区发展贡献不同等方面的问题，入户成本高，甚至大于对本地的贡献，等等。同全国其他一些城市一样，过去几年，张家港等市也在探索对外地人员实行积分入户的改革政策，从地方政府来看，这是权衡利弊得失的理性决定，无可厚非。但是从实际效果看，入户门槛过高，能够达到条件者，寥寥无几，还是有大量人口被拒之门外，没有解决这一问题。因此，需要政府进一步基于成本与收益的平衡原则，综合考虑外来人口需要与本地财政的承受能力，找到一个平衡点，使更多的外来人口能够顺利入市落户。

关于农村土地制度改革，苏州市曾经进行了卓有成效的改革，而且取得了明显效果，但是，这项改革依然没有完成。农村土地制度改革涉及农地征用和农地流转两个方面。在农地征用方面，在过去几十年中，由于工业化和城镇化的快速推进，苏州市的农地征用规模较之其他地区更大更多，征用制度也和全国一样，遵循国家有关制度和法规，这些制度和法规总体上对农民不利，补偿标准太低，其中还夹杂着官员腐败行为，引起农民的不满和抵制，如2010年发生在高新区通安镇的群体性抗议事件，虽然最后没有造成严重后果，但是也反映了农民的不满与诉求。此后，全国都在改革农地征用制度，加大对农民的保护力度，在这种背景下，苏州市也提高了对农民的补偿标准，并且创造出其他一些补偿办法，例如以土地换社保、以宅基地换住房等。这些办法收到了较好的效果，但是，目前的农地征用制度，从本质上看，仍然是政府主导型的，而不是市场博弈型的。这具体表现为，在农地征用的决策中，政府处于主导和支配地位，没有给被征地农民一个平等的谈判地位和资格，农民不能通过制度化的渠道反映自己的利益诉求，而且没有统一的补偿标准，往往是一事一议、一户一议，补偿数额并不是完全取决于被征用土地与房屋的真正价值，而是在很大程度上取决于双方的谈判能力与耐心。农民若对补偿标准不满，缺乏一个在法律框架内裁决争议的渠道与规则，往往只能采用"街头政治"的方式表示自己的不满，这种方式就是群体性事件，这极易演变为大的社会动乱，破坏社会稳定，久而久之，又催生出一批"钉子户"，更加加大了农地征用和房屋拆迁的无序与难度。

  在农地流转方面，苏州市创造了土地股份合作社，在实践中也发挥了很好的作用。但是，土地股份合作社制度在实践中还需要进一步完善。例如，按照目前的国家政策，土地承包期限是30年不变，即从1998年到2027年，在此期间，生不增地，死不减地。这样做固然有利于稳定家庭联产承包经营制度，但是，30年是一个不短的期限，此间，每一个家庭的人口变动必然是很大的，然而，每一个家庭在土地股份合作社中的股份和收益却是不变的，人均收益就会出现重大差别。这种起点上的公平导致了30年内过程和结果中的不公平，有悖常理，也有悖集体所有制的性质。再如，在城镇化过程中，在30年内，会有一些家庭举家迁往城镇就业和居住，完全脱离农业与农村，但是，他们仍然拥有在土地股份合作社中的股份，并且享有收益，这也不尽合理。所有这些，在现有的农地制度框架内，都无法得到很好解决，需要进一步深化改革，寻求解决办法与出路。

  关于公共产品和服务制度改革，苏州市在过去的城乡一体化发展中，按照基本公共服务均等化的改革方向与原则，重点加大对农村公共产品和服务供给，推出一批力度大的举措。应该说，近年来，农村的公共产品和服务状况大有改善，城乡差距有了明显缩小。但是，如前所述，这些举措主要是针对具有苏州市户籍的本地农民的。而650多万的外来人口还没有完全平等地享受到这些公共产品和服务，特别是占外来人口多数的层次较低的一般劳动力，他们拖家带口，迫切需要享受到这些服务，例如子女入学、社会保障等，只有这样他们才能真正融入苏州，成为新苏州人。但是，在短期内，我们似乎还看不到这一点。2014年8月2日，在昆山市中荣公司发生了轰动全国的爆炸事件，造成农民工兄弟的巨大伤亡，这为解决农民工问题既敲响了警钟，也提供了案例。事后揭露出的问题令人触目惊心，农民工每天工作15个小时，月收入仅有4000多元，而且工作条件和环境十分恶劣，长期得不到解决，久而久之，终于酿成惨祸。

  农民工问题长期得不到解决，并不是政府不愿为，而是无力为。根据全国平均水平的测算，如果要让外来人口平等享受城市公共服务，政府为此人均需要投入10万元；另据国务院发展研究中心2011年对武汉、重庆、郑州和嘉兴市的调查，为了使一个农民工市民化，所需要的公共支出成本就高达8万元；而据中国社科院2014年发布的《中国城市发展报告》，我国东部、中部、西部地区的农业转移人口市民化的人均公共成本分别是17.6万元、10.4万元和10.6万元。综合平均这些标准，要使全国2.6亿农民工市民化，就需要20万亿元~30万亿元；按照城镇化目标的动态预测，加上到2020年或者2030年的农民工增量，则需要40万亿元~50万亿元。苏州市的公共服务水平更高，投入也会更大，大致需要1000亿元的投入，纵然苏州市经济和财政实力强大，这笔巨资对政府来说也是一个不小的考验。但是，如果做不到这一点，就不是真正的城乡一体化发展。

  关于政府职能改革，在前面相关章节中，曾经比较详细地分析了苏州市"强政府+弱市场"的体制特征，并且评价了这种体制的利弊得失。从目前的情况看，这种体制并没有发生重大变化，按照中共十八届三中全会的《关于全面深化改革若干重大问题的决定》要求衡量，要让市场在资源配置中发挥决定性作用，为此要进一步转变政府职能，特别是减少行政审批项目，苏州市现有体制显然与此还有较大距离。对于苏州市的体制改革方向，有人主张应该是"强政府+强市场"组合，以此论证现有体制的合理性。这种主张从表面上看，似乎是很美好的，是强强组合，但是在现实中，是很难实现的，因为作为两种不同的资源配置方式，政府与市场作用之和等于1，二者之间必然是此增彼减的关系，不可能同时增加，如果主张强政府，结果必然是弱市场，或者相反。我们主张，苏州市的体制改革方向应该是"强市场+弱政府"，而且二者之间要有明确分工，市场作用主要限于经济领域，政府作用主要限于社会领域。按此目标来看，苏州市的体制改革与政府职能转变还没有完成。

（六）综合商务成本上涨过快，导致资源流出

在从计划经济体制向市场经济体制的改革过程中，物价的上涨具有必然性，为了保证居民实际收入和生活水平的不下降和提高，就要求居民的货币收入水平更快增长。以此衡量，改革开放以来，苏州市的物价上涨与居民收入增长之间并不是完全相对应的，未富先贵，大到房屋，小到日用品，价格的上涨速度过快，绝对水平过高，以致有些研究报告把苏州市列入全球最贵城市第16名。特别是房价，苏州一直是全国房价上涨的第二方阵和准一线城市，在2015年以来新的一轮房价上涨中，苏州市的房价持续上涨。房价上涨带动了其他生活成本和综合商务成本急剧提高，进而降低了苏州的发展竞争力，产生出强大的推力，不仅限制了外来资本和人才的进入，而且已有的资本和人才逃离苏州，近年来富士康、快捷半导体等国际知名大企业搬离苏州或者裁员，都证明了这一点。更重要的是，用小康和现代化社会最重要的指标居民幸福指数来衡量，房价上涨给广大居民造成了巨大的生存压力，居民长期生活在焦虑和忧郁之中，这与小康和现代化社会是相背离的。在多年来全国幸福城市和宜居城市评比排名中，苏州市的排名并不令人满意，与地区生产总值等指标排名有较大位差，更值得我们深思，探究其中的缘由。

二 苏州城乡一体化发展中问题产生的原因

为了探寻解决上述问题的对策，首先需要对产生问题的原因进行分析，以便有的放矢、对症下药。我们认为，产生上述问题的原因，既有全国性的共性因素，也有苏州市特殊市情的个性因素。

(一) 共性原因

同全国其他地区一样,苏州市的城乡二元结构是在全国统一的计划经济体制下形成的,而城乡一体化改革与发展也是在全国统一的改革开放和城镇化背景下进行的。所以,上述问题的产生就带有全国大背景的烙印。

1. 破除城乡二元结构的艰巨性

二元结构形成于 20 世纪 50 年代开始的计划经济体制时期,经过 20 多年的演变和强化,几乎已经到了根深蒂固、积重难返的地步,由于其中所包含的利益关系,打破这种经济和社会结构,不仅需要观念的转变,更需要相应的物质投入。按照物质利益理论和路径依赖理论,二元结构下的既得利益者,认为这种社会利益关系和城乡差距是天然合理的,他们必然倾向于维护这种利益关系。对城乡二元结构的改革,有存量改革与增量改革两种途径,如果选择存量改革,那实际上是在社会利益总量不变的情况下,调整城乡居民的利益分配格局,那样二者之间就是此增彼减的"零和博弈"关系。农民利益的增加,要靠减少城镇居民利益来换取,由此必然引起城镇居民的强烈反对,特别是在改革开放初期社会财富总量不多、城乡居民普遍较穷的背景下,通过减少城镇居民利益来增加农民利益,城镇居民收入和生活水平会绝对下降,这阻力很大,也不可行。而如果选择增量改革,即在发展的过程中,社会财富总量增加,在增加财富部分的分配上,向农民倾斜,依靠增量分配调整,逐步矫正财富总量分配格局,逐步形成城乡一体化发展格局。增量改革也会引起城镇居民的不理解甚至反对,但是阻力要比单纯的存量改革小得多。然而,通过增量改革来带动和矫正总量分配格局是一个缓慢和长期的过程,其间必然会遇到各种各样的问题。1978~1984 年,改革和发展的重点在农村,社会利益增量主要在农业领域,并且分配主要归农民,由此带动这一时期城乡差距的缩小。但是,从 1985 年开始,改革与发展重点转向城市,社会利益分配也大幅度向城镇居民倾斜,由此导致此后城乡差距呈现快速和大幅度的扩大,一直到 2009 年达到顶峰,差距幅度远远大于 1978 年。所以,2008 年中共十七届三中全会提出的城乡一体化发展任务,所面临的城乡差距起点,比改革开放初期更大,任务更加艰巨。更何况,改革开放以来,我国形成了事实上的利益集团和博弈关系,在农民与城镇居民的博弈中,城镇居民处于明显的优势地位，他们必然要维护自己在二元结构下的既得利益，即使是增量利益分配，他们也希望延续这种既有的分配规则与格局。这必然会增加城乡一体化改革决策与执行的难度，克服这种阻力并不仅仅依靠行政手段就可以解决。这种改革阻力存在于全国各地，苏州市当然也不例外。

　　破除城乡二元结构的艰巨性还表现在资金投入上。为了推进增量改革，就需要不仅调整城乡关系政策，向"三农"倾斜，而且需要巨额的资金投入。1978年，我国城镇化率仅仅只有18%，绝大多数人口是农民，一直到2014年，我国按照户籍计算的城镇化率也还仅仅只有37%左右。为了实现城乡一体化发展，就要让占人口大多数的农民能够平等享受与城镇居民相同的经济和社会待遇，由此需要的资金投入可想而知，是一个天文数字。尽管改革开放以来，我国社会财富和综合国力大大增加，各级财政收入也大幅度增加，但是，面对这种资金需求，仍然是不敷需要。这就决定了在城乡一体化发展过程中，必然会面临巨大的压力，即使是苏州市这样的经济大市和强市，也不例外。

　　2. 快速城镇化的影响

　　苏州市的城乡一体化发展是在全国城镇化和城乡一体化发展的大背景下进行的。2002年，中共十六大把推进城镇化作为我国发展的一大战略，全国从上到下，掀起了城镇化运动的高潮。回顾由此以来的城镇化进程，其成绩是毋庸置疑的，但是，确实也存在着速度过快、工作过粗、质量不高等问题，以及主要追求规模扩张、摊大饼、占用和耗费土地等资源过多、人口城镇化速度相对较慢、农民工市民化问题没有得到很好解决等矛盾。城乡一体化发展中同样存在着过分追求速度、形式主义、强迫命令等问题（陆大道，2014）。如前所述，本来城乡一体化的推进是一个长期过程，需要巨额投入，如果速度过快，把本来需要30年才能完成的任务放在10年内完成，这10年内的工作量必然更大，单位时间内的投入力度也必然更大，由此也就必然带来资金等物质投入方面的不足和制度创新方面的滞后，也必然带来城镇化质量不高、"夹生饭"问题，就会形成户籍城镇化率与常住人口城镇化率之间的差别，有2.6亿名左右的进城农民工并没有真正享受市民待遇，仍然游离于城乡之间。

　　全国快速城镇化的大背景和趋势不能不影响到苏州，上述做法和问题，在苏州市的城乡一体化发展中也程度不同地存在，并由此引发其他一些问题和矛盾。

3. 中央与地方的权力分配关系

改革决策中中央与地方的权力分配关系一直是我国行政管理中的一个棘手问题。虽然经过多次改革与演变，但是从整体上看，在我国的行政管理中，中央集权程度较高，地方政府的决策权较小，地方政府更多的是在中央的统一决策下进行改革与发展的管理活动。改革开放以来，在经济特区和一些示范区等特殊区域，中央也曾经赋予地方政府有较大决策权，但是这些地区的范围较小。这种管理体制必然会影响到各地的城乡一体化改革与发展进程，因为城乡二元结构本来就是在中央的统一制度和政策下形成的，要打破这种结构，实现城乡一体化发展，最好还是应该实行顶层设计，从上到下推进。所以，如果中央没有相关的制度创新与改革决策，地方政府往往是没有勇气和胆量打破旧制度的，即使是那些被赋予一定权力的示范区，也是在螺蛳壳里做道场，戴着紧箍咒跳舞，很难有大的创新作为。更何况全国是一个整体和系统，改革需要联动，如果其他地区不改革，而要求某一个地区改革，往往是不可能的。例如户籍制度改革，就涉及全国一盘棋格局下的人口流出地与流入地之间的关系，以及不同流入地之间的关系，如果一个城市放开农民工子女入学，其他地区的农民工必然蜂拥而至，这个城市必然不堪重负。前几年郑州等市的改革失败就证明了这一点。所以，苏州市上述制度创新方面的问题，很大程度上是受制于全国的改革进程约束，其单靠自己的力量无法突破。

（二）苏州市的特殊市情

除了上述共性原因以外，苏州市的特殊市情也是产生这些问题的直接原因。

第一，"率先"意识和"敢为人先"精神。改革开放以来，苏州市的经济和社会发展一直走在全国前列，由此形成了独具特色的"苏州道路"，它的一个重要特点就是创新和率先，"张家港精神"就是它的具体体现和诠释：团结拼搏、负重奋进、自加压力、敢于争先。早在20世纪80年代，苏州作为"苏南模式"的主要发源地和代表，就享誉全国；在90年代，苏州又以利用外资、创办工业园区独领风骚；进入21世纪以来，中共十六大提出了到2020年全面建成小康社会和到2050年基本实现现代化的宏伟目标，中央领导多次鼓励江苏省、苏州市要率先实现这两个目标。在这种背景下，苏州市的历届政府和各级领导都把"两个率先"作为发展的总目标，无论是时间表的确定，还是指标值的确定，都远远快于和高于全国其他地区。例如，在2005年，苏州市宣布率先全面建成了小康社会；到2015年，全市率先基本实现现代化；城镇化和城乡一体化的进程远远领先全国其他地区。为此，苏州市必然要提出一些高指标、高速度、高标准，也就难免会存在工作较粗、资金压力大等问题。

第二，人口过多，超过承载力。苏州市土地肥沃，风调雨顺，在农业社会，单位面积的土地所承载的人口多，人口密度大，是全国人口密度最大的地区之一。在工业化和城镇化过程中，土地在短期内被大量征用，用于非农业用途，土地急剧减少，缺乏递补和储备潜力。特别是快速工业化和城镇化所创造的大批就业岗位，吸引了外地劳动力大量进入，人口总量迅速暴涨，对土地和环境造成了巨大压力，超过了其承载力，造成了土地短缺、环境污染等问题。

第三，"苏南模式"的惯性与依赖。苏州作为"苏南模式"的主要发源地和代表，改革开放以来，在政府和市场的关系中，始终处于"强政府+弱市场"格局，在以后的改革中，这一特点不可能完全消失，而会在新的形势下，以强大的惯性和新的方式延续。中共十四大后，我国虽然在理论上确立了社会主义市场经济体制，强调要让市场发挥基础性调节作用，但是在实际上，政府之手仍然十分强大。全国如此，苏州市更加有过之而无不及，政府始终主导着发展进程，无论是发展目标的确定，还是发展目标的实现以及发展路径的选择，都是由政府决定，市场的作用自然会受到限制。

三 深入推进苏州市城乡一体化发展的对策

根据上述对产生问题的原因的分析，可以看出，为了破解这些问题，推动苏州市城乡一体化向纵深健康发展，就必须采取有针对性的对策。

（一）端正城乡一体化指导思想，量力而行，稳步推进

中共十六大后，中央提出了科学发展观，意在纠正前一时期我国在发展过程中出现的一些偏差，确定发展要以人为本，全面、协调和可持续发

展。此后，全国从上到下，都自觉学习贯彻和践行科学发展观。特别是中共十八大以后，科学发展观被载入《党章》和《宪法》；习近平、李克强等领导同志多次提出，要破除"唯 GDP 论英雄"的观念和做法；中央组织部也发布文件，不再以 GDP 考核各级领导干部的政绩；中央提出走新型城镇化道路，重在提高城镇化质量；等等。

所有这些，都对苏州市的城乡一体化工作具有重要的指导意义。按照这些指导思想，苏州市有必要反思前一时期的城乡一体化发展工作，纠正速度过快、工作较粗等问题，从片面追求速度向全面提高质量转变，在提高质量的基础上追求速度。对于近年来所确定的经济和社会发展以及城乡一体化发展指标，包括 GDP 增长速度、城镇化率提高速度、"三集中"速度、进出口增长速度、利用外资增长速度、财政收入增长速度等，都应该重新进行全面、客观的测算，按照综合平衡的原则，根据全市资金、土地、环境等相关因素的承受能力，留有余地，弦不能绷得太紧，确定出切实可行、经过努力可以达到的目标。对于城乡一体化发展，既要破除等、靠、要的不作为思想，也要破除急于求成、急躁冒进、企图毕其功于一役的做法。经过测算之后，重新确定全市的城乡一体化发展目标与速度，该降的指标要坚决降下来，以此引导城乡一体化健康发展。对于城乡一体化的进度表，也要调整，适当放慢，延长时间，以此缓解各方面的压力与问题。

（二）控制人口数量，调整经济结构

按照生态足迹理论，一个地区所能承载的人口数量和经济规模不是可以无限增长的，而是有一个最佳规模与最大上限。这是因为，人口作为一个消费者，要耗费一定的生活资料，也要排放出一定的废物，生活水平越高，所需要的生活资料和排放的废物就越多。这些生活资料要依靠土地等资源来转化和提供，这些废物也需要土地、水、阳光、空气等环境来消解和净化。问题在于，在一定的科学技术水平下，既定的资源所能够提供的生活资料也是既定的，并不能随意增加；而环境对废物的自我净化能力也是既定的。超过资源所能够提供的生活资料数量的需求，就得不到满足，就会产生饥饿和贫困；超过环境自我净化能力的废物排放，就会产生废物的堆积和环境污染。苏州市的土地面积有限，人口密度大，对生活资料的需求也大，排放的废物也多，特别是单位面积的土地承载量很大，由此带来了严重的生活资料和环境压力。对于生活资料需求，还可以在一定程度上通过区域分工，从外部调入，但是为此要增加大量费用和成本。而对于废物处理，则不能以邻为壑，排放到其他地区。根据2016年6月国家发改委公布的《长江三角洲城市群发展规划》，苏州市被定位为大城市，2030年预测常住人口为1150万人。而依据生态足迹理论和方法，我们曾经测算，苏州市的最佳人口规模是1100万人左右，人口上限是1300万人左右。目前，苏州市的常住人口已经达到1300万人，达到上限，所以不能再放任人口的继续无限增长。具体到城乡一体化发展来说，大量的外来人口，如果要与本地居民享受平等待遇，确实也会对政府造成巨大压力。所以，苏州市应该充分认识控制人口增长的必要性与重要性，采取措施，控制人口增长。目前，苏州市本地人口的自然增长率已经接近零，人口增长主要是由外来人口引起的，所以，控制人口的重点应该放在外来人口上。

与人作为消费者相对应的是，人同时还是生产者，可以创造财富；与人口数量相对应的是经济规模与结构。人作为生产者创造财富是有条件的，那就是需要与土地、资本等资源的搭配与组合。经济活动不仅需要各种资源的投入，在经济活动中，还会产生大量的生产废物，例如废水、废气和废渣，需要治理和净化。所以，即使从人作为生产者和发展经济的积极一面来看，一个区域所能承载的人口数量和经济规模同样是有限的。目前，苏州市的人口和经济规模同样也已经逼近这个上限，需要控制。

控制苏州市人口数量和经济规模的根本出路和办法在于，调整和优化经济结构。一是积极推动本地现有经济存量的结构升级换代。苏州市目前的产业结构档次还不高，有大量纺织印染、服装、玩具、机械设备制造、电子行业代工等低端产业，属于劳动密集型产业，附加值低，环境压力大，由此也就提供了大量低端就业岗位，吸引外来人口涌入。所以，要对现有产业进行升级改造，腾笼换凤，发展技术密集型产业，既可以控制外来人口的进入，又可以提高单位土地面积的经济容量和经济规模。二是积极推动产业向外转移，目前，苏州市的投资成本在迅速上升，由此产生了产业向外转移的强大推力。按照梯度转移理论，有一些低端传统产业已经失去了在本地生存和竞争的能力，需要转移到苏北甚至中西部地区，寻找新的生存和发展空间。这种产业转移首先是由市场推动的，政府也要顺势而为。这些产业转移以后,相应地也就减少了就业岗位,有利于控制外来人口的进入。

(三) 调整城乡一体化对象,重点转向农民工等外来人口

在过去一段时期内,苏州市城乡一体化的对象主要是具有本地户籍的农村人口。经过艰苦努力,这部分农民的收入水平、生活条件和公共服务等都有了重大改善。目前的困难主要在于外来人口,特别是以农民工群体为主的低端外来人口,他们也是农村户口,长期在苏州打工,拖家带口,为苏州市的发展做出了重要贡献,却无法享受当地居民的待遇。这个问题在全国普遍存在,按照中央关于新型城镇化道路和户籍制度改革的部署,必须要解决这部分农民工的市民化问题,给他们在公共服务、子女入学等方面以平等待遇,使他们早日真正融入城市,实现城镇化。相对而言,苏州市的这个问题更加突出,任务更重,压力更大,在650多万名外来人口中,大部分是农民工。解决这些问题,需要政府和企业的大量投入,虽然非短期内可以完成,但是政府应该积极介入,摸清问题,做好测算,统一规划,稳步推进,通过一个较长时期的努力,逐步实现目标。只有到那时,苏州市才能说真正实现了城乡一体化发展目标。

(四) 深化改革,为城乡一体化发展提高制度保证

中共十八届三中全会《中共中央关于全面深化改革若干重大问题的决定》(以下简称《决定》),对我国下一步改革指明了方向和路线。会后,全国从上到下以踏石留印、抓铁有痕的实干精神,加以落实。《决定》以经济改革为重点,覆盖到方方面面,我们在前面所提到的与城乡一体化发展相关的制度创新,在《决定》中都有部署,这就为苏州市的制度改革与创新指明了方向与路径。但是,《决定》毕竟是原则性规定,苏州市应该把中央的改革精神与本市的实际相结合,制定出具有可操作性的改革方案。2014 年 7 月 28 日,中共苏州市委十一届七次会议通过了《苏州市深化经济体制改革三年行动计划 (2014~2016 年)》,随即于 8 月份印发全市执行,对苏州市的改革做出了全面部署,强调要到 2016 年在重要领域和关键环节的改革中取得突破性进展,力争走在全省和全国改革的前列,向改革要红利,再创发展新辉煌。《决定》提出,苏州市在行政体制改革、开

放性经济体制改革、现代金融改革、科技体制改革、生态文明体制改革、财税体制改革、国企民企改革和现代市场体系改革8个方面走在前列，特别是提出要制定政府的"正面清单"，与市场的"负面清单"相对应。其中虽然不乏新意，但是总体给人的感觉是，在市场和政府的关系这个要害的问题上，还是政府强而市场弱，是以一种新的"强政府"来改革和代替过去的"强政府"，市场还是处于配角地位，发挥不足，放得不够。至于城乡一体化中的制度改革，则着墨甚少。

根据十八届三中全会的《决定》及中央其他改革文件精神，结合苏州市的具体情况和问题，我们认为，苏州市下一步城乡一体化发展中的相关制度改革思路与方向应该为以下几点。

关于户籍制度改革，2014年7月，《国务院关于进一步推进户籍制度改革的意见》发布，这是我国各地户籍制度改革的指南。中央改革精神总体上是取消农业与非农业户口区别，实行居住证管理制度，对于不同规模的城市和城镇，实行不同的落户条件和政策，全面放开建制镇和小城市落户限制，有序放开中等城市落户限制，合理确定大城市落户条件，严格控制特大城市人口规模。据统计，到2013年底，苏州市城区常住人口在330万人以上，属于大城市行列，而其他建制镇人口大多在几万人到几十万人之间，所以，可以实行不同的落户条件，对于一般的城镇，可以适当放松户籍限制，降低进城门槛，适应城镇化进程的需要，使那些在城镇确实有稳定工作、住所和收入来源的人口，从农村户口转为城市户口，相应地享受平等的市民待遇。以此衡量，张家港市的积分入市改革虽然具有积极意义，但是仍然条件过严、门槛太高。对此也要进行调整，摸清外来人口情况和政府家底，确定每年可以入市的人口数量，然后制定相应的条件，必须要有一部分人口达到这个条件，可以入市，而不能是镜花水月，可望而不可即，要使积分制真正能够落到实处。但是，对于中心城区，要"适度控制落户的规模和节奏，防止人口增长过快"，落户的条件要严格一些，可以制定较高的落户标准，以控制全市人口总量的增加，并促进人口在全市空间的合理分布。

关于农地征用制度改革，总体而言，要从政府主导型向市场主导型转变，具体地说，要给农民一个平等的谈判地位与资格。对于非公共用地，政府不应该介入，而应该让土地需求方与农民直接谈判，确定出让价格。

土地出让收入既可以是货币形式，也可以是入股形式。对于公共用地，也要按照市场价格标准对农民进行补偿，不能让这部分农民承担全社会的发展和管理成本。房屋拆迁补偿标准的确定也是一样，不能由政府单方面说了算。当然，这种改革可能会引起相应的问题，例如土地财政的破灭和政府收入的下降，以及"钉子户"的漫天要价。对此，要制定配套措施，例如对农民出让土地的收入征收所得税，把一部分土地出让收入转归财政；对于"钉子户"也要有一个客观公正的土地、房屋价格评估机构和仲裁、执行机构。总的来说，针对过去土地征用和房屋拆迁中损害农民利益的问题，要提高农民的获益和补偿份额，在农民、政府和投资者之间找到一个利益均衡点，兼顾各方面的利益。

关于农地流转制度改革，要对土地股份合作社制度进一步完善，在稳定家庭承包经营制度的前提下，确保入社农民股份和收益，防止侵害农民利益。但是，对于股权结构，也要根据各个家庭人口状况的具体变化，适时适度进行调整，应平衡人口变化较大的家庭之间的利益关系。

关于政府职能转变的改革，中共十八届三中全会的《决定》指出，要让市场在资源配置中起决定性作用和更好发挥政府的作用，所谓决定性作用是更大的作用。所以，在政府与市场的关系上，应该收缩政府权力，转变政府职能，把更大更多的资源交给市场调节。对于苏州市这方面的改革，我们在前面多处已经有过详细分析，这里不再重复。总的来说，苏州市也应该以壮士断腕的勇气，收缩政府在经济领域的权力，建立"强市场+弱政府"体制，但是，在与城乡一体化发展相关的社会领域，则应该构建"强政府+弱市场"体制，二者应该区别对待。

(五) 构建多元化融资体系，满足城乡一体化发展的资金需求

即使如我们前面的建议所言，要适当放慢苏州市的城乡一体化发展速度，降低标准，但资金需求量仍然是巨大的，所以，融资问题始终存在，单纯依靠财政资金、信贷资金、外资、社会资金都不可能满足需求。为此，必须动员各方面力量，构建多元化融资体系，要根据各种资金的性质，确定合理的分工以及投入领域。财政资金应该主要投入没有收益或者收益较低的社会事业领域，例如社会保障、环境保护、教育事业等；信贷资金和外资应该主要投入有收益保证的领域，例如产业发展等；社会资金

主要也应该投入有收益保证的领域。但是，在基础设施等领域，也可以实行市场化运作，吸收信贷资金、外资和社会资金进入；在环境保护领域，应该加大企业的治理责任，实行市场化交易方式，减轻财政压力；农民作为城乡一体化发展的主体和最大的受益者，也应该在力所能及的范围内，承担一定的费用。只有通过上述各方面的努力与配合，才能解决资金问题。

（六）控制房价等物价过快上涨，建设宜居幸福城市

根据以人为本的发展理念，苏州市应该借鉴发达国家现代化建设的经验教训，实现工作中心由片面以地区生产总值为中心向在继续保持经济较快和持续增长的基础上更好满足城乡居民民生需要转变。在城乡一体化发展和小康社会、现代化社会建设进程中，要认真研究民生需要的构成以及转变、演进规律，首先从满足衣食住行这些最基本的生存需要开始，逐步向教育、医疗、娱乐、旅游和闲暇等发展和享受型消费需要转变。据此，要重点解决与此相关的房价和日用品物价过高、劳动时间过长和劳动环境恶劣、生态环境欠佳等问题，消除居民因此产生的压力和焦虑感，使苏州市真正成为一个令人向往、惬意的宜居和幸福城市，成为名副其实的率先建成小康社会和现代化社会的示范城市。

第十章
湖桥村发展新型农村集体经济的创新与启示

在前面的一些章节中，曾经介绍和分析了苏州市在城乡一体化中发展农村集体经济的做法与经验，其中多处提到湖桥村的经验。本章试图从村级层面，研究新型农村合作经济组织的发展方向，并力求归纳总结其发展的"湖桥道路"，展现苏州市在城乡一体化发展过程中集体经济的改革与发展情况，总结其示范与借鉴价值，为其他农村合作经济组织的转型提供参考。

一 湖桥村集体经济发展概况

伴随工业化、城镇化的深入推进，我国农业农村发展步入了新的阶段，呈现农村社会结构加速转型的态势。中共十七届三中全会后，农村土地承包经营权的流转成为社会关注的热点问题。截至2015年，在工商行政管理部门登记的农民专业合作社已覆盖全国农户总数的15%以上，覆盖面也由东部向中西部扩散。

2016年中央"一号文件"指出，主动适应经济发展新常态，继续全面深化农村改革，全面推进农村法治建设，推动新型工业化、信息化、城镇化和农业现代化同步发展，在优化农业结构上开辟新途径，在转变农业发展方式上寻求新突破，在建设新农村上迈出新步伐。在2016年的两会上，国务院总理李克强在《政府工作报告》中指出推进新型城镇化和农业现代化，促进城乡区域协调发展；实施一批水利、农机、现代种业等工程，推动农业适度规模经营和区域化布局、标准化生产、社会化服务。可见，提高农民组织化程度是中央的重要要求。充分整合利用农村资源，拉动村级经济增长、保障农民的权益是未来农村经济转型的关键。

农民自古以来就缺乏抵抗风险的能力，农业经济基本矛盾的内涵可以归结为农民小生产与大市场的矛盾。农业产业天生具有土地资产专用性强、生产单位专用性高、经营产业化程度低以及农民产权模糊的特性。

农村合作经济组织的发展尚处于探索阶段，还存在诸如运行机制不完善、内部关系不紧密和村民产权不明确等现实问题，从根本上说，存在这些问题的原因在于人们没有正确认识农村合作经济组织的发展方向。

随着农民专业合作社的不断发展，一种新型农村合作经济组织在经济发达地区出现了。作为一种新型组织，它对原有形式进行了延伸和拓展。苏州市吴中区湖桥村在城乡一体化发展中，在这一领域进行了大胆探索与创新。

湖桥村地处太湖平原，位于苏州市吴中区西南方，坐落于太湖东岸。全村总面积11.42平方公里，距苏州城区19.5公里。苏州是全国范围内率先大批量兴起农村合作社，并在此基础上创新发展的城市。湖桥村作为近年来苏州全市范围内通过转型升级得到迅猛发展的农村中的一个典型，具有一定的研究价值。

从2003年至2015年，湖桥村的集体经济经历了资源资产化、资产资本化、资本股份化、股份合作化并最终集团化的过程。2008年之前，湖桥村积极响应在全市范围内开展农村土地制度创新的号召，紧跟时代潮流发展了土地股份合作制度。2010年，湖桥村创新发展土地股份合作制度，走上了集团化的道路，成立了全国首家由合作社出资的农民集团——湖桥集团。截至2015年底的有关统计数据表明，伴随着湖桥集团的诞生和成长，湖桥村走出了一条全新的"湖桥道路"，成了当地的"明星村"。

2003年之前，湖桥村还是一个信息闭塞、交通落后、产业单一、经济薄弱的落后村，负债400多万元。经过多年的发展，湖桥村凭其经济实力分别在2006年和2009年成为"临湖第一村"和"吴中第一村"。2005年村级经济收入约为260万元，到2015年村级经济收入已经突破9600万元，村级经济收入实现十年翻五番多。2005年村级集体总资产约为0.10亿元，到2015年村级集体总资产达到7.80亿元，十年增长77倍。2005年，村民人均收入约9600元，到2015年村民人均收入达到35500元，十年内年均增长率为13.97%（见图10-1），比全市、全区水平分别高出9920元和9805元。

图 10-1　2005~2015 年苏州市湖桥村村民人均收入

数据来源：根据湖桥村相关年份统计资料加工而成。

2010 年 11 月，时任全国人大常委会副委员长周铁农来苏考察时曾亲赴湖桥村调研。国务院发展研究中心副主任韩俊、江苏省委副秘书长胥爱贵等也先后到访湖桥村指导工作。2012 年 12 月，江苏省省委常委、苏州市市委书记蒋宏坤赴湖桥村视察时指出，湖桥村的发展模式对于城乡一体化的发展具有借鉴和指导意义。

二　农村合作经济组织的演变路径——"湖桥道路"

（一）"湖桥道路"的发展步骤

经济发达地区在推进城乡一体化发展的过程中，运用了众多的创新举措——苏州市湖桥村的发展道路就是其中的典型代表。湖桥村在农村合作经济组织方面的探索道路可以归纳为以下几个步骤。

1. 起步阶段：脱贫致富，生产规模化

2003 年湖桥村合并周边两个农村，对于一个村级集体来说，进一步地合并意味着现有资源的整合，但是一个村的经济实力并不会因为简单合并就像人口、土地一样成倍地增长，整合后积贫积弱的局面并没有得以改善。2005 年，村领导班子进行调整，湖桥村重新定位经济发展道路。对于第一产业，因地制宜集中开发了水产养殖、花卉苗木和果树种植等项目，并按照标准化、规模化的养殖模式进行运作；对于第二产业，利用高标准的配套设施招商引资、筹措资金，通过资本的积累来扩大生产规模、增强竞争力；对于第三产业，依靠大量就业人口聚集之后的生活需求，通过不断完善的第一、第二产业来推动其发展。至此，湖桥村的经济水平稳步上升，村民渐渐富有。生产规模逐步扩大，降低了生产的成本，为日后合作经济组织的转型打下了良好的基础。

2. 成长阶段：紧跟潮流，股份合作化

为了落实2008年中共十七届三中全会提出的农村土地承包经营权流转的理念，学习周边农村兴起的土地股份合作制度，湖桥村于2008年到2009年间先后组建了农业专业合作社、社区股份合作社和物业管理股份合作社，交由村级行政统一运作管理（见图10-2）。

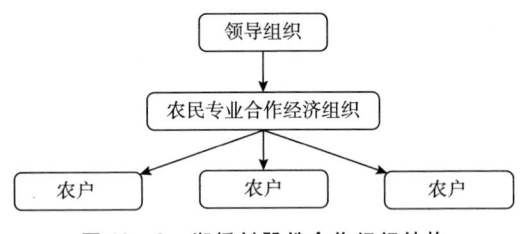

图10-2 湖桥村股份合作组织结构

土地股份合作化时期，村民作为合作社的所有者同时也是合作社的主顾。合作社对内实行民主管理，对外实行营利性经营。村民自愿参与加入合作社，参与者凭借股份可享受年底的分红。土地股份合作化特别适合市场经济竞争环境中处于弱势地位、抵御风险能力较差的农民，其实质是农民与中间商之间关于生产者剩余的争夺，符合内部规模经济的要求。

实践经验表明，股份合作社发展到一定程度后会受限于以下阻碍村级经济高速发展的瓶颈。

第一，经营模式粗放，靠租金推动经济，增长空间十分有限。依靠土地流转进行规模化农业种植或者建造厂房出租，农民获得了比原来高的收益。然而，合作社经营简单，主要以房租、地租等为主要收入，虽然收入非常稳定，但增长空间被限制，很难有所突破，经济发展成果不显著。

第二，与现代农业和第三产业发展潮流脱节，缺乏招商引资和项目平台。现代服务业的发达程度是衡量经济、社会现代化水平的重要标志。苏州市大力支持第三产业的发展，近年来快速发展的农业旅游、特色农庄、生态牧场等让湖桥村看到了服务业在农村的发展前景。仅仅依靠农村合作社是难以适应快速变化的服务业市场的，建立一个高效的招商引资和项目平台迫在眉睫。

第三，股份合作社与村级行政管理共用"一套班子"，两者难以兼顾。湖桥村的农村合作社由村级行政参与管理事务，存在一人身兼数职、难以兼顾平衡的情况。管理体制的缺陷，导致了股份合作社的不全面发展。

第四，与其他市场主体相比，合作社的竞争力仍然有限。虽然，与小农分散独自进入市场相比，合作社有着明显的优越性；但是，与其他市场主体例如大公司相比，农村合作社的竞争力量仍然有限。随着外部市场竞争的不断加剧和合作社业务的不断扩大，有必要采取措施进一步提升市场竞争力、降低经营成本。

3. 成熟阶段：突破瓶颈，企业集团化

出于进一步规模经营、获取生产者剩余的目的，湖桥村突破合作社瓶颈，走上创新之路。组建市场化的集团公司，是农村股份合作制度的发展要求，也是湖桥村村级经济和农村股份制发展到一定阶段后为了进一步做大做强，加快转变经济发展方式以及搭建招商引资和项目孵化平台的必然选择。

2010年，在湖桥人的努力和政府的支持下，三大农民合作社出资组建了全国首家农民集团——"湖桥集团"。集团总注册资本为5600万元，由三大股份合作社按比例出资。母公司"湖桥集团有限公司"下设五个子公司。由三大股份合作社组成董事会，推荐董事长，集团公司指派子公司的执行董事，行使董事长职权，各公司招聘职业总经理，全面负责公司的经营和管理工作。集团公司设立财务科，统一对子公司行使财务管理职权。集团下属子公司实行经济独立核算制度，完全按照经济实体的要求进行市场化运作（见图10-3）。

湖桥集团对各子公司实行"三定"原则，即"定经营范围，定年度创收，定净收益分配"。集团公司遵循四六分成的原则，确定净收益分配：40%留作公司积累用于发展再生产，60%按出资方比例返还三大股份合作社，用于分红。村民可以通过合作社入股，经由合作社将股份转到集团公司进行增值活动，亦可以提出申请从集团公司将股份转回合作社，再从合作社办理相关手续进行退股（见图10-4）。

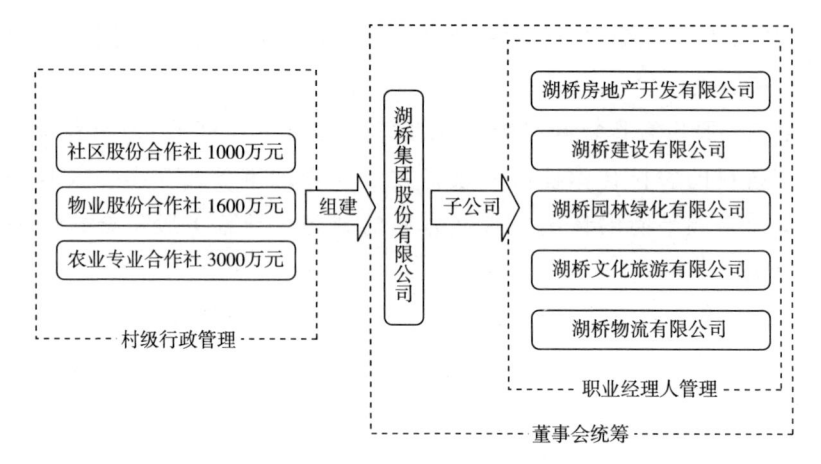

图 10-3　湖桥集团管理结构

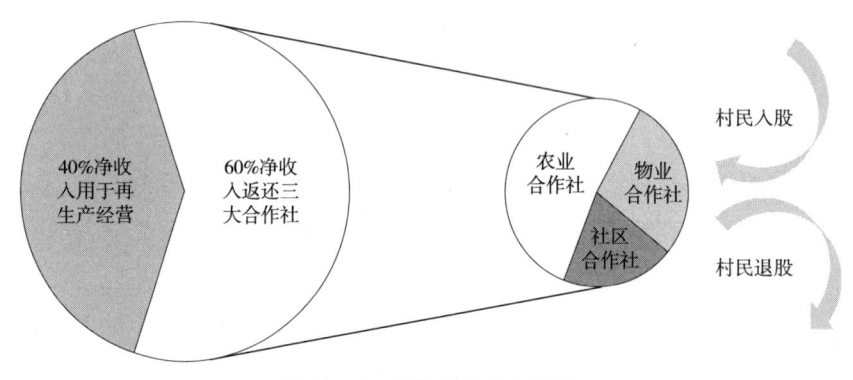

图 10-4　湖桥集团分配机制

(二)"湖桥道路"的创新之处

"湖桥道路"的推进在提升农民的组织化程度、规避市场化与城市化过程中的不确定性和风险性、提高农民收入、增强农村集体经济实力、明确农村产权、促进城乡统筹发展和农村现代化等方面起到了举足轻重的作用。"湖桥道路"的创新之处可归纳为以下几点。

1. 出于规模经济效应的集团化演变

"湖桥道路"经历了传统的农村合作经济形式,又在传统模式上进行了创新,既解决了农户小规模分散经营不适应现代化大生产大流通的问题,又保障了农民作为土地承包主体的经营和收益权利,同时通过集团化的机制构建,让拥有土地经营权的农民就地转变为拥有公司权益的股东。

表 10-1 是湖桥村农村合作经济组织形式各阶段的归纳。

表 10-1　湖桥村农村合作经济组织形式各阶段的对比

	集体所有制	股份合作制	集团化
开放程度	面向村民	部分面向市场	完全面向市场
社会基础	完全由经济社会弱势者联合	大部分由经济社会弱势者联合	基本由资金所有者联合
组织目标	集体收益最大化	投资成员收益最大化	通过生产规模的扩大拉动投资者收益的增加
联合方式	人的联合	资本和劳动的联合	市场资本的联合
成员资格	严格的社区限制	加入自由,退出受限	加入自愿,退出自由
成员角色	所有者、经营者、生产者完全统一	所有者、经营者、生产者基本分离	所有者、经营者、生产者完全分离
产权安排	无差别集体占有	社员个人按股份差别占有,不允许非社员持股	股东按股份差别占有
治理结构	一人一票,但缺乏制度保证	一人一票,经营管理者在社员中选举产生	一股一票,外聘专业经营管理者,有制度保证
收益分配	完全按劳分配,无资本报酬	按惠顾额返还盈利,成员获得有限的资本报酬	按股分配,享受资本报酬

2. 提高集体效率的去行政化管理

湖桥集团在成立之后采取"自主经营、自负盈亏、利益均占、风险共担"的理念,使集团管理与村级行政逐步分离。政企分离提高了村级行政班子和企业管理团队的运作效率,促进了村级经济的发展。这一举措与广东南海的政企分离有异曲同工之妙。当然,农村合作经济组织发展的出路并不唯一,山东省龙口市南山村就创建了颇具特色的"村企合一"体制,使员工的个人利益与集体利益达到充分一致。表 10-2 是湖桥村和以上两个地区的对比。广东南海、山东南山村和苏州湖桥村的管理机制各具特色,三者有着不同的背景,但都产生了良好的效益,体现了现今农村经济领域的多元化发展潮流。湖桥村在其特定背景下,走上了"政企分离"的道路,为具有相同背景的农村提供了一个借鉴的模板。

表 10-2　湖桥村与广东南海、山东南山村管理机制的对比

	佛山市南海区	龙口市南山村	苏州市湖桥村
管理机制	政企分离	村企合一	政企分离
管理班子	政府完全放弃企业的经营者身份，企业交由职业经理人管理	村级领导班子与企业领导班子合二为一，所有村民为企业职工	村级领导班子主管村级行政，外聘企业管理者进行企业管理
意义	增强企业抵御市场风险的能力，改善企业的激励机制，提高运行效率	村民切身利益与集体利益紧密地联结在一起，最大限度地调动村民发展集体经济的积极性和主动性	提高村集体的运行效率，引进外来高水平管理者，促进企业的生产经营和市场化运作

3. 保障农民权益的产权制度创新

湖桥村的发展贯彻了以人为本的理念，对农村产权问题进行了深层次的探索。被称为"天下第一村"的华西村在农村产权的分配上和湖桥村有着较大的不同。华西村在强大的村级行政力量支持下，采取的产权制度有其存在的必然性，但也受到发展空间的一定限制，表 10-3 是华西村和湖桥村在产权分配上的对比。

表 10-3　湖桥村与华西村产权制度的对比

	华西村	湖桥村
产权制度	存在大量公共产权，绝大多数集体股不量化到个人	存在极少量公共产权，集体股量化到个人
财产使用权	财产的使用及抉择归村委会统一调配	财产的使用和抉择根据村民的意愿，由集团股东协商调配
财产处置	村民不能随意处置自己的股份，若退股不能带走集体账上的私人财产	村民可以自由入股、退股，集团正在往股份市场化方向转变

湖桥村的产权制度，充分考虑了村民的权益，结合了以人为本的理念，是农村经济领域产权改革的一大创新。

4. 恪守农村角色的农业生产发展

出于工业化的目的，农村的发展逐步由第一产业向第二产业、第三产业转变。以华西村为例，2003 年，华西村确立了进军服务业的战略，提出第二产业和第三产比重各占 50% 的目标。现在，华西村已经完全没有了第

一产业，曾经的"农民"已完全蜕变成为"居民"。这样的现象越来越多地出现在当今的农村。然而，农村不进行农业生产、农产品的供应不足是社会现代化发展的一个问题。湖桥村在产业结构的安排上，重视农业的发展，牵手中国农科院，将在太湖边建起一座万亩现代农业科技示范园。

湖桥村发展新型农村合作经济组织，创新了农村经济的发展方式，由"强化二产"向"优化一产、强化三产"转变；创新了农民持续增收长效机制，实现村级经济发展的"多轮驱动"；创新了集体经济稳步健康发展的模式，实行"政企分离"，使得村级社会事业和集体经济稳步发展。湖桥集团的成立变外部力量推动发展为内生动力拉动发展，推动了城乡经济社会一体化进程。

（三）"湖桥道路"发展中的问题

"湖桥道路"是合作社集团化在全国范围内的首次探索，必然会遇到诸多问题。通过调研，课题组列举了制约其发展的主要问题。

问题一：村民的认知能力与经济发展模式的冲突。

农民大多土生土长，受教育程度不高，不管是自身的文化水平还是对法律的认识都有所欠缺。因此，村民对于现代企业集团的运作过程及经营模式的不了解会导致分红时的矛盾。

解决途径：首先，对企业的董事长、执行董事长和职业经理人进行法律知识培训，加强管理者自身的法律意识，让管理者知道如何行使自己的权利、如何合理规范地参与市场竞争；其次，集团需要建立有效的监督机制，集团公司进一步规范财务科的工作，加强公司财务的审计工作，避免因为财务上的失误，导致农民的利益受损，做到财务公开、分红公正；最后，村级行政人员和集团管理者，要多聆听村民的意见和建议，多和村民沟通，引导他们的思想，让他们了解新的经济发展模式。

问题二：人才的数量和质量与企业竞争力的冲突。

集团的员工和管理者以村民为主，企业缺乏高水平的技术和管理人才，运行效率低下，创新能力差，难以适应激烈的外部市场竞争。

解决途径：针对村民文化水平低、缺乏专业技术的问题，集团企业要着重培养自己的技术人员，鼓励集团内部人员到外面学习和参与专业技术职称考试。另外集团企业要加倍重视人才的引进，逐步引进具有专业知识的高素质人才。村级行政要积极鼓励原湖桥籍的大学生回到家乡，参与集团的经营管理，提高企业的竞争能力。

问题三：新型农村合作经济模式与政府政策的冲突。

政府及有关职能部门对于农民集团的相关政策的不完善，以及相关政策的不能及时出台，将会耽误新型农村合作经济组织发展的进程。比如，曾经的所得税交由地税局管理，在所得税方面农民享有减免权；而现在所得税由国税局代管，每年要向农民集团征收20%的所得税。

解决途径：政府在和农村合作经济组织沟通的过程中，应以保障农民权益为宗旨，完善相关法规制度与政策。比如，税务部门应该加强税收政策的宣传，避免造成不必要的误解；各职能部门也应该增强协作力度和加强信息交流，确保各类优惠与扶持制度的执行。

问题四：代理人风险与村民权益的冲突。

集团化经营后企业集团聘请职业经理人，村民将财产经营权上交，由其统一进行增值管理。然而，由于监管机制不严格，存在代理人风险，村民的权益得不到保障。

解决途径：在股份合作社及集团成立之初，代理人多是村级行政"一把手"，甚至一些组织的董事会、监事会成员多由村干部兼任，政企不分，产生了行政干预经济、代理人监管机制弱化等风险。股份制改革的核心是"确权"，避免股权虚化。集团应在逐步实现政企分离，建立现代企业制度之后，聘请高素质的代理人，加强对代理人的监管，充分保障村民的知情权、参与权、表达权和监督权。

（四）小结

通过对湖桥村的发展道路进行剖析，结合前一部分的理论分析，我们得出以下几点结论。

第一，"湖桥道路"的发展轨迹受正式制度的约束。在正式制度方面，湖桥村薄弱的物质基础和已经形成的市场关系约束了新型制度的嵌入。为了摆脱正式制度的约束，湖桥村通过创新经济发展模式来增加村级收入、优化市场竞争格局。集团是对农业生产要素的重新配置，去行政化的管理方式又对已形成的既得利益格局造成冲击。最终，在这个重新分配的过程中，集体经济的运行效率得到了提高。

第二,"湖桥道路"的创新源于突破非正式制度的约束。圈子意识依然是农村合作经济组织创新的阻力,所以湖桥村合作社集团化的道路走得异常困难。通过建立现代化企业,湖桥村最终突破了圈子意识和非主体意识的约束,完善了产权制度、为村民建立了长效增收机制、保障了村民的权益。

第三,"湖桥道路"将继续朝规模经营、制度创新的方向发展。未来湖桥村的农村合作经济组织将逐步由政府推动型向自主经营型转变。伴随着经济模式的变更,湖桥村还应建立健全公共监督管理体制。与此同时,应充分考虑村民整体的利益,确保村民这个最大的股东得到应有的分红,使其利益最大化。同时,不能存在歧视或差别对待的行为,要把实际利益量化到每个人,保障村民个体利益不受损。创新发展的农村合作经济组织依然是农民自己的组织,和农民自身利益紧密结合在一起。单个农民个体缺乏抵御风险的能力,合作经济组织在如何支配资产、与农户分享经济成果的问题上,应体现"公开、公平、公正"的原则,做到"利益共享、风险共担"。

三 经验与启示

(一) 打破传统的屏障:积极转型、规模经营

农户与中间商关于生产者剩余的争夺,促成了农村合作经济组织的产生。农村合作经济组织伴随着自身竞争能力的提升,将会逐步夺取中间商的生产者剩余,以维护农民的权益。可见,农村合作经济组织转型的第一步就是突破原有的生产规模。农民先天能力的欠缺会影响新型制度的嵌入,因而生产规模的突破,离不开转型初期政府对于农村合作经济组织的扶持。政府要对有潜力进一步发展的农村合作经济组织进行积极的教育和引导,给予大幅度的扶持和帮助,使之能够走科学、合理、先进的发展道路。为了鼓励发展多种形式的组织创新,应做到以下两点。

一是做到顶层设计和基层创造并重。加强改革顶层设计是"十二五"规划时期重要的改革方向。市场不能取代政府,考虑到最广大农民的利益与农村经济的长远发展,进行自上而下的体制改革是必要的。同时,应该从实际出发,授予农民更大的自主权,赋予农村经济更大的灵活性,由点

带面，推动整体发展，绝不能抑制自下而上的创造力与推动力。

二是采取先发展后规范的方法。新型农村合作经济组织无论其分类标准如何，从其发展实践来看都是市场经济条件下分散农民的理性选择，各种类型的新型农村合作经济组织都有其存在和发展的基础，不能因其初期存在的局限性而抑制其成长的空间，应遵循先发展后规范的原则。

（二）摆脱现实的束缚：减少依赖、培养能力

在农村合作经济组织转型初期，即使某一模式或道路取得了一定的成效，但要让其平稳、高效运作还需多方面保障，主要包括风险管控、规范运行、管理升级等方面。从风险管控的角度，将一些低风险、高收益的优质资源向农民倾斜；从规范运行的角度，要保障农民选举股东代表大会的权利，以保证农民股份合作发展成果完全惠及农民；从管理升级的角度，合作社联合体要做大做强，引进职业经理人，以专业团队控制经营风险。

另外，在发展的初期阶段，农村合作经济组织普遍存在金融专业人才缺乏、综合金融手段运用不足等问题，再加上单个集体经济组织或集团在银行授信上有额度限制，资金筹措水平和利用效率不高，影响了项目的实施进程。政府可以设置"融资顾问"等机构来为农村合作经济组织提供融资、项目管理等服务，并整合集体经济资源、资产和资本，壮大集体经济规模。

应该指出，在农民自我管理能力与经营意识不是很强时，过长的代理人利益链会加大监管的难度，具有一定的风险性。因此，政府要做好新型农村合作经济组织探索初期的扶持工作。

然而，课题组成员通过调研发现，现在很多农村因为过度享受政策的扶持，而渐渐对政府产生了依赖。在市场经济体制日趋完善，市场经济飞速发展的今天，树立市场经济意识和社会忧患意识，对合作经济组织的管理阶层和一般成员都是有必要的。从长远来看，农村合作经济组织如果一味地依赖政府，必定会缺乏抵御市场风险的能力，无法成为市场的一般主体。所以合作经济组织不管形式如何，应遵循"民办、民管、民受益"的原则，实行开放经营，增强市场竞争力。

因此，随着初创的农村合作经济组织逐渐发展成型，政府应逐步弱化直接组织经济的职能，转为主要为经济发展提供社会服务，成为公共服务

型政府。长时间的行政手段干预，不利于合作经济组织形成强大的凝聚力和生命力，无法创造出较好的经济效益和社会效益，所以政府要遵从"有所为、有所不为"的原则，对合作经济组织的发展少干预乃至不干预。同时，政府应积极完善利益表达机制，在包括政策的制定和执行等各方面保障农民的发言权。

（三）构建可持续的制度：恪守角色、细化制度

首先，要坚持发展第一产业不放松。农业是农村发展之本，农村完全舍弃第一产业而过分强调第二产业和第三产业的发展是不恰当的，甚至有本末倒置之嫌。因此，必须毫不动摇地保留、发展第一产业，避免出现农村没有农业用地的尴尬情况。以苏州为例，苏州是全国城乡一体化试点地区，在实现农业现代化道路上走在全省乃至全国前列。苏州市出台的"四个百万亩"工程，就是正确处理城乡规划、生态环境以及农业现代化之间辩证关系的典范。

为了在一定程度上保持农村原有的面貌，必须创新发展农业支持保护制度，稳步发展农业。农业保护是一种普遍的国际现象，无论是发达国家还是发展中国家，都或多或少地对农业采取支持和保护措施。为了适应农业进入高投入、高成本、高风险发展时期的客观要求，必须更加自觉、坚定地加强对农业的支持和保护。

其次，要逐步开展农村集体经济组织产权制度改革。中共十六届三中全会通过的《中共中央关于完善社会主义市场经济体制若干问题的决定》指出，产权是所有制的核心和主要内容。科斯指出，在交易成本为零和对产权充分界定的条件下，资源能够不受外部性因素干扰实现最优配置。产权之于市场经济，其意义在于为市场构建了具有排他性和流动性产权的、有效率的市场主体（贺军伟，2006）。当前，应以明晰产权主体、理顺分配关系、规范经营管理为核心，切实解决农村集体资产产权虚置、政企不分、分配不公等问题，加强农村"三资"管理，有效保障农民对集体资产的所有权。

随着我国社会主义市场经济的不断发展，建立现代企业制度已成为必然。在传统的计划经济体制转变为社会主义市场经济体制过程中，社会经济细胞——企业的体制转变扮演着相当重要的角色，而股份制作为符合市

场经济要求的新型企业体制，在当前和未来将成为现代企业制度的主要形式。现今的农民集团主要建立在集体股份的基础上，伴随着市场化的深入推进，股份制是其发展的必然趋势。

四　结论

首先，规模经营是抵御市场风险的必然结果之一。历史原因所导致的农民缺乏抵御市场风险能力的现实，阻碍了农村经济的发展。为了从根本上解决这一问题，农民企图通过联合来扩大外部交易规模从而降低产品交易的成本，即规模经营。规模经营既是出于农民对自身社会地位的需求，又源于历史原因的推动，是经济社会选择的必然结果。

其次，制度的创新是创新发展农村合作经济组织的必经之路。各种客观条件的制约，无疑将影响新型农村合作经济组织制度的嵌入。但外部条件是在不断演变的，制度的演进必须据此及时跟进，做出必要的、适当的调整。譬如在当前，农村合作经济组织制度演变的主要方向包括土地产权制度改革以及经营与管理机制的完善。在市场经济制度建立并逐步完善的时期，明晰产权主体与建立现代企业制度有其必然性。

最后，要正确处理农村合作经济组织与政府的角色问题。随着农村合作经济组织不同发展阶段的演变，政府也应及时与其相适应，做到关系的调整与角色的转换。政府要做好新型农村合作经济组织探索初期的扶持工作，但在转型渐趋成熟后，这种干预必须逐步被放开。应该指出，这种对干预的解除是双向的。一方面，农村合作经济组织对政府长期的依赖会增加政府的负担，也会因资源配置长期不公平而导致自身实际竞争力无可避免地下降，限制长远的发展能力；另一方面，农村合作经济组织在发展成型后会对政府行为感到受限与掣肘。

以湖桥村为代表的中国农业合作化、农村合作经济的发展，是对社会主义合作社理论的创新、丰富和发展，是马克思主义中国化的体现。马克思指出，农业是社会生产的基础，也是一切社会的基础。农村生产关系的转变很大程度上是一个自然过程而非人为过程，苏联强制推行农村集体化所导致的结果就是鲜活的教训。我们应当总结历史经验，吸取前人教训，结合中国特点，顺应经济规律，使农民自觉、自发地相互联合，利用市场经济稳步发展，走出一条具有中国特色的农村合作经济组织转型之路。

第十一章
苏州推进城乡一体化发展文件选录

在苏州市城乡一体化发展过程中，市委、市政府作为领导者，颁发了大量政策法规，广大农民群众作为主体，也制定了许多规章，它们对推进城乡一体化发展发挥了重要作用，充分体现了从上到下的创新精神。在前面的有关章节，我们曾经分别介绍过有关情况，在此，选录几份文件、章程，以希望对其他地区有所借鉴。

关于全面推进城乡一体化改革发展的决定

2010 苏州 1 号文件

（2010 年 5 月 13 日）

近年来，市委、市政府坚决贯彻党的十七大关于形成城乡一体化发展新格局的决策部署，坚持把加快推进城乡一体化发展综合配套改革试点作为深入贯彻落实科学发展观的重大举措，作为省委、省政府交给苏州的重大政治任务，作为苏州实现发展新跨越的一次新的历史机遇，在目标定位上体现率先科学和谐发展，在思路理念上坚持"三农"与"三化"互动并进，在发展导向上突出富民强村，在组织保障上强化整体推进，在改革实践上注重完善政策制度和构建长效机制，以农村改革发展的新突破，带动全局改革，促进全面发展，对全局工作产生了巨大的推动作用。目前，我市已列为全省唯一的城乡一体化发展综合配套改革试点区，国家发改委城乡一体化发展综合配套改革联系点，国家发改委中澳管理项目四个试点城市（重庆、成都、苏州、嘉兴）之一。

为了切实巩固提高科学发展观学习实践活动成果，进一步开创苏州城乡一体化改革发展新局面，有力推动转型升级，加快建设"三区三城"，全面提升苏州创新能力、综合竞争能力和可持续发展能力，实现率先科学和谐发展，特作如下决定。

(一) 指导思想

全面贯彻党的十七大，十七届三中、四中全会精神，高举中国特色社会主义伟大旗帜，坚持以邓小平理论和"三个代表"重要思想为指导，深入贯彻落实科学发展观，紧紧围绕建设城乡一体示范区的目标定位，坚持以富民优先为导向，以科学规划为前提，以制度创新为关键，以扩大内需为动力，以组织建设为保障，进一步推动"三农"与"三化"互动并进，使苏州既保持鱼米之乡优美的田园风光，又呈现先进和谐的现代文明，率先形成城乡发展规划、资源配置、产业布局、基础设施、公共服务、就业社保和社会管理一体化的新格局。

(二) 基本原则

始终坚持富民优先原则。把实现好、维护好、发展好最广大人民群众的根本利益，作为推进城乡一体化发展综合配套改革的出发点和落脚点。坚持改革促进发展，发展成果由人民共享，让广大农民在改革发展中得到更多的实惠，促进农民全面发展，农村繁荣和谐。

始终坚持制度创新原则。把改革创新贯穿城乡一体化发展的各个环节，加快形成城乡发展规划一体化的导向机制、农民持续增收的长效机制、发展现代农业和农村新型集体经济的动力机制、城乡公共服务均等化的运行机制和城乡一体的行政管理机制，着力构建合理、公平、效率、符合科学发展的体制机制。

始终坚持尊重实践原则。尊重基层和群众的首创精神，发挥人民群众的主体作用，只要是有利于破除城乡二元结构、促进城乡经济社会发展一体化的改革，有利于工业化、城市化和农业现代化协调推进的创新，有利于构建和谐社会的实践，都鼓励支持，放手放开，先行先试。

始终坚持统筹兼顾原则。加强改革的整体设计和系统安排，坚持改革与发展、城市与农村、经济与社会有机结合，重点突破与整体推进、政府推动与市场运作、当前工作与长远目标有机统一，正确处理改革发展稳定关系，统筹制定改革政策，全面协调改革进程，因地制宜、分类指导，扎实有序系统地推进改革创新。

（三）目标任务

推进城乡一体化发展，既是紧迫的现实任务，也是实现率先科学和谐发展的战略选择，必须着眼长远、立足当前，科学规划、分类指导，突出重点、有序推进。到 2020 年全市农村改革发展的主要目标任务是：农村制度建设取得重大进展，到 2012 年基本建立城乡一体化发展的体制机制；全市农民人均纯收入在 2007 年突破 1 万元的基础上，2012 年达到全省平均水平的 1.5 倍、全国平均水平的 2 倍以上，2017 年突破 2.5 万元，城乡居民收入差距逐步缩小；村均集体经济收入在 2007 年突破 300 万元的基础上，2012 年达到 450 万元；现代农业建设取得重大突破，到 2012 年高效农业面积占种养面积（不含粮油作物）比重达 60%，高效农业种养面积中亩均效益 5000 元以上的占 1/3；城乡公共服务均等化基本实现，城乡社会保障基本并轨，城乡社会管理体系及防灾减灾体系基本完善；农村基层组织建设全面加强，农民民主权利得到有效保障；经济与人口资源环境协调发展，农村生态环境和人居环境显著改善，可持续发展的体制机制加快形成，2010 年全市陆地森林覆盖率达到 23%。

（四）主要措施

1. 更加注重城乡规划有机融合

按照城乡一体化发展要求，强化功能片区规划理念，完善城镇规划体系，加快推进"居住向社区集中，企业向园区集中，土地向规模经营集中"，优化城镇、工业、农业、居住、生态规划布局，进一步拓展新的发展空间，使城市更像城市、农村更像农村、园区更像园区，到 2012 年，镇村工业企业集中度达到 80% 以上，农村居民集中居住度达到 50% 左右。加强城乡体系规划、产业布局规划、土地利用总体规划、镇村布局规划、村庄规划、农业发展规划、乡村旅游发展规划、水系规划的有机衔接，使之相互配套，形成一体。加快落实"四个百万亩"农业产业空间布局规划，实现"水稻规模化、蔬菜设施化、水产标准化、营销现代化"。

2. 更加注重提升城镇发展水平

坚持把小城镇建设作为城乡一体化改革发展的重要切入点，强化"新市镇"理念,调整优化城镇空间布局,完善配套设施和服务功能,进一步提升规划建设和管理水平,充分发挥小城镇在经济发展、公共服务、社会和谐等方面的积极作用,使小城镇成为新一轮又好又快发展的重要载体。更加重视被撤并镇区的规划建设和管理工作,优化整合和配置资源,进一步明确功能定位,发展特色产业园和集中居住区,改善发展环境,促进社会和谐。按照现代社区型、集中居住型、整治改造型、生态自然型、古村保护型等五种类型,积极推进示范村和新社区建设。

3. 更加注重创新土地使用制度

根据中央、省委 1 号文件精神,实行城乡建设用地增减挂钩制度,地方政府可预支拆旧复垦项目面积 30% 左右的周转指标,先期用于农民集中居住区建设。实施现代农业示范区总面积 3% 的农业设施用地指标政策。认真落实村集体留用地政策,在规划时留出 10% 左右作为农村集体非农建设用地。全面建立城乡统一的土地市场,对依法取得的农村集体建设用地,享有国有建设用地平等权益。积极推进"三置换",鼓励和引导农户用集体资产所有权、土地承包经营权、宅基地和住房置换成股份合作社股权、城镇社会保障及住房保障,实行换股、换保、换房进城,促进农民身份转变,减少农民,致富农民。加大先导区探索创新力度,在试点中通过置换取得的建设用地,其土地出让收益全额留给所在镇或街道,用于农民身份转换的保障支出和基础设施建设。

4. 更加注重健全富民强村机制

坚持就业、创业、产业、物业并举,充分利用农村新型社区人口相对聚集,蕴藏服务业发展的大量商机,完善社区服务设施,深入挖掘资源潜力,拓宽农村就业渠道,改善农村创业环境,大力发展餐饮娱乐、卫生保健、废品回收、保洁保安保绿等农村新型服务业态,积极培育服务性、公益性、互助性社区社会组织,形成广覆盖、多层次、社会化的农村社区服务体系。进一步建立健全市场运作主体,以市、区为单位组建农业投资公司,加大对现代农业的投入力度,更加重视农村资产的优化整合和配置,做大做强农村新型股份合作经济组织,加大富民强村载体建设力度,鼓励和支持股份合作经济组织"退二进三",参与城市化、工业化和新农村建设,通过在规划区内建设标准厂房、打工楼,在社区发展农贸市场、社区超市等,发展物业经济,促进农村资源资产保值增值,增强集体经济发展的造血功能和活力。通过深化股份合作改革，推进资源资产化、资产资本化、资本股份化，发挥集体经济对促进农民增收的调节器作用，使股份分红成为农民增加财产性收入的基本途径，构筑农民与集体经济更为紧密的利益联结机制，农民专业合作社、土地股份合作社、富民合作社等原则上扣除风险基金后收益部分全额按股分红。到 2012 年，力争全市年收入不足 100 万元的村（占 15%）超百万元，社区股份合作社分红比例占合作社净收益的 40%，农民财产投资性收入比重达 40% 以上。

5. 更加注重现代农业转型升级

现代农业是城乡一体化发展的产业基础，具有不可替代的生产生活生态生物功能。积极借鉴台湾发展现代农业理念，加快提升现代农业发展水平。实施"万顷良田"工程，以 30 个市级示范区为重点，加快"百万亩现代农业规模化示范区"建设，深入推进农业向二、三产业拓展延伸、融合发展。加大乡村旅游规划的实施，积极发展生态休闲观光农业，通过乡村旅游渠道，提高农产品的附加值。创新农业科技体制机制，加大农业科技投入，确保财政科技研发经费用于现代农业比重不低于 30%。注重市场营销体系建设，积极支持农产品销售旗舰店和连锁超市建设，健全农产品储运保鲜、冷链物流、展示展销、安全质量监测和动植物检疫防疫等新型服务体系，切实搞活农产品流通。积极推进农业标准化、产业化、品牌化、机械化生产，扶持发展无公害、绿色、有机农业。加大农村环境保护力度，加快治理农村生活污水，建立健全农村环境保护监管体系，有效防治农业面源污染。以"四沿（沿路、沿水、沿村、沿城镇）三区（绿色基地、绿色通道、绿色家园）两点（单位、庭院）一片（生态片林）"为重点，全面推进农村生态绿化建设，加强全市湖泊湿地资源保护，把环太湖、环阳澄湖周边建成全市最大的湿地、森林生态区。加快推进集体林权制度改革，确保林业有发展、农民得实惠、生态受保护。建立生态补偿制度，对规模经营粮油作物的基本农田、生态公益林、水源保护地（生态湿地）实行财政转移支付，并建立与经济发展相一致的增长机制。

6. 更加注重完善金融服务体系

深化农村金融体制改革，积极培育小额信贷组织，鼓励发展信用贷款和联保贷款，加大信贷对城乡一体化改革发展的保障力度。扩大小额贷款公司试点范围，到 2012 年，力争每个市和吴中、相城区各组建 5 家小额贷款公司,其他城区各组建1至3家小额贷款公司。鼓励发展村镇银行,到2012年,全市组建3至5家。深入推进农村信用体系建设,保持农村金融生态环境质量在全省领先水平,探索开展土地银行试点工作,培育新的发展载体和融资渠道。建立农村产权交易市场,按照市场经济趋向,搞活农村集体资产股权、土地股份制股权、农村集体建设用地流转、农业知识产权交易。建立健全农村集体资产管理机构,加强农村集体产权管理,全面提高农村经济发展的市场化水平。健全多元投入机制,充分吸收社会资本,做大做强市级农业担保体系,增强农业担保能力,在2012年前,市农业担保公司每年增资1亿元注册资本。进一步扩大政策性农业保险险种,不断提高农业保险覆盖面。积极探索农业再保险,充分提高农业抗自然风险的能力。积极支持符合条件的涉农企业上市。

7. 更加注重城乡公共服务均等

坚持把集党员活动、就业社保、商贸超市、卫生计生、教育文体、综治警务、民政事务、环境保护等多种功能于一体的农村社区服务中心,作为促进城乡公共服务均等化的重要载体,引导农民转变观念和生产生活方式,提高生活质量和水平。进一步完善农村社区服务中心建设,全面加强和谐社区建设。合理配置基本公共服务资源,建立城乡义务教育均衡发展机制,鼓励优秀师资配备向农村流动。建立城乡居民方便共享的公共卫生、计划生育和基本医疗服务体系,鼓励医务人员向农村流动。积极发展农村养老事业,构建农村居家养老服务平台,鼓励社会力量开办农村养老机构。建立统筹城乡的文化事业发展机制,城市文化功能向农村延伸。积极培育新型农民,提升科技文化素质和发展致富能力,在全国率先建立长效的农村科学素养调查评估机制。建立健全城乡统一的就业与社会保障制度,统筹城乡就业创业制度,实现城乡劳动者就业政策统一、就业服务共享、就业机会公平和就业条件平等。被征地农民创业享受城镇下岗职工优惠政策。加快城乡社保制度接轨,力争到2012年,被征地农民和在非农产业就业的农村劳动力纳入城保体系,基本实现城乡养老保险并轨。推进新型农村合作医疗制度向城镇居民基本医疗保险制度过渡。建立城乡统一的最低生活保障制度,健全自然增长机制,逐步提高保障水平。统筹推进城乡交通、水利、电力、电信、环保等重大基础设施建设,促进城乡基础设施共建共享共用,继续加大农村电网规划、建设和投资力度，农村社区服务中心和新型合作经济组织享受用电优惠政策。加快推进再生资源回收利用体系建设，建立健全再生资源经营者和回收人员网络管理系统。

8. 更加注重行政管理城乡一体

按照精简统一效能原则，鼓励符合条件的县城镇、中心镇、农业示范区等功能区，特别是改革试点先导区，探索"区镇合一"行政管理体制，赋予其更多的行政和经济管理权限，增强其社会管理和公共服务职能，争取把一批规模大、标准高、功能优、特色明、实力强的先导区建成省级示范园区。城市管理相对集中行政处罚权向乡镇延伸。建立健全新型社区管理体制，按照地域相近、规模适度、有利于整合公共资源的原则，稳步推进镇村体制向街道社区体制转变，实现政府行政管理和社区自我管理的有效衔接，政府依法行政和居民依法自治的良性互动。

9. 进一步增强改革发展的全局性

各级党委政府要站在全局和战略的高度，深刻理解推进城乡一体化改革发展的重要意义，充分认识率先基本实现现代化，最艰巨最繁重的任务在农村，最广泛最深厚的基础也在农村，没有农业农村的现代化，就没有全市的现代化。进一步强化党委统一领导、党政齐抓共管、农村工作综合部门组织协调、有关部门各负其责的农村工作领导体制和工作机制，积极探索城乡领导体制的一体化，切实改变城乡二元管理体制，完善整体推进工作机制。加强市四套班子领导和市有关部门与改革先导区、示范村挂钩联系制度。建立健全市委、市政府，各市、区和市各有关部门主要领导、分管领导参加的联席会议制度，定期召开会议，研究政策措施，解决重大问题，推进改革试点。按照"三有效一增强"的要求，进一步加强基层党组织建设，推进基层党组织的有效覆盖，加强党员队伍的有效管理，实现党员素质和能力的有效提升，增强基层党组织的创造力凝聚力战斗力，以党的基层组织建设带动其他各类基层组织建设，构建以城带乡、资源共享、优势互补、协调发展的城乡统筹基层党建新格局。按照守信念、讲奉献、有本领、重品行的要求，加强基层党组织书记队伍建设。加强农村人才队伍建设，努力培育与城乡一体化发展相适应的各类人才。按照总量持续增加、比例稳步提高的要求，不断扩大城乡一体化改革发展财政专项资金规模，增加现代农业生产发展资金和农业综合开发资金，确保财政支出优先支持农业农村发展，预算内固定资产投资优先投向农业基础设施和农村民生工程，土地出让收益优先用于农业土地开发和农村基础设施建设。从2010年起，在原有财政预算安排的基础上每年增加预算安排，到2012年市级城乡一体化改革发展财政专项资金规模达到1亿元。

进一步增强改革发展的开创性。坚持重点突破、以点带面，鼓励和引导先导区先行先试，率先争先，允许试、允许闯、允许错了改，充分发挥典型示范的带动作用，切实增强改革发展的开创性。大力宣传先进镇、村、社区和优秀基层党组织书记的先进事迹，及时树立先进典型，总结新鲜经验，鼓励改革创新，不断加以推广，充分展示典型风采，塑造苏州品牌，努力营造城乡一体化改革发展的浓厚氛围，全面形成争先率先、创新创优的良好局面。

进一步增强改革发展的实效性。巩固深入学习实践科学发展观活动成果，建立党员干部受教育、科学发展上水平、农民群众得实惠的长效机制。建立完善符合科学发展观要求的考评体系，把推进城乡一体化改革发展的工作实绩作为检验各级干部执政能力和执政水平的重要标志，作为考核各级干部政绩和工作水平的重要内容。加强对各市区、各有关部门改革发展重点工作的考核，每年年初制定考核细则，明确考核内容，年终进行考评和奖励，确保改革发展各项工作任务落到实处，不断提升城乡一体化发展的水平。

关于转发苏州市户籍居民城乡一体化户口迁移管理规定的通知

苏府办〔2010〕301号

各市、区人民政府，苏州工业园区、苏州高新区、太仓港口管委会；市各委办局，各直属单位：

市公安局制定的《苏州市户籍居民城乡一体化户口迁移管理规定》已经市政府同意，现转发给你们，请认真贯彻执行。

二〇一〇年十一月十三日

第一条 为推进苏州市城乡一体化发展，根据中共苏州市委、苏州市人民政府《关于鼓励农民进城进镇落户的若干意见》（苏发〔2010〕30号），制定本规定。

第二条 全市范围内实行城乡统一的以拥有合法固定住所为基本条件，办理户口迁移的户籍登记管理制度。

第三条 本规定所称合法固定住所是指：申请迁移人在本市居住房屋属于自己的产权房屋或租住属公有产权并领取使用权证的房屋。

第四条 本规定适用地域范围为苏州市区、张家港市、常熟市、太仓市、昆山市、吴江市。

第五条 本规定适用本市户籍居民：

（一）在城镇就业并在城镇拥有合法固定住所的农户；

（二）动迁安置在城镇和开发区的农户；

（三）实行"三置换"进城进镇的农户；

（四）城中村和失地的农户；

（五）符合城乡一体化规范要求的新型新农村建设的农户；

（六）其他具有进城进镇愿望的农户；

（七）以购买75平方米以上商品住宅房（含存量房），申请跨市（指跨市区与县级市及县级市之间，下同）迁移户口的居民；

（八）婚迁、未成年子女跨市投靠；

（九）父母投靠子女及其他直系亲属跨市投靠；

（十）人力资源和社会保障等部门准入的跨市迁移户口人员。

第六条 全市范围内，实施网上户口迁移一地办理制，由迁入地公安派出所受理，实行一站式服务。

第七条 符合第五条第一、二、三、四、五、六项的迁移人，凭有效证件至迁入地派出所办理，符合第四条第七、八、九、十项的迁移人凭有效证件到迁入地区、县级市行政服务中心办理。

全市范围内跨市户口迁移，不再使用《户口迁移证》、《准予迁入证明》。

第八条 在城镇就业并在城镇拥有合法固定住所的农户，凭房屋产权证、国有土地使用权证或动迁安置协议办理户口迁移落户。

第九条 动迁安置在城镇和开发区的农户，凭房屋产权证、国有土地使用权证或动迁安置协议办理户口迁移落户。

第十条 实行"三置换"进城进镇的农户,凭房屋产权证、国有土地使用权证或置换房屋协议(包括自愿退还宅基地使用证的证明材料等相关资料)办理户口迁移落户。

第十一条 城中村和失地的农户,在城镇拥有合法固定住所的,凭房屋产权证、国有土地使用权证或动迁安置协议办理户口迁移落户。

第十二条 符合城乡一体化规范要求的新型新农村建设的农户,凭房屋产权证、国有土地使用权证或动迁安置协议办理户口迁移落户。

第十三条 其他有进城进镇愿望的农户,在城镇拥有合法固定住所的,凭房屋产权证、国有土地使用权证办理户口迁移落户。

第十四条 以购买商品住宅房并申请户口跨市迁移的居民,凭房屋产权证、国有土地使用权证、居民户口簿、居民身份证等有效证件到申请迁入地区、县级市行政服务中心办理户口迁移登记手续,3个工作日后凭区、县级市行政服务中心签发的《户口迁移登记单》,携带居民户口簿、居民身份证等证件到户口迁入地派出所办理落户,允许其配偶及未成年子女随迁,不受房屋产权证年限、工作地域、参保关系等限制。

第十五条 婚迁、未成年子女跨市投靠,凭结婚证或子女出生医学证明、居民户口簿、居民身份证到申请迁入地区、县级市行政服务中心办理户口迁移登记手续,在3个工作日后凭区、县级市行政服务中心签发的《户口迁移登记单》,携带居民户口簿、居民身份证等证件到户口迁入地派出所办理落户。婚迁人员不受工作地域、参保关系等限制;在迁入地无直系亲属的18周岁以下未成年人不予准迁。

第十六条 父母投靠子女及其他直系亲属跨市投靠,凭家庭成员关系证明、居民户口簿、居民身份证、房屋产权证等有效证件到申请迁入地区、县级市行政服务中心办理,在3个工作日后凭区、县级市行政服务中心签发的《户口迁移登记》,携带居民户口簿、居民身份证等证件到户口迁入地派出所办理落户。

第十七条 人力资源和社会保障等部门准入的跨市迁移户口人员,凭《调动人员情况登记表》、《苏州市(含五县级市)大中专毕业生落户通知书》、居民户口簿、居民身份证等有效证件到申请迁入地区、县级市行政服务中心办理,在3个工作日后凭区、县级市行政服务中心签发的《户口迁移登记单》,携带居民户口簿、居民身份证等证件到户口迁入地派出所办理落户。

第十八条　农村原村、组住房已拆除，居民已居住在城镇（含新型社区），户口仍在原村组的，必须将户口迁往居住地，凭房屋产权证、国有土地使用权证或动迁安置协议到迁入地派出所办理户口迁移落户。

第十九条　本市居民在城乡间的户口迁移，其户籍登记内容依法只作公民身份信息登记，不作为享受有关政策待遇的唯一依据，户口迁移后，其涉及社会保障、土地承包、宅基地、计划生育等事宜，由苏州市相关部门按规定办理。

第二十条　本规定中涉及事项与原有规定相抵触的，按本规定办理，未涉及事项仍按相关规定办理。

第二十一条　本规定自 2011 年 1 月 1 日起施行。

关于印发《苏州市农村住宅置换商品房实施意见》的通知

（苏发〔2009〕48 号）

各市、区委和人民政府，苏州工业园区、苏州高新区、太仓港工委和管委会；市委各部委办局，市各委办局，市各人民团体，各大专院校和直属单位：

《苏州市农村住宅置换商品房实施意见》已经十届市委第 65 次常委会会议和市政府第 22 次常务会议通过，现印发给你们，请认真组织实施。

中共苏州市委

苏州市人民政府

2009 年 10 月 26 日

农村住宅置换商品房，是指按照城乡一体化发展的要求，以土地利用总体规划、城镇村规划为依据，以将腾出的农村住宅用地复垦成耕地和落实城乡建设用地增减挂钩政策为重点，农户自愿将农村住宅同商品房进行交换，由镇政府（街道办）统一安置到城镇规划区内落户的行为。现就我市开展农村住宅置换商品房工作（以下简称"置换工作"）提出如下实施意见：

（一）置换工作的基础条件和目的意义

据有关统计分析，我市目前农村居民点用地为89.57万亩，以农业人口和农户计，人均和户均占地分别为0.34亩和0.90亩，农村建设用地的合理、科学、高效利用的潜力很大。在城乡一体化过程中，农村居民逐步向城镇集中是一种趋势，在尊重农民意愿和维护农民合法权益的基础上，开展置换工作的条件逐渐成熟。

开展置换工作，有利于建设用地向城镇规划区集中，农用地向农业园区集中，人口向城镇集中，从而优化城乡土地利用结构和布局，提高节约集约用地水平；有利于有效保护耕地，缓解用地矛盾，拓展新的发展空间；有利于促进农业规模化经营，推动现代农业建设；有利于改善农民居住条件和生活环境，实现经济发展与人口资源环境相协调，对于深入贯彻落实科学发展观和党的十七届三中全会精神，破解城乡二元结构，促进城乡统筹协调发展，提高城乡现代化水平，构建和谐社会具有十分重要的意义。

（二）适用范围和条件

农村住宅用地置换的范围应选择在土地利用总体规划所确定的建设用地预留区以外的农户，即农业用地区内农户。在农户将农村住宅置换商品房的过程中，腾出的农村住宅用地必须按照专项规划的要求复垦成耕地或其他农用地。以乡镇、行政村或自然村为单位，开展置换工作应当以农户自愿为前提条件。农村住宅置换面积包括建筑面积和土地面积，以该农户依法取得的有关房产和土地权证上载明的面积为依据。拟置换范围内农户宅基地之外的集体建设用地可以同时置换，土地置换面积以各县级市、区国土部门掌握的土地详查图斑面积为准，如破图斑的以实际勘测面积为准。

（三）置换工作的基本原则

1. 规划先行，总量平衡

强化规划理念，按照城乡一体化发展要求，编制农村住宅置换商品房的专项规划，并加强与土地利用总体规划、城镇村规划、城乡建设用地增减挂钩规划等相关规划的有机衔接，科学安排，通盘考虑。坚持生态优先（包含保护古村落），努力提升"三个集中"水平。坚持以土地节约集约利用为导向,确保建设用地总量不增加,耕地(农用地)总量不减少,用地布局更加合理。

2. 统筹兼顾,分类指导

要坚持统筹兼顾的方针,正确处理好各方面的利益关系。在进行置换的同时,对参与置换农户的就业、社保、教育和医疗等要通盘考虑。实施置换工作要结合实际,因地制宜,突出重点,分步实施,分类指导,研究和探索最适合本区域现状的拆旧和建新方案、资金筹措方式、置换形式等,增强置换工作的针对性、有效性,确保工作的稳步推进。

3. 农民自愿,鼓励创新

所在地镇政府(街道办)应当与农民签订自愿置换的协议,协议内容须符合国家有关法规和政策的规定,明确双方的权利和义务,禁止强制置换、变相强制拆迁。要公开办事程序,主动接受社会监督,确保置换工作的公开、公平和公正。同时鼓励积极创新,充分发挥市场配置资源的基础性作用,寻找绩效与公平的最佳结合点,探索做好保障农民权益、节约集约用地和城乡统筹发展等工作的新机制。

4. 先建后拆,先拆后得

有关乡镇(街道)必须要在安置商品房建设竣工并已达到入住条件后,方能拆除农户原住宅。安置商品房应选址在城镇规划区范围内,并符合城乡建设用地增减挂钩规划,按挂钩指标(只能在建新区安排的建设用地指标)使用审批办法办理相关用地手续,所需用地指标可以在宅基地复垦整理后取得的挂钩指标内预支。除安置商品房用地和相关基础设施建设用地指标可以先预支后归还外,用于置换的农村住宅等用地必须先复垦形成耕地和其他农用地取得挂钩指标后,方可安排工业或经营性项目用地,即先拆先复垦,后取得和使用挂钩指标。

(四)资金平衡和用地面积平衡

要顺利开展置换工作,关键是要做到两个平衡,即资金平衡和用地面积平衡。

1. 资金平衡

(1)各级政府要多渠道、多途径筹措置换资金,建立"农村住宅置换商品房基金"专户,实行封闭运行,专款专用。

（2）按照城市反哺农村、工业反哺农业的要求和借助市场化运作机制，各级政府应该安排一部分资金以及银行融资，再加上承接置换商品房建设任务的相关公司应可以先垫支的部分资金，组成启动资金。

（3）取得挂钩指标的镇（街道），将挂钩指标用于工业或经营性项目用地的，一律通过招拍挂方式进行公开交易，在扣除必要的成本后，土地净收益部分用于被置换农户的拆迁安置补偿。

（4）用地单位使用挂钩指标的，需按规定缴纳相关规费。各项规费均留县级市、区政府，专项用于置换工作中村庄等用地的复垦整理项目和被置换农户的拆迁安置补偿。

（5）安置商品房建设规费，参照城市经济适用房建设规费标准收取，并相应减免相关费用，同时在税收方面给予优惠。

2. 用地面积平衡

农村住宅置换商品房过程中必须保证耕地（农用地）和建设用地面积的平衡。各地要开展置换工作前期调研，科学测算农村住宅置换规模，可以选择本镇（街道）辖区范围内若干个拟置换的农村住宅等用地地块（拆旧地块）和拟用于安置等城镇建设的地块（建新地块）组成一个用地面积平衡项目，认真调查和测算项目区内人口和户数、宅基地面积、非宅基地建设用地面积、拟新增耕地面积和农用地面积，拟使用挂钩指标的置换商品房用地面积和工业及经营性项目用地面积等。置换工作的实施要严格控制在规划范围和核定的规模内，并且严格落实建新面积和复垦新增耕地（农用地）面积的双控目标，做到建新占用的总用地（其中耕地）面积不超过复垦增加的农用地（其中耕地）面积。

（五）政策措施

1. 拆迁安置补偿

（1）对置换农户的拆迁安置补偿执行当地被征地农民同等的拆迁安置补偿标准，对置换农户的安置补偿，可以采用现房安置、货币补偿和全部或部分到工业集中区置换标准厂房三种形式。

①对要求现房安置的农户，采取"等价交换、差额结算"的置换办法，即农村住宅交换商品房遵循等价交换原则，在土地使用权互不作价的前提下，镇（街道）要制定对农宅估价的实施细则和原则上按成本价确定

的安置商品房的价格及楼层差价。对拟置换农宅的面积、质量进行价值评估，镇政府（街道办）给予相等面积（或按家庭人数折算）的商品房，交换的成套商品房价格小于或大于农宅评估价格的，进行差额结算。

②对要求货币补偿的农户，在对其原农村住宅进行价值评估后，确定应得的安置商品房补偿面积。货币补偿总额为应得安置商品房面积的市场折算价扣除政府定销价后的差额，并可在此基础上适当提高补偿金。但选择该类补偿形式的农户其前提条件是已有其他住房，或只要求获取安置商品房中的一部分，从而申请全部或者部分采取货币补偿。农户接受货币补偿后，政府不再安排商品房置换。

③对要求以原农村住宅全部或部分到工业集中区置换标准厂房的农户，按照应置换商品房的价格和面积，综合折算应置换的标准厂房面积，原则上标准厂房面积应大于商品房面积。置换后标准厂房的所有权和出租产生的收益归农户所有。

（2）对符合规定的出宅条件并已提交出宅申请的置换区（拆旧区）内农民，自愿放弃宅基地申请的，可安排一套面积约 $120m^2$ 的商品房作为政策性补偿，对于独生子女家庭，可以适当增加补偿面积作为奖励，具体标准由各县级市、区视实际情况确定。商品房的销售价格为政府规定的安置商品房价格。

（3）不得假借建设安置商品房的名义，搞房地产项目开发，所建安置商品房必须专门用于参与置换的农民居住用房，不得向社会销售。

（4）安置区内所建的经营性、公益性公共服务设施，其产权归参与置换的农户共有，用于出租的，出租收入要用于安置区的物业管理费用支出，以减轻入住农户的负担。

（5）农村住宅置换后，农户原宅基地使用权由原集体经济组织收回，并由县级市、区政府注销其土地登记，收回相关权证。有关部门应尽快为置换农户办理安置商品房的房地产登记，核发权属证书。取得房地产权证后，安置商品房可以上市流通。

（6）动迁农民的户籍关系迁入社区管理，可以参照被征地农民基本生活保障办法，享受有关政策待遇，符合条件的可以直接纳入城镇社会保障体系，转为城镇居民。户籍关系迁入社区的农民继续享受原居住地集体经济组织除申请宅基地以外的权益。

2. 奖励措施

各级政府要依据相关财政政策规定，通过合理合规用好耕地开垦费、农业土地开发资金、新增建设用地土地有偿使用费和农业重点开发建设资金等土地专项资金，加大置换工作的奖励力度。

市和各县级市、区政府结合当年土地专项资金情况，对辖区内置换工作中的土地复垦整理项目，按通过有关部门验收建成耕地或其他农用地的实际面积给予项目承担单位一定的奖励，奖励金额视实际情况而定，在市和各县级市、区两级财政土地专项资金中支付。奖励资金必须用于置换工作的土地复垦整理项目再投入。

对于自愿用农村住宅置换商品房的农户，凡能够按照专项规划所规定的时间，积极配合镇（街道）落实置换措施，及时腾出原农村住宅的，也应给予适当的奖励。

3. 挂钩指标的取得和使用

置换商品房后农户腾出的原农村住宅，应及时按照土地复垦整理项目规划实施复垦；复垦整理后形成的耕地（农用地）由原集体经济组织负责调整土地权属，落实承包经营责任制。对于实施农村住宅复垦整理后产生的挂钩指标，由土地所在镇（街道）取得。

项目所在镇（街道）根据批准后的复垦整理方案组织农村住宅的拆迁、复垦整理工作，并在项目完成后提出验收申请，有关部门对项目实施情况进行检查验收，确认实际新增农用地和耕地面积，按照1∶1的比例核定并下达挂钩指标规模。

根据实际需要，可以在项目实施前预支约30%的挂钩指标专项用于安置商品房和相关基础设施建设，项目验收完成后归还指标。指标归还后有结余的，可以在本镇（街道）规划区内使用，也可以通过有偿调剂的方式跨镇（街道）使用。

（六）工作程序

1. 成立领导小组

置换工作涉及面广、政策性强、过程较长，各级政府需要高度重视，认真落实。市政府成立置换工作领导小组，成员单位包括市委农办、发改、国土、农林、财政、劳动和社会保障、建设、规划、审计等部门，负责置换工作的协调实施。各县级市、区和镇（街道）也要成立相应领导小组，负责本行政区域内置换工作的组织实施。

各成员单位要各司其职，国土部门负责城乡建设用地增减挂钩规划编制的指导、拆旧区土地复垦整理监管以及挂钩指标的核定和使用；农办和农林部门负责农村住宅置换中产生的土地承包经营权流转监督和新增农用地（耕地）的种植指导；发改部门负责宏观政策、经济和社会事业的协调发展和农村生产力的合理布局等方面的指导；财政部门负责落实置换过程中的资金管理；劳动和社会保障部门负责动迁农民的社会保障和就业培训；建设部门负责安置商品房的计划安排；规划部门负责城镇规划调整的监管，新建农民安置点的选址和置换商品房的房型设计等；审计部门负责置换过程中资金使用的审计监督。各部门要积极配合，建立日常工作会办机制。

2. 编制专项规划

拟实施农村住宅置换商品房的镇政府（街道办）负责置换工作专项规划的编制，各地应本着实事求是的原则，开展好本地农村宅基地现状调查、宅基地复垦整理的潜力和可行性等基础性研究，明确项目区划定依据和规划思路、目标、任务等。专项规划包括老宅基地等复垦整理方案、城乡建设用地增减挂钩方案、农民拆迁安置补偿方案、规划实施资金保障方案等。同时以三年为实施周期，制定年度实施方案，明确置换工作时序安排。

专项规划方案的编制要注意做好同土地利用总体规划、城镇村规划等相关规划的衔接。编制形成的《农村住宅置换商品房专项规划》（以下简称《专项规划》）和《农村住宅置换商品房年度实施计划》（以下简称《年度实施计划》），应在项目区进行公示和举行听证会，并组织专家进行规划论证。

规划编制完成后，由负责编制规划的镇（街道）具文逐级向苏州市政府提出开展置换工作的申请，并以镇（街道）的置换项目区为基本单元，以县级市、区为单位提交《专项规划》和《年度实施计划》，经审核批复后，开始实施。

3. 做好群众宣传

做好置换工作的基础在农民，取得农民的支持是开展好本项工作的必要条件。各地要充分重视舆论宣传，利用各种媒体做好国家相关政策尤其是惠农惠民措施的宣传讲解，帮助农民克服对待住宅问题的传统思维定式，了解农村住宅置换商品房的好处。

要创造条件让农民参与农村住宅置换商品房的决策和实施过程，畅通知情渠道和诉求表达渠道；要做深做细农民工作，充分听取农民意见，尊重农民意愿，维护农民利益，提高农民主动参与的积极性。

4. 组织实施规划

置换工作实行行政区域和项目区双层管理模式，以拟开展置换工作的镇（街道）为主体，根据批准的《专项规划》和《年度实施计划》组织实施。

镇（街道）必须先行安置商品房的选址和建设，安置商品房应以多层公寓为主，设计的房型、面积、容积率、配套设施应在广泛征求群众意见基础上优化提高，设计方案报所在县级市、区政府批准实施。为确保农户的权益，统一行政区域内的置换政策，安置商品房的销售价格需报上一级政府批准。

安置商品房建设完成后，动迁农户应按照事先签订的置换协议按时搬迁并及时腾地，交由所在镇（街道）复垦整理。拆旧区复垦整理完成后，提请有关部门验收并取得挂钩指标。

各县级市、区政府要根据工程建设的需要，负责组织落实置换工作专项经费筹措，确保工程顺利实施；同时对镇（街道）的置换工作进行监督指导。

根据《年度实施计划》分年度实施完成后，所在镇（街道）应提出对年度整体置换工作的验收申请，由市领导小组组织成员单位对阶段性置换工作成果进行验收，以推动置换工作健康有序进行。

苏州市吴中区木渎镇金星村股份合作社章程
（2001年8月26日社员代表大会通过）

第一章 总则

第一条 为了适应社会主义市场经济发展的需要，明确村级集体经济组织财产的权属，充分发挥集体经济组织和社员两个积极性，巩固壮大集体经济，实现共同富裕目标，促进社区"两个文明"建设，根据国家有关法律、法规和政策，成立木渎镇金星村股份合作社（以下简称本社），特制定本章程。

第二条 本社是以社会主义公有制为主体的社区性合作经济组织，实行独立核算，民主管理，利益共享，风险共担，确保集体资产保值增值。

第三条 本社受村党支部领导，接受上级主管部门的指导、管理和监督。

第四条 本社所属的集体财产、土地、山林等经营性、资源性、非经营性资产，均为本社全体成员所有，任何单位和个人不得侵占、平调、肢解。

第五条 本社所在地：苏州市吴中区木渎镇金星村（木渎镇中山西路29号）。

第二章 社员与股权

第六条 社员。截止于2001年6月30日（以下简称截止日）。户籍在本村年满18周岁以上及正常婚入3年以上的村民，历年由村经济合作社统一变更户籍后户口不在本村，但尚未安置就业的18周岁以上的人员，承认本章程，取得基本股股权的，以及取得分配股股权的现职村干部，均为本社社员。

截止日后增加的本村户籍人员，不再分配股权；截止日后随年龄增长的人员不再另增股权。

第七条 股权。本社设集体股和个人分配股，其所有股权均归本社集体，个人取得的股权只享有分配权。股权不得继承、转让，不得买卖、抵押，不得退股提现。

第八条 股权设置。

（一）股权设置比例：

1. 集体股：占总股本的8%，持股者为本社。

2. 个人分配股：占总股本的92%，并按户发给股权证书。

（二）个人分配股设定：

1. 基本股。截止日户口在本村（除买入户口、历年照顾迁入、土地工配偶、婚配未满3年、有退休养老金的人员外）和六组由村统一农转非的年满18周岁以上人员，每人得1股。

2. 现职村干部分配股。按镇党委、政府批复设立。

3. 享受股。

（1）户口在本村和六组由村统一农转非的人员中，年满10周岁，但不足18周岁的人员每人得0.5股；10周岁以下人员，每人得0.3股。

（2）通过买户口，入户本村，按买入户口时年满18周岁以上的人员每人得0.5股。

（3）土地工配偶，指本人由村统一以土地工安排户口迁出就业，但婚后配偶户口要求迁入本村的，每人得0.5股；其子女年满10周岁，不满18周岁每人得0.5股；10周岁以下的每人得0.3股。

（4）历年照顾迁入户口，本人得0.5股；其子女年满10周岁，不满18周岁的每人得0.5股；10周岁以下每人得0.3股。

（5）知青家属及子女，指知青响应国家号召来村后婚配，知青本人由国家安排就业，家属子女户口随迁出村，但截止日未安置就业的，家属每人得0.6股；年满10周岁，不足18周岁子女每人得0.3股；10周岁以下子女每人得0.18股。

（6）下放老职工家属及子女，指按国家政策，国有企业职工下放到村，其家属、子女户口按政策已迁出本村，但截止日国家未安置就业，家属每人得0.6股；年满10周岁，不足18周岁子女每人得0.3股；10周岁以下子女每人得0.18股。

（7）本人要求农转非，占用村农转非指标，户口迁出后，截止日工作未安置的，年满18周岁以上人员每人得0.6股；年满10周岁，不足18周岁的每人得0.3股；10周岁以下的每人得0.18股。

（8）正常婚入人员未满3年的每人得0.5股。

（三）未经董事会决定，不得任意增减股数或资本金。

（四）下列情况之一者，暂停股红分配：

1. 被劳改、劳教的人员，在劳改、劳教期内的。

2. 违反国家法律、地方法规、计划生育的。

3. 股份分配权证转让、买卖、抵押的。

（五）有下列情况之一者，取消股权：

1. 迁出户口的大中专学生学期毕业的。

2. 义务兵役期满在外供职的。

3. 上年度死亡的。

（六）凡下列情况之一者，仍享有股红分配：

1. 迁出户口的大中专生在校期间的。

2. 义务兵役期间的。

（七）户口在本村，但按现行规定未取得个人股股权，今后年度退保金低于本社社员个人分红的，经由董事会批准可适当补助。

第三章　股份与管理

第九条　股份。本社总股份由集体股、个人分配股两部分构成。总股本以截止于2001年5月31日，经苏州市永信会计师事务所评估的村经济合作社集体资产净值为基准。

净资产总值为4295.44万元；总股份513.8股。每股为8.36万元。其中：

1. 集体股：42股，计351.19万元。

2. 个人分配股总数为471.8股，计3944.25万元。

第十条　原村经济合作社所有的农业用地、山林、河塘等资源性资产、非经营性资产、文化卫生等福利设施以及无形资产暂不折股，这些资产由本社统一管理或发包、发租。今后国家征用土地，除地面青苗费归经营者外，其他补偿一律属本社所有。

第十一条　本社负责经营和管理上述资产、股权，并受国家法律保护，任何单位和个人不得侵犯。

第四章　权利与义务

第十二条　社员有选举权和被选举权。

第十三条　凡拥有本社股权的人员，有下列权利：

（一）有权对本社的各项工作提出意见和建议，对财务、资产运行情况进行民主监督；

（二）有承包、租赁、购买集体资产和受聘的优先权；

（三）享有本社提供的生产、生活服务和集体福利；

（四）有权对本社工作人员违法违纪行为向上级反映或举报。

第十四条　凡拥有本社股权的人员，应履行下列义务：

（一）执行党和国家的方针、政策和法律、法规，遵守本章程、《市民守则》和《村规民约》的各项规定；

（二）积极参加社区各项社会公益活动；

（三）按规定足额缴纳各类税、费；

（四）履行国家法律、法规规定的相应义务。

第五章　组织与机构

第十五条　社员代表大会，是本社的最高权力机构。本届社员代表共42名，社员代表由村党支部提名，公开征求意见后产生。社员代表每届任期5年，可连选连任。

社员代表大会每年至少召开一次，遇有特殊情况或半数以上社员代表提议，可以召开社员代表临时会议。

社员代表大会行使以下权力：

（一）通过和修改章程；

（二）选举和罢免董事会、监事会成员；

（三）审议和批准本社发展规划、年度计划、财务预（决）算和分配方案；

（四）听取董事会、监事会的工作报告；

（五）讨论和通过董事会提议的其他事项。

第十六条　董事会

董事会是社员代表大会选举产生的常设执行机构。董事会由5人组成，每届任期5年，可以连选连任。董事长和副董事长由董事会推选。董事长为本社的法定代表人。

董事会在社员代表大会闭会期间行使下列职权：

（一）执行社员代表大会决议；

（二）聘任、解聘本社所属部门的负责人；

（三）负责召开社员代表大会，并报告工作；

（四）决定发展计划、经营方针和投资方案，制订年度财务预算和决算，审批下属企业年度计划和财务预（决）算及分配方案；

（五）决定本社内部机构的设置；

（六）制定本社的管理制度。

第十七条 监事会

监事会由社员代表大会选举产生。监事会由3名成员组成,任期5年,可以连选连任。监事会人员不得由董事、财务负责人兼任。

监事会行使下列职权:

(一)决定民主理财小组检查本社财务,并定期公布;

(二)对董事成员、董事长执行社务进行监督,对董事会人员有违反法律、法规和本章程的行为,要求予以纠正;

(三)提议召开董事会、临时社员代表大会;

(四)列席董事会会议。

第六章 财务与管理

第十八条 本社执行财政部、农业部颁布的《村合作经济组织财会制度(试行)》,实行民主理财和监督。财务收支情况和资产营运情况,向社员公布,实行社务公开。

本社的财务部门,负责对下属企业实施财务指导、检查和监督。

第十九条 本社所有的财产,必须登记造册、建立台账。固定资产必须按规定提取折旧。

第二十条 本社贯彻勤俭办社、民主理财的方针,开支要有预算,严格审批制度,正确处理国家、集体、社员三者关系,严格控制非生产性开支,杜绝铺张浪费。

第七章 收益与分配

第二十一条 本社的收益主要来源于资产发包、出租、转让的增值部分和其他相关的经营性收入。本社的可分配收益,是指当年的各项收入,减各项支出(包括村务支出),减应缴纳的税金。对土地等资源性资产的转让、征用等收入,暂以集体积累的形式扩充发展基金,经社员代表大会、董事会商定,也可提取一定份额参加分配。

(一)股红分配顺序:本社当年可分配收益中,提取60%~70%公积金(发展基金)、公益金,其余的30%~40%按股分红。

(二)粮差补贴。(注:从2004年开始,该社区成员全部按失地农民补偿政策执行,粮差补贴全面取消)

1. 原无田队发给的粮差补贴，按镇规定每人每年发给 198 元。

2. 农户将第二轮土地承包经营权统一流转给本社后，发给粮差补贴每人每年 198 元。

第二十二条 本社的股红分配，严格遵循股权平等，同股同利的原则，每年一次。在每年年终结算后于春节前兑现，凭股权证书领取。股权证书限作领取红利的凭证，不作其他使用。股权证书遗失时要向本社报失，申请办理补发手续。

本社为了发展需要，经社员代表大会讨论通过，可适当调整当年提留和分红的比例。

第二十三条 本社遇不可抗拒的自然灾害和不可预料的自然、市场变故而造成减收或亏损，可减发或停发当年红利，但第二年不再补发。

第八章 附则

第二十四条 本章程如与国家法律、法规相抵触时，按国家的法律、法规执行。

第二十五条 本章程第一届第一次社员代表大会通过后生效，由董事会负责解释。

参考文献

D. 盖尔·约翰逊：《经济发展中的农业、农村、农民问题》，商务印书馆，2004。

包宗顺：《苏州城乡一体化发展中的几个难题》，《苏州农村通讯》2010年第3期。

陈俊梁：《城乡一体化发展的"苏州模式"研究》，《调研世界》2010年第7期。

陈锡文：《当前农业和农村经济形势与"三农"面临的挑战》，《中国农村经济》2010年第1期。

陈甬军等：《中国城市化：实证分析与对策研究》，厦门大学出版社，2002。

陈仲达：《吴江区发展现代农业的调查》，《苏州经济论坛》2016年第2期。

《城乡一体化发展态势：2002~2012》，《重庆社会科学》2013年第1期。

迟福林：《中国农民的期盼——长期而有保障的土地使用权》，中国经济出版社，1999。

《邓小平文选》第3卷，人民出版社，1993。

费孝通：《志在富民》，上海人民出版社，2004。

顾玲：《吴中区临湖镇湖桥村集团化发展的新探索》，《苏州日报》2010年11月23日。

《关于〈中共中央关于全面深化改革若干重大问题的决定〉的说明》，《人民日报》2013年11月16日。

国家统计局苏州调查总队：《苏州统计年鉴》，中国统计出版社，2015。

《国家新型城镇化规划（2014~2020年）》，《光明日报》2014年3月

17日。

韩俊：《中国城乡关系演变60年：回顾与展望》，《改革》2009年第11期。

贺军伟：《农村集体经济组织产权制度改革》，《中国发展观察杂志》2006年第12期。

洪银兴等：《长江三角洲地区经济发展的模式和机制》，清华大学出版社，2003。

洪银兴：《苏南模式的演进和发展中国特色社会主义的成功实践》，《经济学动态》2009年第4期。

《坚定不移沿着中国特色社会主义道路前进　为全面建成小康社会而奋斗》，人民出版社，2012。

《江泽民文选》第1卷，人民出版社，2006。

蒋宏坤等：《城乡一体化的苏州实践与创新》，中国发展出版社，2013。

厉以宁：《走向城乡一体化：建国60年城乡体制的变革》，《北京大学学报》2009年第6期。

《列宁选集》第4卷，人民出版社，1972。

刘纯彬：《我国社会各种弊病的根子在哪里？》，《世界经济导报》1988年6月6日。

刘小红：《苏州统筹城乡就业的历程、经验与启示》，《中国科技产业》2010年第5期。

刘小红：《苏州统筹城乡就业的历程、经验与启示》，《中国科技产业》2010年第5期。

刘易斯：《二元经济论》，北京经济学院出版社，1989。

卢水生：《体制创新提升城乡一体化》，《苏州日报》2012年12月10日。

卢轶等：《江苏木渎：股份合作社挑起城镇化大梁》，《南方日报》2014年1月3日。

陆大道：《对我国城镇化发展态势的分析》，《中国科学报》2014年8月17日。

陆峰沈等：《城乡住宅置换，推动农民进城》，《江苏农村经济》2011年第1期。

陆晓华：《苏州市创新探索土地入股集体经营新模式》，《苏州日报》2015年10月30日。

陆晓华：《苏州市大力推进农村社区股份合作社股权固化改革》，《苏州日报》2015年4月8日。

陆学艺：《"三农论"——当代中国农业、农村、农民研究》，社会科学文献出版社，2002。

陆允昌等：《苏州对外经济50年（1949～1999）》，人民出版社，2001。

《马克思恩格斯选集》第3卷，人民出版社，2012。

《马克思恩格斯全集》第23卷，人民出版社，1972。

《毛泽东选集》第5卷，人民出版社，1977。

孟焕民等：《苏州农村现代化进程中的湖桥样本》，《苏州农村通讯》2012年第6期。

秦晖：《农民中国：历史反思与现实选择》，河南人民出版社，2003。

沈石声：《苏州市城乡一体化发展的实践与启示》，《苏州农村通讯》2009年第5期。

沈卫良等：《吴江发展新村集体经济的调查与思考》，《苏州经济论坛》2016年第2期。

石忆邵等：《我国城乡一体化研究的近期进展与展望》，《同济大学学报》2013年第6期。

《斯大林选集》下卷，人民出版社，1979。

苏州市农林局：《苏州农业布局规划》，社会科学文献出版社，2003。

苏州市人民政府：《苏州市城市总体规划（2007～2020年)》，苏州市规划网，http://www.szghj.gov.cn/。

苏州市人民政府：《苏州市新型城镇化与城乡发展一体化规划（2014～2020)》，中共江苏省委新闻网，http://www.zgjssw.gov.cn/shixianchuanzhen/suzhou/201506/t2224702.shtml。

《苏州之路："两个率先"的实践与思考》，苏州大学出版社，2006。

孙海军等：《2000年以来国内城乡一体化理论与实践研究综述》，《区域经济评论》2013年第3期。

托达罗：《第三世界的经济发展》，中国人民大学出版社，1991。

王海光：《城乡二元户籍制度的形成》，《炎黄春秋》2011年第12期。

王庆华：《苏州农村社会保障发展研究》，苏州大学出版社，2009。

王荣等：《苏州农村改革30年》，上海远东出版社，2007。

王晓宏等：《历史性的新跨越——关注苏州市城乡一体化发展综合配套改革》，《苏州日报》2010年6月2日。

王新志：《加快县域经济发展，推动城乡一体化进程》，《中国农村经济》2010年第1期。

夏永祥：《政府强力推动与城乡一体化发展："苏州道路"解读》，《农业经济问题》2011年第2期。

徐建明：《股份合作制彰显苏南模式新活力》，《人民日报》2011年6月3日。

徐同文：《城乡一体化体制对策研究》，人民出版社，2012。

尹成杰：《"三化"同步发展：在工业化、城镇化深入发展中同步推进农业现代化》，中国农业出版社，2012。

袁良栋：《苏州就业城乡一体化发展实践的启示》，《中国劳动保障报》2015年11月18日。

《再做探路排头兵——苏州推进城乡一体化的创新实践》，《人民日报》2010年8月1日。

张培刚：《发展经济学与中国经济发展》，经济科学出版社，1996。

张树成：《而立集——昆山改革开放30年巨变》，中国文化出版社，2008。

《中共中央关于全面深化改革若干重大问题的决定》，人民出版社，2013。

《中共中央关于推进农村改革发展若干重大问题的决定》，《人民日报》2008年9月13日。

中国（海南）改革发展研究院：《强农·惠农——新阶段的中国农村改革》，中国经济出版社，2008。

舟莲村：《谈农民的不平等地位》，《社会》1988年第9期。

周建越：《实施"政经分开"枫桥24村抱团发展促增收》，《苏州日报》2016年2月4日。

邹家祥等：《太仓市城乡经济社会一体化建设成效显著》，《苏州农村通讯》2012年第6期。

后　　记

　　2015年12月10日，由江苏省发展和改革委员会、江苏省经济和信息化委员会、江苏省住房和城乡建设厅、江苏省人民政府研究室、江苏省人民政府参事室、南京大学、苏州大学、江南大学和江苏大学等九家单位共同参与和组建的常州大学"苏南现代化研究协同创新中心"正式揭牌成立，该中心重点以苏南地区为例，研究和探索我国现代化建设规律。中心成立后，即约请有关专家学者撰写了"苏南现代化研究丛书"，承蒙中心领导的信任，我们被聘请为中心特邀研究员，并承担了"城乡一体化发展：苏州实践与特色"课题的研究任务。

　　长期以来，我们二人都致力于我国城乡关系的研究工作，特别是得地利之便，对苏州市的城乡一体化进程有近距离的观察与思考，为此曾经主持了一批包括国家社科基金项目、教育部基地重大项目、教育部规划项目、江苏省社科规划项目和地方政府委托项目在内的科研项目，积累了大量的研究素材，也形成了一些心得。接受本课题研究任务之后，我们按照新的视角和目标，对苏州市的城乡一体化问题进行了新的总结、思考与提炼，最终形成了这部书稿，现在奉献给广大读者。

　　本书大部分是综合我们二人的研究成果、共同完稿的；张琳、王家军、邵路遥、谢杰、秦童等人参与了部分数据的收集与处理工作；全书由夏永祥修改统稿。

　　在长期的研究过程中，我们曾经到苏州市各个县、区和江苏省中部、北部地区，进行广泛深入的调查研究，得到了这些地区相关部门的大力配合和支持；江苏省人民政府参事室主任宋林飞教授、常州大学副校长芮国强教授和苏州市农办副主任王纯女士等给予了我们不同形式的关心、帮助和指导，使本课题研究工作能够顺利进行；我们也曾经参考了其他专家的研究成果，对于这些文献和资料来源，按照学术规范的要求，我们尽可能以脚注或者文末参考文献的形式列出，即便如此，也可能挂一漏万，在此谨向以上各个方面和人员表达我们深深的谢意。

我们深知，以我们有限的研究水平与时间，对苏州市城乡一体化发展的把握和理解未必十分深入和完全准确；更重要的是，苏州市的城乡一体化目前仍然处于进行时阶段，尚未完成，在今后的工作中，还有大量问题需要我们继续关注、思考和解决。因而，本书只能看作对苏州市城乡一体化发展道路研究的一个阶段性成果。我们欢迎广大读者对本成果的批评指正，只有在充分的交流中，才有可能逐步达到正确的认识；我们也期待随着实践的不断创新和发展，继续对这个问题进行跟踪研究，诚如古人所言："路漫漫其修远兮，吾将上下而求索"。

夏永祥　陈俊梁
2017年3月6日于苏州

图书在版编目(CIP)数据

城乡一体化发展:苏州实践与特色/夏永祥,陈俊
梁著.--北京:社会科学文献出版社,2017.6
（苏南现代化研究丛书）
ISBN 978-7-5201-0438-8

Ⅰ.①城… Ⅱ.①夏…②陈… Ⅲ.①城乡一体化-
发展-研究-苏州 Ⅳ.①F299.275.33

中国版本图书馆CIP数据核字（2017）第043290号

·苏南现代化研究丛书·
城乡一体化发展
—— 苏州实践与特色

著　　者 / 夏永祥　陈俊梁
出 版 人 / 谢寿光
项目统筹 / 谢蕊芬　童根兴
责任编辑 / 谢蕊芬　张玉平

出　　版 / 社会科学文献出版社·社会学编辑部（010）59367159
　　　　　 地址：北京市北三环中路甲29号院华龙大厦 邮编：100029
　　　　　 网址：www.ssap.com.cn

发　　行 / 市场营销中心（010）59367081　59367018
印　　装 / 北京季蜂印刷有限公司

规　　格 / 开　本：787mm×1092mm　1/16
　　　　　 印　张：19　字　数：307千字
版　　次 / 2017年6月第1版　2017年6月第1次印刷
书　　号 / ISBN 978-7-5201-0438-8
定　　价 / 89.00元

本书如有印装质量问题，请与读者服务中心（010-59367028）联系

▲ 版权所有 翻印必究